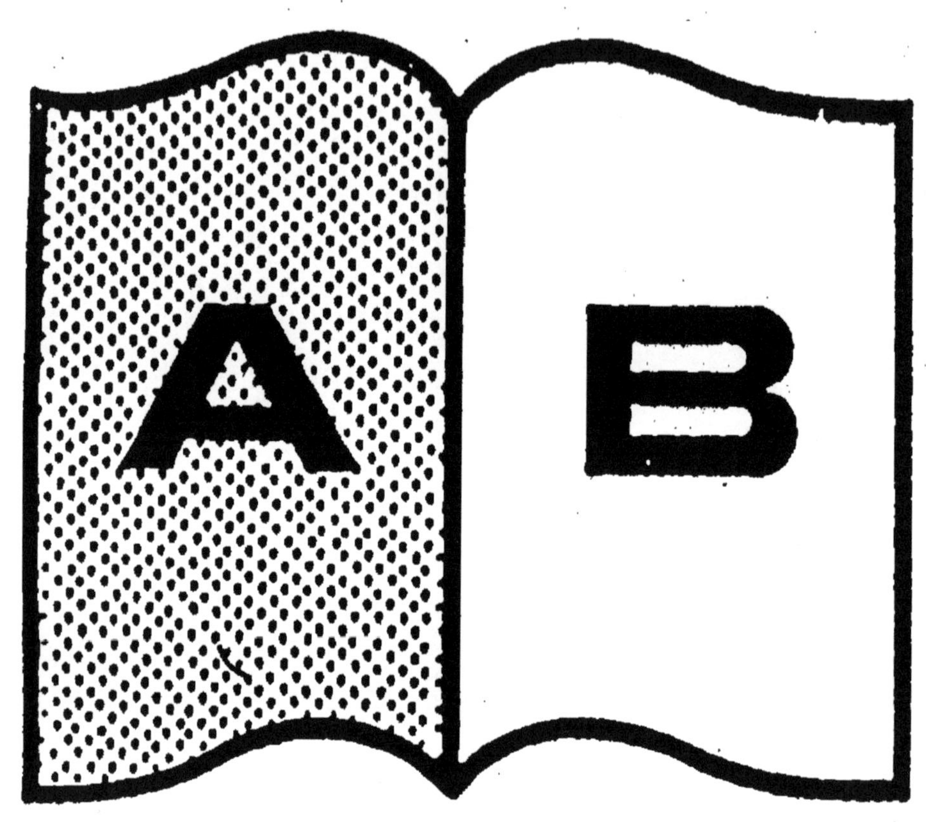

Contraste Insuffisant

NF Z 43-120-14

Bibliothèque

de Philosophie

Contemporaine

LA SOCIOLOGIE ÉCONOMIQUE

AUTRES OUVRAGES DE M. G. DE GREEF

L'ouvrière dentellière en Belgique, 1886. 2e édit. . . o fr. 5o

Abrégé de psychologie, 188?. . . . . 3 fr. »

Le budget et l'impôt, 1883.. . . . . 1 fr. »

Les impôts de consommation, 1884.. . . . . . . o fr. 5o

Le rachat des charbonnages, 1886. . . . . . . 1 fr. »

Introduction à la sociologie. Première partie : ÉLÉMENTS, 1886. . . . . 4 fr. »

Introduction à la sociologie. Deuxième partie : FONCTIONS ET ORGANES, 1889.. . . . . 6 fr. »

Les coopératives de production, 1889. . . . . . o fr. 5o

Le régime représentatif, 1892. . . . . 3 fr. »

Sociologie générale élémentaire, 1895.. . . . . 3 fr. »

L'évolution des croyances et des doctrines politiques, 1895.. . . . . 4 fr. »

Le collectivisme, lettres à l'*Indépendance belge*, 1895. . 1 fr. 5o

Regime parlementare e Regime rappresentativo, 1896.. . . . . 1 fr. »

Sparte et Athènes, 1896. . . . . o fr. 5o

Le crédit commercial (avec 14 diagrammes), 1899. . 1o fr. »

Essais sur la Monnaie, le crédit et les banques (8 fascicules parus de 1896 à 1900). . . . . 8 fr. »

Problèmes de philosophie positive.. . . . . . . 3 fr. »

Le transformisme social (Paris, Félix Alcan). 1 vol. in-8° de la *Bibliothèque de philosophie contemporaine.* 2e édition, 1901. . . . . 7 fr. 5o

Les lois sociologiques (Paris, Félix Alcan). 1 vol. in-16 de la *Bibliothèque de philosophie contemporaine.* 3e édition, 1902. . . . . 2 fr. 5o

General Structure of Societies (en cours de publication régulière), dans l'*American Journal of Sociology* de l'Université de Chicago depuis le 1er janvier 1903, en anglais, 9 n^{os} parus. . . . . 1o fr. »

Tous ces ouvrages sont en vente à la librairie Félix ALCAN
et à la librairie MAYOLEZ, de Bruxelles.

LA

SOCIOLOGIE ÉCONOMIQUE

PAR

GUILLAUME DE GREEF

Professeur à l'Université nouvelle
et à l'Institut des Hautes Études de Bruxelles

PARIS
FÉLIX ALCAN, ÉDITEUR
ANCIENNE LIBRAIRIE GERMER BALLIÈRE ET Cie
108, BOULEVARD SAINT-GERMAIN, 108
—
1904

LA SOCIOLOGIE ÉCONOMIQUE

CHAPITRE PREMIER
L'ÉCONOMIE SOCIALE

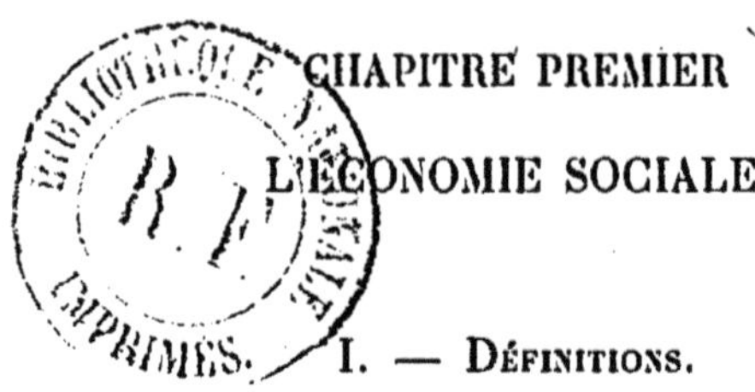

I. — DÉFINITIONS.

A. — *L'économie préscientifique.*

Pour définir une idée, il faut en déterminer le contenu,
en fixer les limites et comme l'idée est toujours relative à
un objet, il faut déterminer le contenu de cet objet et en
fixer les limites. Dès lors l'idée exprimant cette corrélation
du sujet et de l'objet, est une idée scientifique, positive.
L'économie sociale est évidemment une partie de la science
en général et tout particulièrement de la science relative à
l'étude des sociétés humaines et plus spécialement encore
de cette partie de la science sociale qui a pour objet la recherche et la connaissance des conditions et des lois de la
vie de nutrition des sociétés. C'est cette vie de nutrition
qui est la fonction générale du système économique, fonction générale qui s'exerce au moyen de trois appareils plus
spéciaux mais coordonnés entre eux et agencés en vue d'un
service d'ensemble : l'appareil de la circulation (distribution et répartition des utilités), l'appareil de la consommation et l'appareil de la production des richesses. L'économique appartient ainsi au genre science sociale dont elle
est une espèce.

Si nous recherchons les diverses définitions proposées de
l'économique nous y constatons une évolution à peu près
parallèle à l'évolution même de cette science. La formule se

modifie avec le contenu et avec la définition de plus en plus scientifique de celui-ci.

Pendant une première période, l'économique, après l'avènement du christianisme et la constitution du catholicisme, est englobée par la théologie; elle est traitée accessoirement par les canonistes. Ensuite les juristes s'en emparent; elle est dominée par la conception métaphysique du droit naturel, conception dérivée du *jus gentium* de l'antiquité gréco-romaine combiné avec le *jus divinum* de la théologie. En dernier lieu, l'économique, avec Bodin et Montesquieu par exemple, s'affirme comme une branche particulière de la politique entendue surtout comme science du gouvernement. Jusqu'à ce moment donc ni son domaine ni sa méthode propres ne sont délimités, elle vit encore dans l'indivision avec les autres sciences sociales; l'unique résultat obtenu dans cette même évolution a été de la débarrasser de son enveloppe d'abord théologique et ensuite métaphysique en la rattachant à la politique. Celle-ci elle-même, à ce moment, ne peut se constituer en science pleinement positive puisque son interprétation et ses bases sont avant tout économiques. Les progrès futurs de la politique postérieurement à Locke et à Montesquieu seront donc subordonnés à l'évolution décisive qui reste à accomplir par l'économique, évolution qui doit consister tout d'abord dans sa constitution comme science à la fois autonome et fondamentale. En somme, tant qu'elle faisait partie intégrante de la politique, l'économique ne pouvait être elle-même qu'empirique, un art et non une science. Elle ne cessa de l'être ni avec le théoricien de la division et de l'équilibre des pouvoirs, ni avec celui de la souveraineté populaire. J.-J. Rousseau, dans son *Discours sur l'Économique politique* écrit pour l'encyclopédie, fonde l'économie politique sur la *volonté générale*; en cela, il est absolument logique avec sa théorie du contrat social. Mais il ne l'envisage pas comme une science positive et surtout objective

fondée sur *la nature des choses* ; pour lui, le droit naît de
la loi, la loi elle-même naît du législateur, de la conven-
tion. Toute institution est dès lors conventionnelle, même
les institutions économiques. L'économie, dans cette théorie
éminemment révolutionnaire non moins que fausse, restait
donc essentiellement politique non comme science mais
comme art, comme instrument au service de la souveraineté absolue et inorganisée du peuple ; elle suivait l'évolution empirique de la politique au lieu de la dominer et de
la diriger.

B. — *Les fondateurs de l'économie classique.*

J.-E. Cairnes[1] observe que « les écrivains qui ont le
plus fait pour l'économie politique, dans ses premiers stades,
se sont peu inquiétés des définitions. Le nombre des définitions, par exemple, que l'on peut relever dans les écrits
économiques de Turgot, d'Adam Smith, de Ricardo, pourrait se compter sur les doigts ». Il reconnaît cependant que
si toute définition peut être un obstacle au progrès de la
science, elle est cependant nécessaire à condition qu'on en
atténue la rigueur en n'oubliant pas que toute définition est
provisoire et progressive.

Les physiocrates définirent tout au moins implicitement
le domaine de l'économie sociale en proclamant qu'il y
avait un ordre naturel et en séparant ainsi la science de
l'art et de l'empirisme ; ils firent appel à l'observation et à
l'étude des lois naturelles que leur principale erreur fut de
concevoir comme prédéterminées, fixes et immuables.

A. Smith, comme les physiocrates, ne définit qu'inci-
demment l'économie politique ; toutefois, bien que son
grand ouvrage ne fût dans son esprit qu'un fragment
d'une étude intégrale des sociétés, il sépare davantage

1. *Le caractère et la méthode logique de l'économie politique,*
trad. française, p. 162. Paris, Giard et Brière, 1902.

l'économique de la science sociale générale. Ce fut un progrès, une différenciation nécessaire en ce sens que la science sociale avait été dominée jusqu'à lui par les théories du droit naturel, théories qui elles-mêmes étaient restées métaphysiques. La liberté naturelle resta à peu près sa dernière attache avec l'ancienne conception du droit ; malheureusement ses disciples, poussant la différenciation à l'absolu, perdirent de plus en plus de vue, que cette différenciation organique de l'économie comme science n'impliquait pas une scission radicale avec l'ensemble de la science sociale dont l'économie ne constitue qu'une partie bien que fondamentale.

Adam Smith, par contre, ne parvint pas à détacher entièrement l'économie de la politique ; ce fut un bien et un mal ; un bien en ce sens qu'ainsi son économie ne fut pas aussi exclusive de toute intervention collective que celle de ses disciples ; un mal, en ce qu'il arriva dès lors à confondre continuellement l'économie pure avec l'économie appliquée considérée comme art et fonction du législateur. C'est ce qui résulte de la principale définition qu'il donne : « l'économie politique, dit-il, considérée comme une branche de la science d'un d'homme d'État ou d'un législateur, se propose deux objets distincts : « 1° de procurer au peuple un bon revenu ou une subsistance abondante, ou, pour mieux dire, de le mettre en état de se les procurer lui-même ; 2° de pourvoir à ce que l'État ou la communauté ait un revenu suffisant pour les charges publiques. Elle se propose d'enrichir en même temps le peuple et le souverain[1]. »

Dans ces conditions, on voit que l'économie serait plutôt un art qu'une théorie scientifique, tandis qu'en réalité elle puisse et doive être l'un et l'autre ; née de la pratique empirique elle s'élève à la science pour mieux retourner à l'application.

1. *Richesse des nations.* Livre IV, introduction.

Ni dans Ricardo ni dans Malthus, on ne trouve de définition précise de l'économie politique ; on y voit bien qu'elle a pour objet la production, la distribution, la consommation et la répartition des richesses, mais, notamment chez Malthus qui a consacré une partie notable de ses travaux aux définitions des termes employés en économie politique, la discussion porte uniquement sur le sens même qu'il faut donner au mot richesses. Faut-il par exemple avec J.-B. Say y comprendre les biens immatériels ?

Dans le titre même de son *Traité d'Économie politique*, J.-B. Say définit celle-ci la science qui expose la manière dont *se* forment, *se* distribuent et *se* consomment les richesses. « Le gouvernement n'entre qu'accessoirement dans ce *système des choses*, soit pour favoriser, soit pour contrarier la production, soit pour prélever une partie des produits. » Toutefois dans son *Cours*, page 4, J.-B. Say, qui pousse le radicalisme libéral et individualiste jusqu'à considérer l'immixtion de l'État comme une peste, ajoute que : « la science économique tient à tout dans la société, et qu'elle se trouve embrasser le système social tout entier »...; « elle est descriptive, elle consigne ce qui se passe et ce qui est » dit-il dans le même cours; elle est une exposition d'un état également stable à l'exclusion de tout développement historique. En somme, J.-B. Say, comme l'indiquent les mots soulignés dans la définition ci-dessus, considère les lois économiques comme purement mécaniques et automatiques, sans intervention de la collectivité, d'autant plus que sa conception de l'ordre économique n'est pas séparée de celle de la science du « système social tout entier ». Say est aussi libertaire en politique qu'en économie; l'État n'est pour lui que le gendarme chargé d'assurer la liberté individuelle et celle des *choses*[1].

1. J.-B. Say qui avait tant de mépris pour les physiocrates et qui, en 1799, avait commencé par publier une utopie : *Olbie, plan d'État modèle*, fut le représentant principal d'une forme intéressante de l'éco-

C. — *Écoles orthodoxes particularistes.*

Rossi, se fondant sur ce qu'on ne consomme en général qu'en vue de la reproduction, fait rentrer la consommation dans la production ; il limite dès lors à celle-ci et à la distribution l'objet de la science. L'économie politique est avant tout, pour lui, la science de la richesse, la chrématistique.

Pour Bastiat et Wathely, c'est au contraire la science de l'échange. Mais la richesse ne peut-elle être produite, consommée et distribuée sans échange ? Ne circule-t-elle pas indépendamment de l'échange ? Celui-ci, même quand il se fait en nature, ne correspond-il pas à une période historique ?

Ces diverses écoles en développant certains points de vue particulier ont en somme, malgré l'inexactitude de ceux-ci, concouru au développement de l'économie sociale. De même que Rodbertus et K. Marx doivent beaucoup à Ad. Smith et à Ricardo, il y a entre Bastiat et P.-J. Proudhon des points de contact évidents qui contrastent avec l'antagonisme irréductible qui se manifeste dans leurs polémi-

nomie politique bourgeoise ; il aboutit au libéralisme anarchique le plus absolu, différent en cela des physiocrates et même de A. Smith dont le libéralisme était organique. Le gouvernement est d'après lui un « cancer social » ; « la société ne doit secours à aucun de ses membres ; en se réunissant en société, chacun est *censé* y apporter des moyens d'existence ».

Sa méthode fut la négation même de la méthode sociologique qui est surtout historique : « Que pourrions-nous gagner à recueillir des opinions absurdes, des doctrines décriées et qui méritent de l'être ? Ce serait à la fois inutile et fastidieux. » Un tel point de vue antiscientifique correspondit cependant à toute une période du développement économique réel ; l'histoire impartiale, en faisant rentrer le mépris même de l'histoire professé par J.-B. Say et son école dans le courant de l'évolution historique de l'économie sociale, reconnaîtra à cet ancêtre de l'économie politique une part moindre de responsabilité que celle qu'il eût encourue si ses théories ne devaient recevoir qu'une interprétation absolue en dehors de l'histoire.

ques[1]. Le point de vue de Bastiat et de Whately tendait, bien qu'imparfaitement encore, à développer l'aspect dynamique de l'économie et à la subordonner en partie à la conception du mouvement.

D. — *Écoles semi-hétérodoxes.*

Pour l'école orthodoxe, l'expression de *politique* appliquée à la science économique était en réalité contradictoire, puisqu'elle tendait à exclure toute intervention gouvernementale et même collective de l'organisation des phénomènes qui s'y rapportent. Nous avons vu cependant qu'encore chez A. Smith, qui en cela se rattachait à J.-J. Rousseau, l'économie tout en étant libérale restait, en tant qu'application, une branche de la science ou plutôt de l'art de l'homme d'État. J.-B. Say, au contraire, avait radicalement coupé le lien qui rattachait l'économie à la politique tout en lui conservant le qualificatif. C'était un pas en avant dans la différenciation, mais cette évolution ne devait constituer un progrès que le jour où l'économie séparée de l'*art* de gouverner se rattacherait à l'ensemble de la *science* sociale. Et c'est surtout à ce point de vue que l'exposé des définitions de l'économie est intéressant en ce sens qu'il y a dans ces définitions une évolution organique et positive qui correspond non seulement à celle de la science économique, mais de la totalité de la science sociale et même de l'ordre économique réel.

Ce fut S. de Sismondi qui eut le mérite d'être l'un des premiers hérétiques du système classique tout en s'y rattachant encore. Avec Saint-Simon qui, lui, se rattachait à un autre courant, il exerça la plus grande influence sur Rodbertus et Marx. Pour lui, l'économie est la science du

1. R. Whately, *Introductory lectures on political economy.* London, 1831.

bien-être physique de l'homme en tant que ce bien-être dépend de son gouvernement ; ce gouvernement étant représentatif, c'est déjà en réalité la collectivité qui, par son intermédiaire, intervient dans sa propre organisation économique. L'intervention est collective, remarquons-le, mais non plus autoritaire dans le sens absolu ; ses formes sont libérales, représentatives et, en ce sens, sociales. L'ordre économique n'est plus conçu comme immuable. Le machinisme l'avait transformé ; Sismondi comprit qu'à cette transformation devait correspondre un droit économique nouveau ; ainsi l'économie tendait de nouveau à se rattacher à la politique, mais à une politique également évoluée et modifiée ; en économie comme en politique il fallait un régime constitutionnel.

En Angleterre, J.-S. Mill rattacha plus fortement encore l'économie à la science sociale en montrant ses rapports non seulement avec la politique, mais avec l'ordre familial, la morale et le droit. Généralisant et simplifiant la définition par cela même qu'il en conçoit le contenu comme plus vaste il dit : « C'est la science des richesses », mais ailleurs il ajoute : « C'est la science qui étudie la nature de la richesse et les lois de sa production et de sa répartition. » Il ne considère plus la richesse comme se produisant et se distribuant d'elle-même en vertu des prétendues lois naturelles de la liberté. Le problème de la répartition devient le plus important à tel point qu'il serait prêt à sacrifier ses préférences libérales au communisme même le plus absolu : « S'il n'y avait d'alternative qu'entre l'état de choses existant et le communisme, toutes les difficultés de celui-ci, grandes ou petites, ne seraient qu'un grain de poussière dans la balance. »

J.-S. Mill conçoit l'économie comme branche particulière de la science des sociétés ; de là, cette dernière définition : « L'économie politique est la science qui trace les lois des phénomènes sociaux qui résultent des opérations com-

binées de l'humanité relativement à la production des richesses, *en tant que ces phénomènes n'ont pas été modifiés
par la poursuite d'un autre objet.* » L'économie n'est donc
plus une science indépendante si ce n'est que par abstraction,
par un procédé logique bien que légitime ; en outre, la production de la richesse est le résultat d'opérations *combinées*
de l'humanité, et non d'efforts individuels simplement addi-
tionnés ; le travail est donc œuvre collective de coopération
nécessitant une entente également collective[1]. De même
que Mill, son disciple le plus remarquable, J.-E. Cairnes
(1824-1875) reconnait que les données, les prémisses de
l'économie politique sont à la fois physiques et morales et
dès lors il définit l'économie : « La science qui, acceptant
comme faits ultimes les principes de la nature humaine et
les lois physiques du monde extérieur, aussi bien que les
conditions politiques et sociales des différentes communautés humaines, recherche les lois de la production et de la
distribution des richesses qui résultent de leur action combinée ; ou bien : la science qui expose les phénomènes de
la production et de la distribution des richesses en remon-
tant à leurs causes, aux principes de la nature humaine et
aux lois des événements physiques, politiques et sociaux du
monde extérieur[2]. »

C'est dans le même esprit que Ch. Gide dira de nos jours :
« L'économie politique a pour objet les rapports des hommes
vivant en société, en tant que ces rapports tendent à la
satisfaction de leurs besoins matériels et au développement
de leur bien-être. »

1. Dans ses « Essais sur quelques questions controversées en économie politique », p. 132-134, J.-S. Mill conçoit l'économie politique
comme une *totalisation des lois* purement physiques et des lois morales
qui y entrent dans une combinaison étroite ou sociale. Il semble entrevoir que tout phénomène social est à la fois physique, organique et
psychique suivant le principe que j'ai essayé de démontrer ailleurs.

2. *Le caractère et la méthode logique de l'Économie politique,*
trad. de G. Valran. Paris, V. Giard et E. Brière, 1902, p. 74.

Et voyez le chemin parcouru par les définitions successives : à l'origine, la science des richesses est conçue comme essentiellement matérielle, maintenant à la fois comme sociale, comme humaine, à tel point que le facteur matériel et dès lors aussi sa dynamique purement mécanique semblent même trop sacrifiés et perdus de vue dans la considération bio-sociale de rapports presque uniquement humains au point même que certains arriveront à résoudre l'économie en phénomènes de pure psychologie collective.

E. — *Écoles de l'économie nationale.*

Tous les grands penseurs et artistes de la seconde moitié du xviiiᵉ siècle, y compris les fondateurs de l'économie sociale, aussi bien Quesnay, A. Smith que W. Godwin, étaient cosmopolites ; ce n'était pas chez eux pur idéalisme, car leur philosophie humanitaire correspondait à la prise de possession du globe, à sa reconnaissance au moins générale par les voyageurs et surtout par les navigateurs qui depuis Magellan avaient opéré la circumnavigation de la planète. Le cosmopolitisme de Diderot, par exemple, est étroitement lié aux voyages de son contemporain Bougainville. A un certain moment philosophes, artistes, théoriciens politiques, économistes, réformateurs et révolutionnaires perdirent la notion de tout groupement intermédiaire entre l'individu et l'humanité. Seul peut-être A. Smith, qui restera toujours la souche commune de toutes les théories économiques différenciées dans la suite, nous apparaît comme en possession du sens relatif et continu des phénomènes sociaux, et il reste le père de toutes les écoles économiques, même de l'école sociologique et cela grâce à sa consciencieuse méthode toute d'observation et déjà en partie historique avec un minimum d'hypothèses métaphysiques.

Dès la première moitié du xixᵉ siècle, un changement se produit à la fois aux États-Unis dont l'industrie naissante a besoin de protection et dans l'Europe continentale où, après la lutte titanesque contre l'Angleterre, l'Empire napoléonien, incarnation militaire et despotique du cosmopolitisme humanitaire, s'est brisé en permettant aux nationalités particulières de reprendre leur indépendance et la direction de leurs intérêts nécessairement en partie différents à raison des caractères particuliers et des stades plus ou moins avancés de leur évolution.

Dès 1834, dans son « Statement of some new principles on the subject of political economy exposing the fallacies of the system of free trade and of some others doctrines maintened in the « Wealth of Nations » publié à Boston, John Rae, sur lequel les récentes théories de M. de Böhm-Bawerk ont attiré une sérieuse attention qu'il mérite aussi à d'autres égards[1], réagit avec force contre le cosmopolitisme de l'école d'A. Smith. Pour lui, « l'économie politique, c'est la science qui expose la nature de l'*économie nationale* ou qui montre comment un peuple se procure les biens matériels grâce aux efforts économiques de ses membres ».

Quelques années après Fr. List qui sans doute avait été en relation avec lui pendant son séjour aux États-Unis de 1825 à 1832 et qui, dans tous les cas, avait subi l'influence de ce milieu où l'industrie naissante voulait être protégée, publie en 1841 son *Système national* d'économie politique où il se détache de l'école libérale d'A. Smith et surtout de J.-B. Say dont il condamne le cosmopolitisme abstrait, lequel ne considère que l'humanité et l'individu sans tenir compte des groupes intermédiaires et notamment des nations. Celles-ci cependant ne sont-elles pas des forces productrices et consommatrices dont les conditions d'existence ne sont pas identiques, et qui dès lors ne peuvent avoir un droit économique commun? Une nation doit se protéger

---

1. Voir la note du t. I, p. 397, de l'édition française de l'*Histoire critique des théories de l'intérêt du capital*. Paris, Giard et Brière, 1902.

autant qu'il est nécessaire et aussi longtemps qu'il est nécessaire, sinon les nations plus faibles deviendraient vassales
de l'étranger. Le libre-échange ne doit être qu'intérieur ;
il faut une certaine protection vis-à-vis des autres nations ;
sur ce point il s'accordait complètement avec J. Rae. Aucun
privilège économique, ne doit donc être accordé à une classe
à l'intérieur et le libre échange doit constituer le droit
commun, mais uniquement national et interne. Internatio-
nalement il n'est admissible qu'en vertu d'un pacte entre
nations contractantes et égales. La logique ne perdant
jamais ses droits, cette notion d'égalité nécessaire des États
contractants dans un régime international sera étendue par
le socialisme aux relations entre les membres des diverses
classes sociales.

On peut dire que c'est cette conception qui domine encore actuellement pour une grande part l'économie politique
dans les sphères gouvernementales. Elle correspond à la
reconstitution des nationalités. On pourrait y objecter que
les nationalités sont elles-mêmes des formations historiques
nées le plus souvent de la conquête et que non seulement
dans chaque nationalité il y a des parties qui ne sont pas
égales entre elles, et demanderaient également à être pro-
tégées, mais qu'il y a même des classes inégales dont les
plus faibles peuvent aussi invoquer une protection. Dans
tous les cas l'économie nationale correspondait à une tendance et à une situation en partie réelle. L'Allemagne, comme
les États-Unis, était dans une situation industrielle infé-
rieure au point de vue de la concurrence. La création de
Zollverein allemand, sous l'influence de List, favorisa les
débuts et la croissance de l'industrie nationale et fut même
la base de l'unification politique postérieure.

Ad. Smith lui-même n'avait-il pas reconnu dans la *Navigation Act* de Cromwell une des origines de la supériorité
de l'Angleterre ? Ceci ne confirme-t-il pas que ce grand
ancêtre peut et doit être considéré comme l'auteur commun

de toutes les écoles différenciées postérieures, qui trop souvent dans leur exclusivisme ont eu l'ingratitude de méconnaître cette filiation légitime?

Dans la suite, nous voyons cependant le système de l'économie nationale se rapprocher davantage du libéralisme; mais cette évolution ne se produit que lorsque l'Allemagne a réussi à se mettre au niveau du développement industriel des peuples les plus avancés. Et même alors reste acquis qu'entre l'humanité et l'individu il y a une foule de groupements intermédiaires dont l'économiste doit tenir compte et l'État n'en est plus exclu en tant que forme réelle et politique. En ce sens, Neumann-Spallaert (1837-1888), conciliant son libéralisme économique avec la fonction historique de l'État moderne, définit la science : « C'est la théorie des rapports des économies privées entre elles et avec l'État tout entier. »

F. — *Écoles historiques d'économie nationale.*

Elles sont un développement différencié des écoles précédentes. Les historiens et les juristes viennent de reconnaître qu'il y a une évolution historique des formes et du contenu de l'État et du droit; le même point de vue devient prédominant dans les sciences de la vie en général; l'économie est entraînée dans le mouvement. W. Roscher définit maintenant la science : « C'est la théorie des *lois de développement* de l'économie nationale. » Le point de vue est en partie nouveau de même que la méthode devient surtout la méthode historique; mais la filiation directe de l'école historique avec l'économie nationale est reconnue et constatée. Par cela même que la science et sa méthode deviennent historiques, les doctrines deviennent moins exclusives; ne sont-elles pas elles-mêmes assujetties aux lois du développement? Ne sont-elles pas reliées entre elles par un lien de continuité qui rattache les unes aux autres même celles qui s'opposent et s'excommunient ?

C'est ce que comprend mieux que tout autre Schmoller lorsqu'il définit l'économie : « C'est la science qui se propose de *décrire* les phénomènes économiques, qui les définit et les explique par leurs causes, et qui les considère comme un tout fortement cohérent, ce qui suppose qu'on a préalablement défini l'économie nationale. »

A. Wagner dit de même : « L'économie politique est la science de la Volkswirthschaft, c'est-à-dire, l'organisation des économies individuelles de peuples organisés en États. »

Mais de Roscher à Schmoller et à Ad. Wagner une nouvelle différenciation tend à se produire. Non seulement les formes économiques sont conçues comme historiques, non seulement cette conception entraîne avec elle un affaiblissement de l'esprit conservateur et une prédominance croissante de l'esprit de réformation dans l'organisation économique surtout intérieure, mais l'éthique et le droit sont appelés à intervenir pour régler des rapports économiques en partie nouveaux et pour améliorer les anciens. Cette morale et ce droit ont eux-mêmes évolué ; ils ont perdu l'ancien caractère immobile et métaphysique du droit et de la morale naturels ; morale, droit, économie se développent historiquement suivant une direction qui, prolongée au delà du présent, trace comme objectif un idéal toujours progressif bien que toujours aussi rattaché à la réalité. Déjà aussi le problème économique, tout en conservant ses caractères nationaux et précisément à cause de l'importance attribuée à l'économie interne, englobe les questions ouvrières proprement dites. Schmoller et A. Wagner étendent leur conception historique, morale et juridique de l'économie nationale à la question sociale. Ils acceptent comme un titre honorifique l'épithète de Katheder-socialisten dont on croyait les flétrir. Ainsi ils rattachent l'ancienne économie de Smith, de Ricardo et de St. Mill, cette dernière déjà fortement évoluée, au socialisme devenu scientifique avec Lassalle, de Rodbertus et K. Marx.

G. — *Écoles éclectiques ou vagues de l'économie orthodoxe.*

Elles se rattachent en général à J.-S. Mill dont les théories économiques aussi bien que la logique oscillèrent continuellement du libéralisme au socialisme et de la méthode déductive à la méthode inductive. Ces hésitations préparaient la transformation de la science. En Allemagne, Mangoldt (1824-1868) définit l'économie : « C'est l'exposé scientifique des forces fondamentales de l'économie, des directions dans lesquelles elles se manifestent, des lois de leur fonctionnement et des conditions de leur succès. » C'est l'aspect dynamique des phénomènes, leur mouvement qui devient ainsi le point de vue dominant.

Il en est de même en France pour M. P. Leroy-Beaulieu : « l'économique est la science qui constate les lois générales déterminant l'activité et l'efficacité des efforts humains pour la production et la jouissance des différents biens que la nature n'accorde pas gratuitement et spontanément à l'homme. » (Traité, t. I, p. ii.)

II. — *Les écoles socialistes.*

Les fondateurs du socialisme scientifique.

De même que chez les fondateurs de l'économie libérale, on trouverait difficilement dans les travaux des pères du socialisme scientifique, W. Thompson, Rodbertus et K. Marx, une définition précise du domaine de l'économie sociale. Pour le premier, la production de la richesse n'est qu'un moyen et non une fin, le problème est surtout moral et juridique ; ce qui est l'important c'est la juste répartition

de la richesse et, dès lors, l'économie est étroitement rattachée à l'ensemble de la science sociale et devient avec celle-
ci la branche essentielle de l'art du bonheur social. « Le
but de l'économie est de déterminer le mode de distribution
de la richesse propre à réaliser le plus grand bonheur possible. »

Ainsi le point de vue était changé, mais ce changement
lui-même se rattachait aux théories primitives de Petty,
d'A. Smith et de tous les classiques de l'école libérale qui
avaient proclamé que le travail est la source de toute valeur.
Ce dogme nouveau coïncidait précisément avec l'avènement
de la classe ouvrière et son organisation croissante destinée
à fortifier en elle sa conscience de classe.

Entre l'économie individualiste et en même temps cosmopolite mais idéaliste au fond des économistes orthodoxes,
économie de plus en plus mitigée et rapprochée de la réalité
par les représentants de l'économie nationale tels que J. Rae
et Fr. List, laquelle économie nationale à son tour avait
évolué en école historique avec Roscher, Schmoller, etc.,
entre l'individu d'un côté, et de l'autre la nation et la grande
économie internationale, intercontinentale et mondiale qui
depuis la fin du xv° siècle s'était développée de plus en plus,
il y avait cependant toute une série de groupements plus
humbles en apparence mais en réalité fondamentaux et également naturels, groupements nés du développement économique plus intime des sociétés et en grande partie indépendants des nationalités historiques; c'étaient en un mot les
groupements professionnels ouvriers et même capitalistes,
depuis les simples associations et sociétés, jusqu'aux grands
syndicats, fédérations de syndicats nationaux et dans la
suite internationaux, jusqu'aux grandes Compagnies, Sociétés anonymes et trusts capitalistes intercontinentaux.

La question ouvrière représentée par une classe arriva
ainsi à se poser nettement en face du capitalisme également
représenté par une classe. Désormais la sonde était descen-

due jusqu'au fond du problème économique et le vaste système mondial que nos ancêtres n'avaient d'abord conçu que dans ses grandes lignes les plus générales et comme composé de la poussière des individualités humaines apparaissait maintenant comme une structure composée d'une foule d'organismes intermédiaires entre l'individu et l'humanité, dont cette humanité elle-même n'était que le résultat lentement développé. La fondation de l'Association internationale des travailleurs en 1864 ne fut elle-même qu'une tentative prématurée ; le mouvement ne prit un véritable caractère organique qu'après qu'il eut été consolidé nationalement ; son évolution mondiale n'aura son entier effet qu'à partir du jour où, comme maintenant, elle répondra à un développement parallèle du capitalisme tel que nous le voyons se manifester dans les grands trusts de navigation, de commerce et finalement de production.

L'évolution du socialisme théorique consista à se rapprocher de plus en plus et à prendre de mieux en mieux conscience de cette évolution pratique et de ses conditions préparatoires indispensables.

Vers 1848, les écoles socialistes restent encore en partie dans le vague ; mais la conception de l'économie est devenue réellement sociale. Fr. Vidal, communiste et partisan de l'intervention de la collectivité dans l'ordre économique, définit largement l'objet de l'économie : « C'est la science qui enseigne *comment il faut organiser* la production conformément à l'utilité générale et répartir la richesse conformément à la justice distributive. » L'intervention que les économistes les plus avancés reconnaissaient comme justifiée dans la répartition était donc étendue par le communisme à la production elle-même. On comprenait que la répartition de la valeur produite par le travail était en corrélation nécessaire avec l'organisation de celui-ci. Seulement la définition tendait à supposer que cette organisation de la répartition et de la production des richesses n'était pas soumise elle-même à des conditions et à une évolution organique et dépendait absolument de la raison et du libre arbitre de la collectivité.

P.-J. Proudhon, le représentant principal du socialisme mutualiste, réagit violemment contre les doctrines communistes et contre le socialisme d'État. Il définit l'économie : « la science des lois du travail », définition à la fois trop étroite et trop vague ; il donne au mot travail une extension inusitée ; on voit cependant par là, que comme K. Marx il fait du travail la base de son système de répartition des richesses. Il diffère du socialiste allemand, en ce qu'il proclame le principe de l'équivalence des fonctions sociales, principe qui, étendu à l'économie, tend à supprimer toute distinction au point de vue de la rémunération entre les diverses professions y compris les professions dites libérales et même entre travailleurs qualifiés et non qualifiés. Il pense que le travailleur obtiendra le produit intégral de son travail par la suppression de la rente, du profit et de l'intérêt et que ce résultat peut être obtenu par l'organisation de l'échange et du crédit gratuit au sein de libres associations de producteurs, consommateurs et échangistes.

Comme je l'ai déjà signalé on trouverait difficilement chez les fondateurs du socialisme scientifique une définition précise ; nous avons observé le même phénomène, chez les fondateurs mêmes de l'économie politique. La grande et légitime préoccupation des uns et des autres fut d'en rechercher le contenu et le développement sans lui assigner prématurément des limites que ce contenu seul, mis en rapport avec les autres classes de phénomènes sociaux, peut déterminer.

Rodbertus pense que les richesses naturelles existent en quantités pour ainsi dire illimitées ; les machines sont venues centupler la productivité humaine. Le vice ne réside donc pas dans la production, mais dans l'organisation sociale. Il s'agit de trouver une organisation qui garantisse également à chacun le produit de son travail propre. Tel est le problème soumis à l'économie devenue ainsi science sociale. Toutes les richesses dont s'occupe l'économie politique coûtent du travail et ne coûtent que du travail ; le domaine de l'économie politique ne s'étend qu'aux richesses matérielles ; elle poursuit la mise en œuvre des richesses existantes, en vue de la satisfaction des besoins humains ; toutes ces richesses naturelles ne deviennent consommables qu'après une dépense d'énergie humaine. C'est précisément cette intervention du travail humain dans la production des richesses qui rend nécessaire la branche du service humain qui porte le nom d'économie politique. De là la théorie de la valeur basée sur la durée normale et l'énergie du travail[1].

Avec K. Marx l'économie sociale devient la base même de toute la superstructure des sociétés ; celle-ci est vis-à-vis de l'économie dans un rapport constant de subordination. Elle est donc la science par excellence destinée à interpréter toutes les autres. Fausse ou vraie, cette conception est sociologique. Les disciples de Marx me semblent surtout l'avoir faussée en exagérant le caractère matérialiste de l'économie et en accentuant encore plus que Marx sa différence avec la structure supposée idéologique. La science économique, base de la science sociale, a pour objet la connaissance des forces productives matérielles des sociétés ; ces forces ont des degrés divers et successifs de développement auxquels correspondent nécessairement certains rapports de production indépendants de la volonté humaine et déterminés par ces forces. La totalité de ces rapports forme la structure économique, sur laquelle s'élève la structure juridique et politique. Les rapports de production ne changent que par le développement des formes de la produc-

---

1. Voir *Die Forderungen der Arbeitenden Klasse* et *Zur Erkentnisse unsere staatswirthschaftlichen Zustände*.

tion ; la science économique a pour objet total ce double développement des forces productives, et des rapports nécessaires qui en résultent. Ce développement doit aboutir à la socialisation des moyens de production ; avec le progrès de cette socialisation, il s'opère un *saut dans la liberté* ; l'élément idéologique semble reprendre le dessus ; l'homme redevient maître de ses destinées, ce qui implique l'organisation des forces productives et des rapports de production par l'homme même au moyen du droit et de la politique. C'est dans ce stade ultime que pratiquement s'est placé le collectivisme en participant activement à la vie politique et aux réformes juridiques spécialement dans la législation du travail. Il a mis fin ainsi au dualisme théorique de Marx accentué par Engels et certains de leurs disciples.

Ainsi le domaine de l'économie ne nous apparaît plus, si ce n'est par abstraction, comme un domaine distinct d'une façon absolue de la science sociale entière ; sa définition ne peut plus être que sociologique, c'est-à-dire dominée par la considération de l'ensemble de la phénoménalité sociale.

Avec C. De Paepe et Benoît Malon, le socialisme devint de plus en plus positif et intégral ; il brise les formules dialectiques qui faisaient obstacle à son développement ; le communisme absolu s'atténue en un collectivisme relatif et historique qui facilite et prépare un syncrétisme doctrinal annonciateur du droit économique nouveau lui-même conçu comme transitoire et non définitif, mais toujours progressif. Bien peu d'économistes aujourd'hui refuseraient par exemple d'accepter la définition proposée par C. De Paepe dans son cours d'économie sociale. Tenant compte à la fois de ce qui est et de ce qui devrait être, cet ardent apôtre du collectivisme disait simplement : « L'économie sociale est la science qui enseigne comment s'effectuent la production, la consommation et la distribution de la richesse et comment elles doivent s'effectuer pour réaliser le bien-être social. »

C. De Paepe ne considérait donc pas l'économie comme une science purement descriptive, mais éthique et politique; sa définition paraît cependant encore incomplète en ce qu'elle n'indique pas que le développement de la science revêt à la fois un caractère historique et évolutif et un caractère constant, ou mieux encore un ordre régulier dans les variations mêmes. La notion de loi y semble négligée. N'y a-t-il que des lois économiques purement historiques? N'existe-t-il pas au-dessus d'elles des lois abstraites et universelles? D'un autre côté, bien qu'il fasse de l'économique une science morale, De Paepe n'indique pas suffisamment que l'économique n'est qu'une branche, bien que fondamentale, de l'*ensemble* de toutes les sciences sociales coordonnées en sociologie générale.

II. — ÉCOLES SOCIALISTES ÉCLECTIQUES.

Elles se rattachent en général d'un côté à J.-S. Mill, de l'autre à l'esprit réformateur socialiste dont Mill aussi avait subi l'influence. Charles Marlo (1810-1865) et Émile de Laveleye (1822-1892), sont les représentants les plus originaux de cette école de transition et de conciliation où l'économie classique et le socialisme de Fourier, de Saint-Simon et de Louis Blanc tendent à se fondre dans une sociologie positive. Avec Marlo, l'économie reprend son point de vue universel de *Weltœkonomie*, il la rattache étroitement à la psychologie collective des peuples d'un côté et à l'organisation du travail de l'autre. Il conçoit le développement économique comme soumis à un ordre évolutif déterminé par des conditions primaires de nature physique et correspondant aux stades successifs de la mentalité humaine.

Cette grave question de l'existence ou non de lois sociologiques et spécialement de lois économiques abstraites et générales, question traitée notamment par Rumelin, E. de Laveleye la tranche sommairement dans sa définition : « l'économie politique est la science qui détermine quelles sont les lois que les hommes doivent adopter, afin qu'ils puissent, avec le moins d'efforts possible, se procurer le plus d'objets utiles à la satisfaction de leurs besoins, en les répartissant conformément à la justice et en les consommant conformément à la raison. » D'après lui, il n'y a pas de lois économiques naturelles ; les lois de ce genre ne sont applicables qu'à la technologie ; admet-il au moins des lois historiques de développement ? Non, en économie politique, il n'y a en fait de lois « que celles qu'édicte le législateur » ! Finalement, de Laveleye conclut comme J.-S. Mill et les premiers économistes que « c'est la science de l'utile ou de la richesse ». Mais en disant, comme plus haut, que « c'est la science qui détermine les lois que les homme doivent adopter » n'admettait-il pas implicitement que la législation positive, *art du législateur*, est subordonnée à des lois scientifiques? Dès lors sa définition ne remet-elle pas tout en question ? Quelles sont les lois de *justice*, quelles sont les lois de *raison* auxquelles le législateur doit se conformer dans son intervention ?

La thèse vague et contradictoire de de Laveleye est le contre-pied radical de celle non moins absolue des physiocrates. Ceux-ci représentaient la société comme soumise à un ordre naturel immuable qu'il suffisait de reconnaître et de suivre en supprimant toutes les entraves artificielles résultant des institutions, de l'œuvre des législateurs. Pour de Laveleye c'est l'action des législateurs qui semble devoir être libérée de toute entrave autre que celle de leur sentiment personnel relativement à ce qui est juste et raisonnable. C'est par ce spiritualisme rationaliste cependant que l'auteur « de la Propriété et de ses formes primitives » et du « Socialisme contemporain » se rattachait au mouvement de réforme sociale avec d'autant plus de facilité que sa doctrine *essentiellement* libérale en tant que négation de tout développement organique et même historique de l'économie laissait à sa critique et à son esprit réformateur plus de latitude dans l'œuvre de conciliation qu'il avait en vue de réaliser entre le socialisme et l'économie classique.

Autant la définition de l'économie politique par E. de Laveleye s'écartait de la conception des physiocrates, autant elle se rapprochait sensiblement de celle d'Ad. Smith en tant que celui-ci considérait aussi l'économie comme une science politique et pratique, en un mot à la fois comme science et comme art. Pour A. Smith, la réalisation pratique des buts de l'économie politique devait, comme pense de Laveleye, être poursuivie par une législation rationnelle, mais avec cette différence que Smith, imbu comme les physiocrates de la conception d'un ordre social naturel, subordonnait l'œuvre du législateur à l'introduction de cet ordre dans le domaine pratique. La loi naturelle était la liberté, l'œuvre du législateur devait être libérale. La science avait rejeté le concept métaphysique de lois naturelles. Le débat n'existait plus qu'entre les lois purement historiques, c'est-à-dire variables suivant les périodes de civilisation, et la reconnaissance de lois aussi bien statiques que dynamiques applicables à toutes les civilisations. Ce débat était surtout sociologique. E. de Laveleye fit œuvre transitoirement utile et pratique en négligeant le problème et en insistant sur le vaste champ d'action accordé à l'intervention humaine dans le domaine des faits sociaux et dans leur transformation. Une solution régulière et pacifique de la lutte des classes put être entrevue et espérée et par là fut aussi facilitée et préparée la constitution d'une sociologie économique comme branche fondamentale d'une sociologie positive où le concept de loi perd définitivement son ancien caractère absolu pour revêtir, même dans sa signification la plus abstraite, celui d'un ordre toujours variable mais

toujours équilibré, en un mot de développement coordonné.

III. — LE POINT DE VUE SOCIOLOGIQUE.

Quand l'économie arrive à être conçue comme une
branche particulière de la sociologie générale, alors par cela
même il est reconnu que la pleine et exacte solution de
chaque problème économique est dépendante de l'ensemble
des données de la sociologie. Dès lors la méthode logique
de l'économie politique ne peut plus consister exclusivement,
comme le prétendait Cairnes, à se baser sur les prémisses
physiques et les caractères de la nature humaine pour en
déduire comment sous leur influence se comportera le phénomène économique proprement dit. Il faudra également
tenir compte de l'action exercée par les autres forces de la
vie sociale : génésiques, esthétiques, psychocollectives, morales, juridiques et politiques. Ces formes, bien que plus ou
moins variables, agissent sur le phénomène économique d'une
façon constante; il doit donc être interdit de les éliminer
du problème économique. Il n'y a d'exception que pour les
causes accidentelles. Énoncer d'une façon abstraite qu'à *défaut d'autres forces* la population tend à croître plus rapi-
dement que les subsistances, cela nous renseigne peut-être
sur des caractères biologiques de l'espèce humaine, mais
nullement sur son caractère économique, lequel est sociologique et nécessite dès lors une interprétation complète.
Celle-ci ne peut faire abstraction des facteurs sociaux qui
agissent d'une façon constante sur le phénomène à étudier ;
d'une façon plus claire : en économie sociale on ne peut
faire abstraction des facteurs sociaux. Cela semble un truism.
Et cependant c'est l'inobservation de ce principe qui a conduit Malthus et Ricardo à formuler en lois économiques des
observations simplement déduites des prémisses ou données
de l'économie sociale, données qui sont, suivant Cairnes,

le monde physique et la nature humaine, c'est-à-dire,
comme je l'ai expliqué moi-même ailleurs : le territoire et
la population. Les économistes ont eu raison de baser leur
science sur les données de la nature physique et humaine,
mais ils ont eu le tort d'en déduire absolument toute l'économie politique ; celle-ci apporte aux données premières le
contingent de ses inductions et de ses lois spéciales et toutes
les autres données sociales y contribuent également. Ainsi
il est très exact, comme le proclame Ricardo, que la productivité de la terre ne croît pas proportionnellement à la
quantité de travail et de capital qui y sont appliqués, c'est
une loi ; cependant d'un autre côté J.-S. Mill a très justement
observé que la loi de productivité décroissante est constamment neutralisée, en tout ou en partie, par le perfectionnement de la technique et d'une façon générale par les progrès de la civilisation. Y a-t-il contradiction entre les deux
lois? Absolument pas, mais à condition de reconnaître,
comme le comprend Mill lui-même, que la loi ricardienne
ne représente que l'influence d'une cause particulière, le
caractère physique du sol, exercée sur la production des
richesses agricoles. C'est une donnée fondamentale de la
loi économique, mais ce n'est pas à vrai dire une loi
économique et moins encore sociologique ; elle n'est exacte
que si on fait abstraction de la civilisation même. En
effet, on ne pourrait pas même dire qu'elle s'applique dans
l'hypothèse où plus de capital et plus de travail seraient
appliqués à une même terre dans un même état de civilisation, puisque cette application plus considérable constitue
par elle-même un développement, donc une variation de la
civilisation.

En somme, le point de vue sociologique en économie
politique impose de tenir compte de tous les facteurs sociaux constants y compris les facteurs variables dont l'action peut être également constante ; la sociologie et par
conséquent aussi l'économie sociale, même abstraites, ne

peuvent éliminer que les causes perturbatrices accessoires, contingentes et accidentelles.

Ce point de vue apparaît manifestement dans la définition de A. Schäffle : « L'économie est la théorie de la phénoménalité du principe économique *dans la vie sociale.* »

La question se présente ainsi d'une façon générale. L'économie politique est-elle une science ou simplement un art ? Y a-t-il des lois sociologiques ? Connaissons-nous ou pouvons-nous arriver à connaître un ensemble coordonné et systématique de rapports sociaux constants et nécessaires, à la fois universels et abstraits, supérieurs aux rapports historiques transitoires ? Ou bien n'y a-t-il que des lois sociologiques, et par conséquent aussi économiques, historiques, c'est-à-dire applicables seulement à certaines périodes et à certaines formes des sociétés ?

La question a été traitée notamment par Rumelin dans ses *Problèmes d'Économie politique et de Statistique*[1]. Dans mes *Lois sociologiques*[2] et ailleurs, je crois avoir démontré qu'il y a une sociologie abstraite dont les lois se dégagent de la sociologie concrète et descriptive. L'économique, à mon sens, est une branche particulière du système intégral de la science sociale ; elle participe donc de la nature et du double aspect concrets et abstraits de cette dernière ; elle s'y rattache étroitement, d'une façon indissoluble, avec tous les caractères que nous avons reconnus en sociologie.

L'économie politique étant la science la plus simple et la plus générale et dans l'économie politique les phénomènes et les formes relatifs à la circulation étant aussi les plus simples et les plus généraux, il était naturel que les premières lois sociales abstraites seraient les plus facilement reconnaissables dans les phénomènes économiques et spécialement dans ceux relatifs à la circulation.

C'est ainsi que j'ai cru pouvoir formuler en loi abstraite

1. Traduction française. Paris, Guillaumin et Cie.
2. Paris, F. Alcan, 3e édit, 1902.

dans le transport & circulation ne peut donner une loi.

que le développement de la circulation est caractérisé d'une façon constante et nécessaire par la réduction continue du poids mort social relativement à l'effet utile. Cette loi apparaît de la façon la plus éclatante, par exemple, dans le transport et dans le commerce en général ainsi que dans l'évolution des signes représentatifs des utilités qui circulent, c'est-à-dire, de la monnaie. Le but même de toute l'économie sociale pourrait aussi être défini : la poursuite de l'économie de l'effort.

Nous avons vu en sociologie que les sociétés historiques ou concrètes et la société en général sont des superorganismes plus vastes et plus complexes, quantitativement et en partie qualitativement distincts des organismes dont s'occupe la biologie.

Comme les organismes, les sociétés ont des organes, des appareils d'organes, des systèmes d'appareils avec leurs fonctions correspondantes.

L'économique est un de ces systèmes où l'on reconnaît les mêmes subdivisions. Au point de vue sociologique, qui me semble devoir être le point de vue dominant de toutes les sciences sociales particulières, l'économique peut être définie : *Cette partie fondamentale et intégrante de l'ensemble de la science sociale ou sociologie qui a pour objet l'étude et la connaissance des lois abstraites de la structure et de la vie nutritive des sociétés et des conditions de réalisation historique et pratique de ces lois.*

Il y a donc des lois économiques abstraites et des lois économiques concrètes, des lois universelles constantes et nécessaires mais en même temps historiques et variables ; il y a en un mot un ordre dans les variations mêmes et dans l'évolution historique. Il y a aussi l'économie comme science abstraite ou *économie pure* et l'économie comme art ou *économie appliquée*; *l'économie sociale* et l'économie dite précisément *politique*.

Les phénomènes économiques sont les plus simples, les

plus généraux ; ils entrent dans la composition de tous les autres phénomènes sociaux et eux-mêmes ne sont réductibles qu'aux phénomènes biologiques et physiques qui forment le domaine des sciences immédiatement antécédentes.

La nutrition des sociétés est la condition primaire, essentielle, de leur existence, de leur conservation, de leur croissance, de leur progrès au point de vue de l'espèce et des individus qui la composent ; les formes de cette nutrition déterminent d'une façon générale et directe toutes les formes et toutes les activités sociales plus spéciales et plus élevées. Ces dernières au contraire n'agissent sur elle-même qu'indirectement et suivant des modes particuliers. Dès lors les formes de la circulation, celles de la propriété, celles du travail agissent sur la vie familiale, sur l'art, sur les croyances, sur les mœurs et la morale, le droit et la politique.

Ainsi néanmoins, tous les organes, tous les appareils d'organes, tous les systèmes d'appareils sociaux sont en réalité connexes dans leur structure et interdépendants dans leur fonctionnement ; tous depuis les plus particuliers jusqu'aux plus vastes concourent à un service général et d'ensemble représenté par une structure intégrale dont toutes les parties sont coordonnées.

CHAPITRE II

LE SYSTÈME ÉCONOMIQUE

Envisagé en lui-même, l'état économique de toute société constitue un système d'ensemble, en ce sens que toutes ses parties élémentaires, ses organes, ses appareils d'organes sont agencés et fonctionnent au service d'une structure et d'une vie économique communes qui elles-mêmes sont agencées à la structure et à la vie sociale intégrale.

Ainsi, tout superorganisme social est constitué de plusieurs *systèmes* étroitement liés entre eux, bien que susceptibles au point de vue abstrait d'une division et d'une classification à la fois logiques, dogmatiques, historiques et naturelles ; systèmes : économique, génésique, esthétique, psycho-collectif, éthique, juridique et politique. Cette classification est basée sur l'ordre de complexité et de spécialité croissantes et de généralité et de simplicité décroissantes des phénomènes englobés dans chaque classe.

Dans le *système économique* nous reconnaissons l'*appareil de la circulation* (comprenant à la fois la distribution et la répartition), l'*appareil de la consommation* et l'*appareil de la production*. Les théories relatives au transport des utilités, à l'échange, à la valeur d'échange, à la monnaie, au crédit et au commerce, concernent spécialement la distribution des utilités ; la propriété et l'impôt se rapportent surtout à leur répartition.

En général, les économistes font de la propriété un chapitre de la *production* et parfois aussi de l'impôt une sec-
tion de la *consommation*, mais la propriété et l'impôt dans
leurs formes successives sont surtout des institutions relatives à la répartition des richesses et des charges sociales.
Elles ne sont qu'indirectement rattachées aux formes de la
production et de la consommation.

Presque tous les économistes du reste font aussi à tort
rentrer l'échange et la théorie de la valeur d'échange dans
la production.

Chacun des appareils du système économique — circulation, consommation, production — a à son service des
organes spéciaux plus ou moins nombreux : ainsi, la circulation a comme organes : le transport, le commerce, la
monnaie, les banques, etc.

Comme on le voit, nous faisons rentrer dans l'appareil
de la circulation le transport terrestre et maritime. Les économistes, par une étrange confusion, font également de
cette fonction circulatoire par excellence et même primaire,
une industrie, l'industrie du transport, branche prétendue
de la production. Pour eux, l'échange, le commerce, le
transport font partie de l'organisation de la production
(voir notamment Gide, p. 171 et 202 des « Principes d'économie politique », 2ᵉ édit., 1884) ; ils englobent sous la
même rubrique, l'association, la division du travail, formes
de production ou de consommation, avec la monnaie et le
crédit, instruments de circulation. Nous classons, au contraire, le transport, l'échange, le commerce, le crédit dans
la distribution des utilités, par conséquent parmi les formes
de la circulation.

Le transport n'est une industrie qu'en tant que ses
moyens, son outillage, sont produits par l'industrie :
comme dans la batellerie, la construction des voitures et
wagons, les usines métallurgiques pour rails, machines à
vapeur, etc., etc. En dehors de la fabrication de son outil-

lage, le transport fait essentiellement partie de la branche distribution de l'appareil circulatoire. Du reste, primitivement et maintenant encore le transport s'effectue à dos d'homme. En quoi cela a-t-il un rapport direct avec la production ?

Quant à la fonction constante du commerce, même là où il n'y a pas d'échange, elle consiste essentiellement dans le transport, l'emmagasinement et la distribution des utilités au moment convenable, à l'endroit convenable et dans la quantité convenable pour les besoins. C'est dans cette fonction constante que réside son service social ; quant aux magasins de détail plus ou moins vastes actuels, ce sont surtout des organes de consommation et, bien qu'en partie seulement, des organes de distribution ; dans tous les cas ce ne sont pas des organes de production.

II. — Rapports de l'économie sociale avec les autres sciences.

Les sciences mathématiques, la mécanique, l'astronomie, la physique, la chimie ont pour objet l'étude de phénomènes exclusivement externes ; la biologie présente déjà un caractère plus complexe puisque la vie est essentiellement, d'après la définition de H. Spencer, une correspondance de l'organisme avec le milieu. La psychologie qui est un aspect plus spécial et plus complexe encore de cette correspondance étudie les rapports existant entre les connexions des phénomènes internes et les connexions des phénomènes externes. De même et à plus forte raison la société est un mode encore plus spécial et complexe de la vie envisagée au triple rapport des individus entre eux, des individus avec les groupes sociaux, des groupes sociaux avec d'autres groupes sociaux y compris, dans chaque cas, les milieux physiques ambiants qui du reste font partie intégrante de l'organisme social.

La vie sociale étant une vie de relation, l'économie sociale dans l'étude des phénomènes relatifs à la circulation, à la consommation et à la production des richesses ne doit jamais perdre de vue que les fonctions et organes de la vie économique et tous les phénomènes y afférents sont essentiellement relatifs et non pas simplement relatifs mais doublement et triplement relatifs, c'est-à-dire à la 2ᵉ et à la 3ᵉ puissance, en ce sens qu'il y a non seulement des rapports entre les utilités circulantes, consommées et produites mais entre celles-ci et les unités humaines, les groupes d'unités et les sociétés dans lesquelles ces fonctions économiques se réalisent et qu'unissent également des rapports sociaux. Il faut ajouter encore qu'il y a connexion constante entre les utilités et les unités et groupes sociaux d'un côté et l'ensemble des conditions et connexions du milieu externe ambiant. Ce milieu externe au point de vue de la sociologie est un milieu interne, tout groupe social étant comme je l'ai exposé ailleurs une combinaison supérieure des deux facteurs constitutifs de toute société : le territoire et la population.

La science économique doit donc toujours être subordonnée à la considération de l'ensemble des conditions physiques, biologiques, psychiques et sociales qui constituent le milieu où opère la vie nutritive de toute société. Ce milieu est interne car il est absolument mêlé à la composition de la structure économique.

Tous les phénomènes économiques sont des composés de phénomènes inorganiques, organiques et psychiques élevés à la puissance sociale ; il en est de même de toutes les formes, organes, appareils d'organes et systèmes d'appareils où, historiquement, les faits économiques se réalisent.

Il en résulte que l'économie politique ne représente pas seulement l'aspect matériel de la vie sociale par opposition à l'art, à la morale, au droit et à la politique qui en représenteraient soi-disant l'aspect idéologique. Tout phénomène économique est aussi idéologique et tout phénomène idéologique est aussi matériel. Tout phénomène économique a cette contexture composite en commun avec tous les autres phénomènes sociaux ; cette unité de composition, déjà bien apparente dans la physiopsychologie, se continue ou plutôt se développe avec une ampleur bien plus remarquable dans les phénomènes sociaux et notamment économiques, bien entendu avec les caractères spéciaux qui différencient nettement la superorganisation sociale de l'organisation purement biologique ou biopsychique. Mais pas plus qu'il n'y a dualisme entre le corps et l'esprit, il n'y a dualisme entre la société économique et l'âme collective. Cette âme collective apparaît comme indissolublement liée à toutes les formes et à toutes les manifestations de la vie collective et spécialement économique.

Les économistes les plus avancés admettaient, il est vrai, qu'il y avait des rapports entre l'économie politique et les autres sciences, notamment la morale, le droit et la politique, mais c'était là une conception purement idéaliste ; ces rapports étaient de simples rapports de voisinage. Nous comprenons bien mieux maintenant que ces rapports sont véritablement organiques ; non seulement la science économique, mais la structure et la vie économiques font partie intégrante de la structure et de la vie générale de la société, lesquelles de leur côté sont un développement composite de toute la nature aussi bien anorganique qu'organique.

Ainsi l'économie sociale, comme science, est en rapport constant, non seulement avec les autres sciences sociales particulières mais avec toutes les autres sciences antécédentes aux sciences sociales ; de même elle n'est pas seulement subordonnée à la sociologie, mais à la philosophie générale des sciences. Cela est vrai, aussi bien pour l'économie appliquée ou pratique que pour l'économie abstraite ou théorique pure. Elle se relie, de l'un et de l'autre côté, à l'ensemble des sciences concrètes et abstraites tant antécédentes que séquentes, comme le montre le tableau suivant :

SCIENCES ABSTRAITES	SCIENCES CONCRÈTES	APPLICATIONS A L'ÉCONOMIQUE
1. Mathématiques: Géométrie. . Arithmétique. Algèbre. . .	1. Géométrie descriptive, arts de construction et d'imitation.	1. Arpentage, cadastre, statistique.
2. Mécanique. .	2. Mécanique appliquée; industrielle.	2. Machinisme, productivité du capital et du travail.
3. Astronomie. .	3. Météorologie, géodésie, géographie.	3. Géographie commerciale, industrielle, agricole; agents naturels.
4. Physique. . .	4. Appliquée, industrielle; électricité, magnétisme, lumière, hydrostatique.	4. Industrie, agriculture.
5. Chimie. . .	5. Minéralogie, géologie, stratigraphie, paléontologie, chimie industrielle, agricole.	5. Cultures et engrais; modes d'exploitation, améliorations.
6. Physiologie. .	6. Botanique, zoologie.	6. Élevage du bétail; subsistances et population; durée et rémunération du travail.
7. Psychologie. .	7. Enseignement, éducation, pédagogie.	7. Écoles professionnelles; force nerveuse du travail.
8. Sociologie.. .	8. Anthropologie, mésologie, ethnographie, archéologie, droit, etc.	8. Structure et fonctionnement, évolution des institutions économiques; droit économique, civil et industriel, etc., etc.

D'un autre côté, la science économique a des rapports de connexion et d'interdépendance avec toutes les autres sciences sociales, plus complexes et plus spéciales.

Rapports avec la génétique : Influence des formes éco-

nomiques sur la population en général, sur la structure et
la vie familiales ; action du bien-être sur la natalité, la
mortalité, la matrimonialité ; action de la durée du travail
et des salaires sur la vie domestique ; évolution même de la
structure et de la notion de famille suivant les stades économiques des sociétés, etc., etc. Confirmation de cette connexion par la confusion primitive de l'économie politique
avec l'économie domestique (οἶκος, νόμος).

Rapports avec l'esthétique : Rapports directs, suivant les
dernières données de la psychologie (Lange, Sergi) des
sentiments esthétiques avec la vie organique et spécialement de nutrition. Dérivation directe de l'art de la vie économique par le loisir ; nécessité pour son apparition d'un
certain loisir physiologique et économique ; arts industriels,
trait d'union entre l'industrie et les beaux-arts : dépendance
générale des arts vis-à-vis des conditions et institutions
économiques, vis-à-vis des castes, des classes, etc. Des
temples, des châteaux, des hôtels de ville, l'art pénètre successivement dans les salons bourgeois, dans les palais du
peuple et comme à ses origines finit par embellir tous les
outils et ustensiles de la vie usuelle ainsi que les habitations
ouvrières.

Rapports avec les croyances ou psychologie collective :
Conceptions religieuses, métaphysiques, scientifiques de
l'ordre économique. Exemples : conception biblique et
catholique du travail ; conception métaphysique de l'ordre
économique des sociétés ; conception sociologique de l'économie sociale ; application des méthodes inductives et
scientifiques à l'étude de l'économie.

Rapports avec l'éthique : Les mœurs ou fixation et généralisation des modes habituels de conduite dans la société,
généralement déterminées par les conditions économiques.
Exemples : infanticide et suicide. De même la morale tour
à tour religieuse, métaphysique, positive, égalitaire ou inégalitaire, altruiste ou égoïste, pacifique ou militaire, capi-

taliste, bourgeoise ou socialiste suivant les conditions économiques. La promiscuité des unions sexuelles, la polygamie effective sinon légale, la prostitution sont en rapport avec les conditions économiques. Les mensonges conventionnels de la morale privée et de la morale publique déterminés surtout par la vie économique réelle qui en prouve l'hypocrisie. Exemple : la soi-disant fraternité chrétienne. Le mensonge, arme des faibles, des inférieurs. Action indirecte et faible de la morale progressive sur l'état économique prouvée par le peu d'influence des conseils et discours moraux sur la conduite effective. Subordination continue de l'idéal moral à l'idéal économique.

Rapports avec le droit : Subordination de toutes les autres parties, tant du droit privé que du droit public au droit économique ; le droit personnel, familial, successoral, contractuel et réel, le droit privé et public, national et international, toujours en rapport avec l'état économique de la société. Le vol inconnu à Sparte entre Spartiates. La législation a des bases essentiellement économiques : législation civile, commerciale, industrielle, contrat de travail, législation artistique et littéraire; précision supérieure des règles et des sanctions juridiques relativement à celles de la morale. Chaque nouvelle période économique exige un droit spécial nouveau. Le droit économique règle par une contrainte collective précise les rapports économiques non encore suffisamment intégrés dans la conscience morale. Observation : on revise aujourd'hui fragmentairement et sans méthode notre Code civil et aucun économiste n'a été appelé à renseigner la commission de revision sur l'état actuel des rapports économiques qui ont tant changé depuis le Code Napoléon. Ce sont cependant ces rapports économiques nouveaux qui doivent servir de base à la construction du droit nouveau.

Rapports avec la politique : La science économique est en rapport avec la direction d'ensemble de la vie collective qui est l'objet de la politique; cette direction plus ou moins bien organisée par les institutions politiques relatives à la représentation, à la délibération et à l'exécution des divers intérêts sociaux est surtout déterminée par les intérêts économiques, tant internes qu'intersociaux; il y a une politique économique non seulement nationale mais internationale. Le plus ou moins de cohérence de l'organisation économique, aussi bien interne qu'externe, est en rapport direct avec l'état de paix ou de guerre, soit civile soit politique proprement dite; entre les guerres politiques et civiles il n'y a qu'une différence de degré; les guerres sociales, déterminées par le désaccord économique, peuvent être plus intenses que les guerres extérieures qui, du reste aussi, ont des buts économiques conscients ou inconscients. La guerre n'est pas simplement militaire, mais elle tend à devenir militaire ou politique quand elle est économique. La politique est aussi en rapport avec l'organisation des classes à l'intérieur et celle des groupes sociaux à l'extérieur, parmi lesquels aussi règne une lutte pour la domination, lutte dont l'enjeu est surtout économique. La politique est ainsi en rapport avec les divers systèmes économiques: mercantilisme, protectionnisme, libre échange, socialisme, contractualisme (traités de commerce). Les formes politiques nationales et internationales sont en rapport avec l'état économique qui les détermine. C'est ainsi qu'avec l'extension nécessaire des débouchés sous un régime de concurrence capitaliste, il y a une tendance inévitable à l'extension et à la concentration des États par voie d'impérialisme, comme on le voit non seulement en Russie et en Allemagne, mais aux États-Unis, en Angleterre et même dans les petits États soumis à un régime capitaliste et industriel intense, comme la Belgique. Cette extension pourrait être simplement contractuelle et coïncider avec un régime supérieur de socialité par la création d'organes de représentation, de délibération et d'exécution en partant des simples conseils d'usine et des comices agricoles et en passant par tous les groupements intermédiaires pour aboutir à une vaste représentation internationale de tous les grands intérêts sociaux. Ainsi la fédération politique internationale aurait ses bases économiques pacifiques au lieu des grands États militaires qui se disputent une suprématie dont la stabilité sera toujours précaire et l'unité irréalisable. Dans un système devenu mondial en fait les États ne sont plus en réalité indépendants; un nouveau Droit international est nécessaire pour régler de nouveaux rapports; à son défaut l'impérialisme s'imposerait au nom du droit élémentaire du plus fort.

CHAPITRE III

DE LA MÉTHODE EN ÉCONOMIE SOCIALE

La méthode propre des diverses sciences sociales, — économique, génétique, esthétique, psycho-collective, éthique, juridique et politique, — est la méthode historique, laquelle n'est elle-même qu'une extension et un perfectionnement de la méthode générale d'observation. La méthode historique est l'instrument original d'investigation de ces sciences ; par sa flexibilité et par sa portée, cet instrument d'observation est le plus approprié à l'étendue, à la masse, à la complexité et à la plasticité des phénomènes sociaux.

Il faut entendre la méthode historique dans le sens le plus large de cette expression ; bien que cette méthode s'applique spécialement à l'aspect évolutif ou dynamique des faits, des institutions ou des sociétés, elle convient également en tant qu'essentiellement descriptive à l'étude de leur structure, c'est-à-dire de leur statique. La statistique, elle-même, présente à la fois ce double aspect statique et dynamique ; elle est un procédé historique approprié à l'observation des phénomènes élémentaires et quantitatifs de l'économie sociale ; elle s'applique spécialement aux éléments sociaux considérés en eux-mêmes et dont le tissu forme les institutions ou organes, appareils et systèmes d'appareils dont l'agencement constitue toute société. La statistique est analytique et abstraite, tandis que l'histoire est principalement descriptive, synthétique et concrète. Si l'histoire nous montre surtout la succession et le développement des faits sociaux, l'ordre successif de leurs variations et de leur évolution et la statistique leur ordre statique, cette dernière cependant, du moment qu'elle embrasse des périodes plus ou moins longues, est aussi de l'histoire; tout diagramme notamment embrassant une certaine quantité d'observations de même ordre et étendues à une certaine période de temps constitue, par son tracé linéaire, une forme de description historique; si la période envisagée ne comporte que peu ou pas de variations, l'aspect dominant sera statique; dans le cas contraire il sera dynamique, et c'est ce qui arrivera si les observations décrites sous forme diagrammatique s'étendent sur de longues périodes de temps au lieu de se limiter à un petit nombre d'années pendant lesquelles les légères variations produites ne sont pas toujours susceptibles d'être notées et évaluées.

Une science ne peut être considérée comme constituée que lorsqu'elle est en possession de sa méthode, de l'instrument approprié à l'objet de ses études et ensuite que lorsque les éléments, c'est-à-dire toutes les parties de son domaine, depuis les plus superficielles jusqu'aux plus profondes, depuis les plus complexes jusqu'aux plus simples, ont été exactement reconnues et analysées.

La statistique est ainsi naturellement comme méthode à la base de la science économique; elle est comme le Grand-Livre de l'Avoir et du Doit social, journalier et continu; c'est elle qui nous fournit les données, les résultats et les bilans en quantités numériques de toute notre activité économique et même sociologique.

La méthode analytique et la méthode historique sont des formes spéciales et complémentaires de la méthode générale d'observation ou inductive.

Bien que la méthode historique soit la méthode propre aux sciences sociales et dès lors à l'économique, elle n'est pas cependant leur méthode exclusive. En effet : 1° son apparition dans les sciences sociales a eu pour résultat son extension à toutes les sciences antécédentes plus générales ; 2° les méthodes propres aux sciences antécédentes se sont à leur tour appliquées à toutes les sciences sociales, y compris l'économique. Ce ne sont pas seulement les sciences mais aussi leurs méthodes qui sont *interdépendantes*.

Quelles sont les méthodes des sciences antécédentes ?

1° Dans les mathématiques et l'astronomie : l'observation directe et indirecte ;

2° Dans les sciences mécaniques et physico-chimiques : l'observation + la méthode expérimentale :

3° Dans les sciences biologiques : les deux précédentes + la méthode de comparaison ;

4° Dans les sciences bio-psychiques : les trois précédentes + les méthodes logiques, ou méthodes de connaissance en tant que conformes aux lois de la constitution et du fonctionnement de l'esprit humain. Ces méthodes ou procédés logiques sont : la déduction et l'induction. L'induction se présente sous des formes différentes : la méthode de concordance, la méthode de différence, la méthode des résidus, la méthode des variations concomitantes. Ce dernier procédé est un des plus importants pour l'interprétation des faits sociaux et spécialement économiques.

J'ai donné des exemples de l'application des méthodes logiques à l'interprétation de la vie économique (salaires) dans ses rapports avec la vie génétique (naissances illégitimes) dans mes *Lois sociologiques* [1] et dans la *Sociologie générale élémentaire* [2].

5° Dans les sciences sociales, donc aussi dans l'écono-

---

1. Paris, F. Alcan, 3ᵉ édit., p. 106 à 112, 1902.
2. Bruxelles, veuve F. Larcier, p. 14-15 et 91-92, 1895.

mique : les quatre méthodes précédentes et principales + la méthode historique.

J'ai de plus montré ailleurs comment en vertu de l'interdépendance de tous les faits sociaux et des sciences sociales y relatives, leurs méthodes s'appliquent aussi rétroactivement et par répercussion des plus complexes aux plus simples. C'est ainsi que la méthode historique propre aux sciences sociales a fini par exercer son influence sur toutes les sciences antécédentes dont elle a favorisé le perfectionnement par l'étude même de leur développement historique. La méthode historique en montrant le processus des découvertes dans l'industrie a par cela même été un puissant adjuvant de tous les perfectionnements et inventions techniques ; la connaissance du processus historique du progrès de chaque outil a dirigé les inventeurs dans la voie des perfectionnements futurs. C'est ainsi du reste que la science de l'histoire développe et précise de plus en plus nos idéals dans tous les ordres de l'activité humaine.

Cette applicabilité des diverses méthodes d'observation directe et indirecte à l'étude des faits économiques n'est plus guère contestée de nos jours, si ce n'est pour la méthode expérimentale. Cette méthode propre aux sciences physico-chimiques est déjà étendue à la biologie et à la psychologie, on conteste son applicabilité aux sciences sociales et spécialement à la science économique.

L'objection est l'impossibilité ou tout au moins la difficulté qu'il y a à constituer artificiellement les conditions, c'est-à-dire le milieu nécessaire à l'apparition du phénomène que l'on veut produire ou reproduire. Cette difficulté résulte de la masse et de la complexité des milieux sociaux, ensuite de la rigidité, du peu de plasticité de ces milieux.

La même objection était faite par ceux qui, comme M. de Roberty, pensent, pour les mêmes motifs, à l'exemple d'A. Comte, que les phénomènes sociaux ne sont pas divisibles ni susceptibles de classification.

Notre réponse est :

1° C'est précisément parce que le milieu social est plus complexe, plus plastique, plus variable que le milieu biologique et psychique et surtout que le milieu physique, qu'il est aussi plus malléable, plus modifiable et plus susceptible d'expérimentations comme nous le voyons au fur et à mesure que des sciences les plus simples et les plus générales nous nous élevons aux plus complexes et aux plus spéciales. A partir de la physique et surtout de la chimie, les sciences deviennent de plus en plus expérimentales, la biologie et la psychologie le sont devenues naturellement en dernier lieu, la sociologie le deviendra à son tour ; toutefois la difficulté y est plus grande, c'est ce qui explique leur retard dans l'évolution de la méthode expérimentale.

2° L'histoire se répète continuellement bien que dans des conditions variables ; elle nous présente par conséquent des milieux sociaux analogues ou du moins suffisamment analogues pour constituer une véritable expérience par elle-même ; les procédés logiques nous permettent d'en éliminer successivement les variations accidentelles et puis les conditions les plus variables de manière à ne retenir que les lois constantes qui dès lors deviennent la base solide de notre prévoyance sociale. L'expression « *l'expérience de l'histoire* » qui se retrouve à peu près partout dans la conscience universelle est le démenti formel opposé par l'instinct pratique de toutes les sociétés aux subtilités des métaphysiciens de l'économie sociale.

3° La coutume et la législation sont elles-mêmes la fixation et la coordination tout au moins pratiques et empiriques des traditions, c'est-à-dire des expériences accumulées. La législation constitue parfois par elle-même une expérimentation qui peut être très scientifique à condition que les éléments en soient bien étudiés, classés, coordonnés et surtout méthodiquement observés et suivis dans les conséquences. L'étude de la législation comparée est une forme d'expérimentation surtout si on la complète par la comparaison de ses effets dans des milieux plus ou moins analogues. A ce point de vue, une même société peut par exemple aussi, comme le montre Donnat, dans sa *Politique expérimentale*, faire des expériences de législation locale avant d'étendre cette législation à l'ensemble de la société.

4° Dans ces conditions, des individualités mêmes et surtout des groupes et l'État peuvent procéder à des expériences sociales, spécialement économiques. Il va de soi que la collectivité sous ce rapport est un instrument modificateur et expérimentateur plus puissant que l'individu. L'initiative individuelle ne doit pas être exclue; elle réussira au surplus d'autant mieux que ses expériences réformatrices correspondront à des besoins sociaux réels.

C'est du reste la voie où on est entré. Des expériences tant particulières que collectives ont été instaurées librement ou par voie de législation sur la durée du travail, sur le minimum de salaire, sur les différentes formes de la production et les rapports du capital et du travail. Les ministères du travail, créés dans les pays les plus avancés avec leurs auxiliaires indispensables d'offices centraux de statistique coordonnant les observations des offices spéciaux, sont devenus de véritables instruments d'observation et d'expérimentation collectives. Un office international à son tour pourrait coordonner les observations et les expériences de chaque société particulière et arriver à tracer les principes fondamentaux d'une législation internationale du travail et d'une façon plus générale encore les principes du droit économique nouveau commun à tous les peuples civilisés et même de celui non moins nécessaire qui doit régler les rapports de ceux-ci avec les populations encore inférieures mais dont l'infériorité ne peut excuser ni légitimer notre exploitation sans frein.

Exemple d'une expérience sociale relative à la limitation des heures de travail, d'après des tableaux dressé par Lujo Brentano.

A. — *État de l'industrie cotonnière en Angleterre de 1835 à 1890 :*

ANNÉES	NOMBRE des FILATURES et des tissanderies	NOMBRE des FUSEAUX à filer	NOMBRE des FUSEAUX à tisser	MÉTIERS à MACHINES	CHIFFRE des OUVRIERS
1835. . . .	1 202	?	?	109 626	220 134
1839. . . .	1 819	?	?	?	259 336
1850. . . .	1 932	20 977 017	?	248 627	330 924
1870. . . .	2 483	33 995 221	2 723 537	440 676	450 087
1874. . . .	2 655	37 515 772	4 366 017	463 118	479 515
1879. . . .	2 674	39 527 920	4 678 770	514 911	482 903
1885. . . .	2 635	40 120 451	4 228 470	560 955	504 069
1890. . . .	2 538	40 111 934	3 992 835	615 714	528 795

En 1847, malgré la violente opposition des industriels avait été votée la loi limitant à 10 heures le travail des femmes et des enfants et celle limitant le travail hebdomadaire à 58 heures dans toutes les fabriques. On disait que la production serait diminuée et que la nécessité de recourir de plus en plus à l'emploi des machines entraînerait la diminution du chiffre des ouvriers, que l'exportation serait réduite, que les prix s'élèveraient et que la consommation serait restreinte.

On voit par le tableau précédent que malgré le développement du machinisme, la population ouvrière s'accrut constamment malgré la crise des dernières années.

B. — *Consommation du coton brut en Angleterre et exportation.*

ANNÉES	CONSOMMATION EN MILLE LIV. ST.	EXPORTATION DES TISSUS DE COTON en mille liv. st.
1846-1850.	581 680	25,33
1851-1855.	748 250	31,83
1871-1575.	1 279 380	(1888). 70,54
1881-1885.	1 438 910	»

L'expérience démontrait que la consommation anglaise s'était immensément développée et que l'exportation s'était accrue à peu près dans la même proportion.

Aussi toute opposition cessa lors de la codification des lois de fabrique en 1878.

Mais la limitation de la durée du travail des femmes et des enfants n'avait-elle pas entraîné une augmentation du coût de production par le fait qu'ils travaillaient moins et qu'il fallait en partie y suppléer soit par des machines soit par des adultes? L'expérience faite répondit encore une fois à cette question d'une façon décisive.

ANNÉES	PRODUCTION ANNUELLE en mille livres	OUVRIERS	PRODUCTION PAR OUVRIER	FRAIS DE TRAVAIL par livre	SALAIRE ANNUEL MOYEN
A. — *Filature de coton.*					
1844-1846	523 110	190 000	2 754	2 sh. 3	28 liv. st. 12 sh.
1859-1861	910 000	248 000	3 671	2 » 1	32 » 10 »
1880-1882	1 324 900	249 000	5 520	1 » 9	44 » 4 »
B. — *Tissage de coton.*					
1844-1846	348 110	210 000	1 658	3 sh. 5	24 liv. st. 10 sh.
1859-1861	650 870	203 000	3 206	2 » 9	30 » 15 »
1880-1882	993 540	246 000	4 959	2 » 3	39 » 0 »

Le coût de production avait donc diminué et celle-ci avait augmenté ; l'effet utile de l'ouvrier avait augmenté et son salaire avait suivi la même marche ascendante.

A la suite de ces expériences, fut soulevée la question de la réglementation et la limitation de la durée du travail des adultes.

La loi est intervenue pour la première fois pour fixer la durée du travail des ouvriers adultes des chemins de fer. D'après le *Railway Regulation Act*, si les heures sont excessives, tout ouvrier peut se plaindre au *Board of Trade* lequel a le droit d'intervenir et d'ordonner de fixer les heures dans des limites raisonnables.

Un projet de loi fut également déposé fixant à huit heures la durée maxima du travail dans les mines. Il a été rejeté, mais en fait cette limite n'est guère dépassée et c'est même ce qui explique l'hostilité de certaines associations ouvrières à l'intervention législative dans ce cas.

Depuis le mois de février 1894 la journée de huit heures a été introduite administrativement en Angleterre dans presque tous les établissements de l'État, notamment dans les arsenaux.

Voilà donc des expériences faites par des collectivités nationales agissant sur elles-mêmes par l'intermédiaire de la législation ou de l'administration. Des particuliers ou des groupes de particuliers peuvent y procéder également avant l'adoption de toute mesure générale.

En 1893, à Rochdale, une firme, sans toucher au salaire, a réduit le travail de 55 à 48 heures par semaine, sans qu'il semble y avoir eu diminution dans la production.

Un grand propriétaire de mines qui possédait, entre autres, les charbonnages d'Altham, près Accrington, M. Macalpine, a offert aux ouvriers de cette dernière exploitation, au nombre de mille, d'adopter, à titre d'expérience, la journée de 8 heures sans réduction de salaires. Il était convaincu que la production ne serait pas diminuée et se proposait d'appliquer cette mesure, la semaine de 48 heures, surtout aux travailleurs de la surface et aux dévideurs (1894).

Signalons l'expérience très scientifique faite peu après par MM. Mather et Platt, dans leur établissement, *Salford Iron Works*, près de Manchester, et occupant 1 200 ouvriers. Cette expérience bien que tentée dans les conditions les plus défavorables au moment de la dépression industrielle générale, d'une grève des mineurs du Centre et d'une forte concurrence étrangère, a donné des résultats remarquables. Des observations journalières furent faites et notées avec la plus grande exactitude ; l'expérience fut poursuivie pendant un an. Voici quelles en furent les conclusions :

Au point de vue des salaires, la réduction de la durée du travail a entraîné dans le coût de production une économie de 0,4 pour 100, économie qui compense exactement la perte de 0,4 pour 100 due à l'augmentation du coût des salaires.

Il y a eu économie du temps perdu.

Il n'y pas eu de diminution de la production même pour le travail aux pièces.

En 1892, l'Allemagne a limité à 11 heures la durée du travail des ouvrières adultes. En 1893, il y avait 616 620 ouvrières industrielles. Il résulte des rapports officiels des inspecteurs des fabriques d'Alsace-Lorraine et du district de Dusseldorf où 98 000 femmes adultes travaillaient en 1894 dans les tissages et filatures, que à la suite de la loi :

1° La qualité du travail a été améliorée, grâce à :

a) L'usage de machines plus perfectionnées et plus rapides ;

b) L'emploi de matières premières de qualité supérieure ;

c) L'organisation plus méthodique du travail ;

d) La répartition plus uniforme des commandes sur tous les jours de la semaine ;

e) Une meilleure utilisation des aptitudes des ouvriers.

La réforme a donc été avantageuse au point de vue de la production.

2° En ce qui concerne ses avantages pour les ouvriers :

a) On croyait que la loi aurait pour effet de remplacer les femmes par des hommes, la durée de travail de ceux-ci n'étant pas limitée.

Il n'en a pas été ainsi ; au contraire, le nombre des ouvrières adultes a augmenté en 1893 et en 1894 ;

b) Notamment en Alsace-Lorraine, il y a eu augmentation des salaires aussi bien des hommes que des femmes, la production ayant augmenté.

Les exemples ci-dessus suffisent pour démontrer que la méthode expérimentale est applicable en économie sociale ; l'expérimentateur peut y réunir artificiellement les conditions du phénomène qu'il se propose d'étudier et en suivre les résultats[1].

Il faut se rappeler aussi que l'économie politique a des rapports non seulement avec les autres sciences sociales, mais avec toutes les sciences antécédentes, spécialement avec la physiologie et avec la psychologie. Il en résulte, par exemple, que le problème de la durée normale du travail, bien que celle-ci varie suivant les conditions de la structure économique et notamment de la circulation et de la production et de leur technique, relève d'une façon plus générale des lois de la vie organique et psychique. C'est ce qu'ont fort bien montré MM. Mosso et A. Binet dans leurs travaux sur la fatigue intellectuelle et physique, travaux essentiellement basés sur la méthode expérimentale.

Ne fût-ce qu'à ce point de vue de leur dépendance générale vis-à-vis des sciences organiques, les phénomènes éco-

---

1. En ce qui concerne l'expérience de la journée de huit heures, je ne puis que renvoyer pour les renseignements complémentaires au remarquable ouvrage de John Rae : *La journée de huit heures. Théorie et étude comparée de ses applications et de leurs résultats économiques et sociaux.* Paris, V. Giard et Brière, 1900.

nomiques nécessiteraient l'application de cette méthode ; ajoutons que par ces sciences, l'économie sociale se relie en outre indirectement aux sciences physico-chimiques dont l'expérimentation est la méthode propre. Nous pouvons dès lors légitimement conclure de toutes les observations précédentes que la méthode expérimentale est applicable aussi bien en économie que dans toutes les autres sciences sociales.

Connaissant ainsi le domaine de l'économie sociale et les méthodes appropriées à son exploration, le lecteur est à même d'aborder l'étude de cette science fondamentale.

CHAPITRE IV

L'HISTOIRE DE L'ÉCONOMIE SOCIALE

La méthode la plus appropriée aux diverses sciences sociales est la méthode historique ; cette méthode est l'instrument original d'investigation de ces sciences.

La méthode historique s'applique par conséquent aussi à la science économique laquelle est la science sociale fondamentale dont la génétique, l'esthétique, la psychologie collective, l'éthique, le droit et la politique sont des formations dérivées, successivement, différenciées et de plus en plus spéciales, complexes et élevées [1].

Il faut entendre la méthode historique dans le sens le plus large de cette expression ; bien qu'elle ait principalement pour objet l'évolution des formes sociales et qu'elle considère surtout l'aspect dynamique des phénomènes sociaux, elle embrasse également la description de ces derniers à l'état statique, c'est-à-dire, dans leur condition d'équilibre, dans une partie et à un moment limités de l'espace et du temps et même, d'une façon abstraite, dans tous les lieux et dans tous les temps, c'est-à-dire dans toutes les sociétés quelconques.

En outre, la méthode historique n'a pas pour objet exclusif l'étude des formes sociales, mais également celle

1. Voir, pour la classification hiérarchique des sciences sociales, mon *Introduction à la Sociologie*, t. I.

de leurs éléments constitutifs, de l'histologie des sociétés. Ce rôle est dévolu à la statistique. La statistique, sous son double aspect statique et dynamique, est aussi de l'histoire ; elle recueille les matériaux et les met en ordre par ses dénombrements et ses classifications ; elle est le grand réservoir des faits sociaux et spécialement des faits économiques.

La statistique est à la base de toute sociologie descriptive et concrète, de même que celle-ci est le fondement indispensable à la constitution de la sociologie abstraite.

Les diagrammes notamment, en économie sociale, nous montrent, d'une manière figurée par leurs tracés, l'évolution des éléments divers qui entrent dans la structure et dans la vie économiques des sociétés : ils sont donc aussi de l'histoire.

Comme on le voit, la méthode historique, en économie sociale, est une application et une extension de la méthode inductive en général. Elle est l'instrument d'observation approprié par sa puissance, sa grandeur, sa flexibilité et sa continuité à l'observation suivie et profonde de phénomènes à la fois complexes et d'une extension énorme dans l'espace et dans le temps.

Les faits sociaux sont, en effet, à la fois étendus et continus non seulement dans leur coexistence mais dans leur ordre de succession dans l'espace et le temps ; leur masse et leur complexité sont énormes ; leur variabilité, leur plasticité et dès lors aussi leur modificabilité sont, à raison même de tout cela, supérieures à celle des phénomènes organiques et surtout inorganiques.

La méthode historique présente également cet avantage précieux de nous permettre d'établir intellectuellement la même continuité dans la succession des faits, dans leur corrélation au point de vue statique, dans leur interdépendance au point de vue dynamique.

L'histoire de l'économie sociale n'embrasse pas seulement celle des croyances et des doctrines économiques, en un mot celle des idées.

Nous n'appartenons pas à cette ancienne école qui supposait que les idées ou l'*Idée* gouvernent le monde ; l'idée n'est au contraire qu'une réponse plus ou moins nette aux questions soulevées continuellement par le milieu extérieur physique ou social et adressées soit aux individus soit aux collectivités. La vie psychique, et par conséquent la vie scientifique qui en est une expression, n'est qu'une adaptation ou une correspondance avec l'ambiant ; elle est une relation.

Même dans le domaine de la psychologie tant individuelle que collective, les sentiments et les émotions exercent une action plus intense et plus générale que les idées ; les sentiments et émotions sont eux-mêmes dominés par l'action pratique, par la volonté surtout réflexe, automatique et en partie inconsciente. Le fait ou l'acte économique est la forme primitive et extérieure par laquelle seule l'idée y contenue se manifeste.

L'histoire économique réduite à l'exposé des idées, des doctrines est absolument incomplète, incompréhensible et fausse ; elle tend en outre fatalement à attribuer aux conceptions individuelles une valeur exagérée, comme valeur sociale. L'œuvre collective est toujours plus importante que l'œuvre particulière ; le théoricien ne fait que classer et coordonner les idées et les conceptions fragmentaires éparses ; celles-ci, de leur côté, ont leur origine dans les actes de la vie courante. En général même, les idées, et plus encore les théories, sont en retard sur les faits.

Néanmoins, en vertu de la relativité même qui est à l'origine et de l'essence de toute connaissance et de toute science, quand l'idée et la théorie se sont formulées, elles exercent à leur tour une action sur les faits, sur la pratique et sur les institutions. Elles les perfectionnent, les coordonnent, sous forme d'institutions régulières.

Nous devons donc expliquer les idées et les théories économiques par les sentiments sociaux, ceux-ci par l'activité volontaire consciente ou non, cette dernière par les nécessités de l'adaptation individuelle et collective. Les théories économiques ne sont ainsi que la systématisation des idées particulières qui, par sélection, surnagent sur le vaste et tumultueux océan de nos sentiments et de nos émotions. De même les institutions économiques sont la systématisation coordonnée des faits primitivement épars et incohérents de la vie pratique.

Ce mode d'interprétation est d'autant plus nécessaire que, dans les sociétés primitives, les idées et les croyances ne s'expriment surtout que par les actes et les institutions, de la même manière que nous ne connaissons les besoins et les sentiments des enfants que par leurs gestes, leurs cris et l'expression de leur mimique.

Nous croyons aussi que l'histoire de l'économie politique proprement dite est inséparable de celle du socialisme aussi bien pratique que théorique, c'est pourquoi nous intitulons notre travail : Histoire de l'Économie sociale. Notre point de vue est en réalité intégral, il est sociologique.

L'individu et la société sont, considérés à part, des abstractions dont une métaphysique sectaire a seule pu faire des entités non seulement distinctes mais opposées ; l'individualisme et le socialisme sont des stades historiques de la vie et de la pensée économiques ; ils sont destinés à se fondre dans la sociologie positive[1].

Envisagée à ce haut et large point de vue, à la fois pratique et théorique, l'histoire de l'économie sociale aura cet avantage de nous initier aux problèmes dominants qui ont toujours été la préoccupation de la science économique et qui continuent à l'être actuellement. Ces problèmes nous apparaîtront *aussi plus vivants et liés, comme ils le sont*

---

1. Lire pour le développement de cette conception mes articles de *l'Humanité nouvelle*, nᵒˢ d'octobre 1898 et suivants.

réellement, à l'ensemble de l'histoire des sociétés ; ils seront ainsi beaucoup mieux compris et élucidés que dans un traité dogmatique d'économie pure.

Ce point de vue historique et sociologique par lui-même nous habituera à la conception nécessaire, dans les sciences sociales, d'un transformisme continuel bien que maintenu dans un ordre et dans une direction constants dont la notion s'impose avec une évidence croissante à mesure que l'histoire se dépouille de ses voiles mystérieux et superficiels. La considération du mouvement historique des civilisations particulières passées, présentes et futures, étant toujours équilibrée par la considération de l'ensemble de la civilisation générale, donnera à l'histoire de l'économie sociale son véritable caractère philosophique, c'est-à-dire sociologique. Nous serons d'autant mieux préparés à comprendre les côtés souvent obscurs de la science que la hauteur à laquelle nous nous serons d'abord placés aura d'abord fixé notre attention sur les grandes lignes du tableau dont les détails ne se révéleront que successivement à mesure que nous nous rapprocherons de régions et de périodes particulières de l'histoire.

L'histoire du développement économique réalisé et conçu par les sociétés particulières et par la civilisation en général nous permettra de mieux apprécier dans quelle direction s'effectuera l'évolution future ; l'histoire est la plus instructive et la plus décisive des expériences, son étude développe non seulement notre savoir mais notre puissance de prévision et de prévoyance.

L'histoire nous révélera en même temps la fonction sociale constante de l'économie aussi bien théorique que pratique ; or, une définition positive de la science économique et de l'économie pratique ne peut résulter naturellement que de la connaissance de cette fonction constante abstraite de toutes les variations et perturbations locales et temporaires accessoires.

Il en est de même en ce qui concerne spécialement l'histoire des doctrines économiques. Une doctrine est une conception générale et coordonnée de connaissances primitivement incohérentes et constituées finalement en un système de croyance ou de philosophie intégrale. Il est dès lors indispensable d'expliquer la formation et le contenu des doctrines par les idées fragmentaires et plus encore par les sentiments et les actes en rapport avec les besoins qui les ont provoquées ; sinon on s'expose à transformer l'histoire de l'évolution doctrinale en un cimetière où ne se dressent que les superbes monuments funéraires et froids des individualités qui, dominant l'immense multitude des morts anonymes, sont supposées à tort comme étant les auteurs d'une œuvre en réalité de coopération collective dont ils ont été surtout seulement les artistes et les metteurs en scène et, en ce sens restreint, les créateurs.

Les doctrines proprement dites sont toujours étroitement liées non seulement aux institutions mais encore aux faits usuels de la vie pratique : généralement, elles les suivent ; parfois elles les accompagnent ; rarement elles les devancent. Tantôt elles se bornent à concourir au maintien et à la consolidation des formes existantes, c'est leur fonction conservatrice positive ; tantôt elles aident à dissoudre les formes anciennes hors d'usage ou inférieures, c'est leur fonction critique négative et désorganisatrice mais cependant en partie positive en ce que cette dissolution facilite l'avènement des formes nouvelles ; tantôt enfin, elles devancent la pratique et les institutions, préparent les réformes, c'est-à-dire les adaptations sociales devenues nécessaires ou reconnues plus avantageuses ; c'est leur haute fonction organique et positive, réformatrice ; c'est peut-être et malheureusement la plus exceptionnelle, du moins dans notre phase de civilisation où l'évolution progressive n'est pas encore suffisamment soumise à une marche régulièrement méthodique ; du reste, en général, la vie inconsciente est plus étendue que la vie consciente et nos acquisitions les plus récentes viennent sans cesse en agrandir l'héritage à mesure qu'elles s'intègrent dans le superorganisme collectif de la même manière que dans les organismes individuels. Ce poids de l'hérédité devient de plus en plus considérable ; c'est un facteur de fixité et de conservation dans l'évolution.

L'histoire de l'économie sociale, dont j'ai depuis longtemps exposé le développement dans mes cours et dans mes publications, n'embrasse l'évolution générale de l'économie sociale que depuis l'antiquité grecque et romaine. Pour les sociétés primitives et pour les grandes civilisations antiques telles que celles de la Chine, de l'Égypte, de l'Inde, de l'Iran et de la Perse, de l'Assyrie et de la Babylonie, de la Syrie et de la Palestine, je renvoie à mon ouvrage sur l'*Évolution des croyances et des doctrines politiques*, à mes études sur la Chine et l'Inde publiées dans l'*Avenir social*, aux nombreuses leçons encore manuscrites que j'ai professées à l'Université nouvelle de Bruxelles ainsi qu'aux travaux historiques publiés par moi de 1896 à 1900 dans les *Annales de l'Institut des sciences sociales*, ainsi que dans la *Revue socialiste* et dans l'*Humanité nouvelle* en 1898 et en 1899. Certes, en figurant par une ligne le mouvement des sociétés humaines depuis les périodes préhistoriques et puis historiques jusqu'aux sociétés actuelles les plus avancées, ce mouvement pourrait être représenté par une ligne ascendante, si l'on se borne à rattacher le point d'arrivée au point de départ ; mais ce tracé de l'évolution serait trop général et en dehors de la réalité, car l'humanité en tant que douée d'une vie unitaire et collective n'est pas une formation primaire mais dérivée ; elle est le *résultat* de l'évolution. Ce sont des évolutions fragmentaires qui ont servi de préparation à une évolution générale et mondiale, tout à fait comme les faits isolés ont précédé les institutions et les idées particulières, les doctrines.

Au surplus, chaque civilisation particulière présente en raccourci le spectacle des divers stades parcourus par les civilisations antérieures et, à ce point de vue, véritablement *ancestrales* ; cela ne s'applique évidemment qu'aux civilisations qui atteignent ou dépassent les stades parcourus par les précédentes. En outre, il ne faut pas non plus, en sociologie, attribuer à cette loi une valeur aussi absolue qu'en biologie où du reste elle présente aussi certaines lacunes ; je veux parler de cette loi que l'ontogénèse reproduit la phylogénèse.

I. — Divisions empiriques de l'histoire économique.

La division vulgaire de l'histoire de l'économie sociale en trois ou quatre grandes périodes : antiquité, moyen âge, temps modernes et temps contemporains, est évidemment une division tout à fait arbitraire et superficielle, elle n'a aucun fondement scientifique. En réalité, il y a continuité dans le développement économique. Cela ne veut pas dire qu'il y ait toujours progrès; cela signifie seulement que nécessairement, partout et en tout temps, les conditions sociales futures sont déterminées par les conditions présentes, lesquelles l'avaient été aussi par les conditions passées. L'histoire sociale et spécialement l'histoire économique sont incompréhensibles, inconcevables, sans la reconnaissance de ce lien de continuité véritablement organique entre les phénomènes qu'elles ont pour mission d'étudier et qui constituent la trame complexe et ininterrompue du développement collectif. En somme, la loi de continuité historique n'est qu'un cas spécial du déterminisme universel.

La division grossière dont je viens de parler a naturellement entraîné les historiens qui l'ont adoptée à rechercher à quel moment et à raison de quel événement important il fallait placer le point initial et le terme final de chaque période. Pendant très longtemps ces délimitations furent empruntées à des événements politiques plus ou moins considérables et caractéristiques. C'est en effet un procédé ordinaire du stade empirique des connaissances humaines de classer ces dernières suivant les caractères les plus superficiels des phénomènes envisagés, jusqu'à ce qu'une observation de plus en plus approfondie ait conduit à reconnaître les plus généraux et les plus simples, les caractères véritablement fondamentaux dont les *autres ne sont que les couches extérieures et non les assises.*

II. — Divisions positives de l'histoire économique.

Au point de vue social, la division des diverses phases de la civilisation me semble devoir être empruntée surtout à la nature de l'existence économique des divers peuples.

Il a été démontré ailleurs que ce sont les formes économiques des sociétés qui déterminent de la façon la plus générale toutes les autres modalités de leur activivé.

Cela ne veut pas dire que la vie économique soit toute la vie collective ni qu'elle ne subisse pas à son tour l'influence des facteurs plus spéciaux, tels que l'art, la morale, le droit et la politique ; cela signifie simplement qu'elle est le fondement de toutes ces formes collectives supérieures, leur *enveloppe,* qu'elle leur donne l'empreinte de sa structure propre tout en recevant par réaction la leur.

Depuis longtemps, même ceux qui n'avaient pas la prétention d'en faire une théorie, ont essayé d'établir en se plaçant pour ainsi dire instinctivement à ce point de vue, une échelle graduée des civilisations, par exemple de la manière suivante :

1° Peuples frugivores : cueillette ;

2° Peuples chasseurs : chasse et pêche ;

3° Peuples pasteurs, nomades ou demi-sédentaires ;

4° Peuples agriculteurs, *de plus en plus sédentaires ;*

5° Peuples industriels, *surtout sédentaires* ;

6° Peuples commerçants, à la fois sédentaires et mobiles.

Je fais des réserves pour la place accordée aux peuples agriculteurs et aux peuples commerçants, au point de vue de l'évolution sociale. Je pense en effet qu'un développement industriel assez considérable a précédé les sociétés agricoles comme en témoignent les grands ateliers de silex taillés et de pierres polies de la période préhistorique. L'agriculture aussi exige des connaissances plus étendues, chimiques et biologiques ; dès lors sa constitution sociale a dû être naturellement en retard relativement à celle de l'industrie proprement dite. En outre, à mon sens, le transport, la circulation en général, ont eu un développement *social* antérieur à celui de l'industrie et de l'agriculture.

Il faut, en outre, observer : 1° que les formes ci-dessus ne s'excluent pas nécessairement, mais qu'en général elles se superposent ; 2° que l'un ou l'autre stade peut faire défaut là où n'existent pas les conditions naturelles de son apparition ; enfin 3° qu'entre les diverses formes ci-dessus, il y a des formes intermédiaires et mixtes.

Si l'interprétation de l'histoire, en général, a tendu pour ainsi dire à être une interprétation économique, il est de toute évidence que l'interprétation spéciale de l'histoire économique, la division de ses diverses phases doit à plus forte raison être demandée aux caractères mêmes de la vie économique. Et en effet nous voyons que les diverses formes et les diverses conceptions relatives à la propriété et à la richesse en général diffèrent suivant que les sociétés envisagées appartiennent plus ou moins à l'une des catégories ci-dessus.

Il est intéressant de constater que l'une des premières écoles qui aient essayé d'établir en théorie une classification des civilisations en se fondant sur leur structure économique et spécialement sur les formes de la production et de la technique de la production a été l'école de Le Play (1806-1882).

Le Play a publié notamment :

L'organisation du travail, 1870.

Les ouvriers européens, 1855, 6 vol. ; 36 Monographies.

La réforme sociale en France, déduite de l'observation comparée des peuples européens, 1864.

La constitution essentielle de l'humanité, 1881.

En 1881 il fonda la Revue : la Réforme sociale.

Ses disciples après lui ont continué sous le titre : *les ouvriers des deux mondes*, la vaste enquête commencée par lui sur les ouvriers européens.

Suivant Le Play et son école, les principales transformations sociales se rattachent à l'évolution des modes de production des moyens d'existence.

L'école reconnaît trois phases principales :

Première Période. — C'est l'âge des productions spontanées ; la diversité des sociétés et des travaux s'y explique par la diversité des milieux physiques ; l'homme, aidé ou non d'engins à bras, vit de la pêche, de la chasse, de l'art pastoral, en un mot des ressources mises directement à sa portée par la nature. On voit que cette première période observée par l'école de Le Play correspond exactement aux trois premières divisions de la classification précédente.

II° Période. — C'est l'âge de l'invention des machines mues par les animaux, les vents, les eaux courantes. Alors se constituent les arts usuels : la pêche côtière, l'agriculture, l'exploitation des forêts, les mines, la fabrication, les transports et le commerce. L'homme réagit sur le milieu physique, bien que l'influence du sol reste encore considérable, mais l'influence de la race, des ancêtres, des hérédités s'accroît. C'est surtout des inventions industrielles, agricoles, commerciales, artistiques et politiques que dépend alors la différence entre les sociétés.

IIIe Période. — C'est l'âge de la houille, de la vapeur et de l'électricité appliquées à la production des subsistances et au service des transports. Alors c'est au capital, mais aussi au combustible minéral ou aux marchandises qui permettent d'utiliser le capital et de se le procurer que sont dues les différences entre les sociétés.

J'emprunte cette classification à l'ouvrage d'un des plus remarquables disciples de Le Play : « *La science sociale, d'après les principes de Le Play et de ses continuateurs* », Paris, 1897, par J.-B.-M. Vignes, 2 vol.

En somme, l'évolution pourrait, suivant cette classification, se résumer d'une façon encore plus générale comme suit : 1° âge des productions spontanées ; 2° âge des productions artificielles ; 3° âge de la production capitaliste.

Ces phases économiques déterminent, d'après l'école, les autres formes sociales et notamment celles relatives à l'organisation familiale. A ce point de vue, Le Play avait rattaché les formes fondamentales de la famille à une théorie des milieux suivant que ceux-ci étaient représentés par les steppes, les rivages maritimes ou des territoires de nature variée. Dans les steppes se constitue la famille patriarcale où tous les enfants restent unis sous le même père gouvernant une vraie tribu. Sur les rivages maritimes, apparaît la famille *souche* composée d'un seul ménage comprenant les parents, les célibataires peu âgés et l'héritier marié ; *à celui-ci reviennent l'habitation avec ses dépendances, la barque, principal instrument de travail.* Les rivages maritimes assurent aussi bien que les steppes un domaine inépuisable, d'un côté, de pâturages de l'autre, de pêche ; aucune crise n'y compromet la famille.

Là où, au contraire, le territoire se compose de sols variés, il y a des races diverses et instables ; il n'y a plus de productions spontanées inépuisables. Les familles se livrent aux diverses industries, savoir :

a) Forestières et industries dépendantes ;

b) Industries minières et métallurgiques ;

c) L'agriculture et ses dépendances directes ;

d) Les industries manufacturières ;

e) Le commerce : conservation, magasinage, transport et échange des produits.

Les familles manufacturières sont les plus instables ; caractérisées par le salariat et leur séparation du sol, par leur agglomération autour des ateliers, elles sont le plus sujettes aux crises qui, alors, se font sentir au reste de la société.

Je n'ai pas ici à exposer le plan de réforme sociale de Le Play et de son école, je tenais seulement à signaler que l'interprétation économique de l'histoire spécialement par les formes et la technique de la production avait eu des théoriciens remarquables avant K. Marx dont la *Critique de l'économie politique* parut en 1859 et dont le premier volume du capital, continuation du précédent, ne fut publié qu'en 1867. Dans *Transformisme social* j'ai du reste exposé les théories de plusieurs représentants remarquables de l'interprétation économique de l'histoire antérieurs à Le Play (Th. Morus et Harrington dès le xvie et le xviie siècles entre beaucoup d'autres). Je ne veux pas davantage faire ici la critique de l'école Le Play en insistant sur l'impossibilité d'un retour aux formes simples des steppes et des rivages maritimes ainsi que sur l'absence de sécurité économique et autre des sociétés simples exposées aux influences de la surpopulation, de l'absence de débouchés pour les cadets et même à la stérilité subite des territoires de pêche, comme récemment en Bretagne. Je tenais seulement à montrer, comment après un accord commun à peu près général sur le caractère fondamental du phénomène économique, se posa naturellement la question . quel est, en économie, le phénomène le plus influent ? Ici encore une fois, on reconnut naturellement tout d'abord le caractère le plus complexe, le plus apparent, la production et la technique de la production. L'école de Le Play y aboutit par la méthode d'observation et de comparaison, celle de Marx surtout par la méthode logique et dialectique et par la méthode historique mais celle-ci seulement comme adjuvant et accessoire de l'argumentation.

Toutes ces classifications s'accordent théoriquement non seulement sur l'influence prépondérante des formes économiques mais spécialement sur celle de la production et de la technique de la production relativement à l'organisation et l'évolution générales des sociétés.

Comme on le sait, K. Marx et Engels exposent que la période antique et la période féodale postérieure furent subordonnées dans toute leur structure au régime de la production par les esclaves et les serfs. Puis, ils font succéder à ces deux premières périodes une troisième période dite bourgeoise, laquelle se subdivise elle-même en : 1° un âge de transition ou de la petite industrie ; 2° un âge capitaliste ou de la grande industrie. Dans le premier règne encore l'union du travail et du capital ; dans le second s'accomplit leur 'séparation. D'après eux, cette évolution naturelle doit nécessairement aboutir à la socialisation des instruments de production et à un régime économique intégral correspondant qui, à son tour, transformera toutes les formes sociales plus élevées constitutives de la superstructure des sociétés.

Toutefois, dans la production même, la cause la plus influente est la technique de la production :

« Les débris des anciens moyens de travail ont pour l'étude des formes économiques des sociétés disparues, la même importance que la structure des os fossiles pour la connaissance des espèces éteintes. Ce qui distingue une époque économique d'une autre, c'est moins ce que l'on fabrique que la manière de fabriquer, les moyens de travail par lesquels on fabrique. Les moyens de travail sont les gradimètres du développement du travailleur et les exposants des rapports sociaux dans lesquels il travaille » (*Le Capital*, chap. VII, § I).

Dans la préface de la 3ᵉ édition de « Der achtzehnte Brumaire der Louis Bonaparte » (Hambourg, Otto Meissner, 1885), écrit de K. Marx qui date de 1852, Fréd. Engels dit : « Marx découvrit le premier la grande loi du mouvement historique, loi suivant laquelle toutes les luttes historiques menées sur le terrain politique, religieux, philosophique ou sur tout autre terrain idéologique ne sont, en fait, que l'expression plus ou moins exacte du combat que se livrent entre elles les classes sociales, loi en vertu de laquelle l'existence de ces classes ainsi que leurs conflits, sont conditionnés par le degré du développement de leur état économique, par leur mode de production et *enfin par leur mode d'échange qui dérive de ce dernier.* »

Ce point de vue de Marx et de Engels est, en somme, un legs de l'ancienne économie politique classique qui considérait que l'échange et la circulation en général étaient des corollaires de la division du travail, division qui, elle-même, était envisagée comme une forme particulière de la production.

Peut-être même Engels, dans le passage ci-dessus, a-t-il poussé à l'extrême la pensée de Marx. Comme le montre Andler dans *Les origines du socialisme d'État en Allemagne,* pp. 417-448 (Paris, 1897), Marx dans le tome III, 1ʳᵉ partie, p. 270 et suiv., semble au contraire avoir entrevu l'antériorité à la fois logique et historique de la circulation sur la production : « Marx, dit-il, ne méconnaissait pas que le phénomène historiquement antérieur aux autres est le commerce... » « l'analyse scientifique pour expliquer la formation du taux moyen des profits, part des capitaux industriels et de leur concurrence. Elle corrige, complète et modifie cette explication par l'intervention ultérieure du capital commercial. Le développement historique a été exactement inverse. » Marx expliquait ainsi que le bénéfice commercial consistait à acheter la marchandise au-dessous de sa valeur réelle, laquelle comprend les dépenses de transport, de magasinage et de comptabilité que fera le marchand, mais de ces avances le marchand voudra retirer un profit proportionnel à sa mise et ainsi il entre dans cette grande compagnie par actions composée de propriétaires capitalistes entrepreneurs entre lesquels se répartit le revenu capitaliste au prorata des mises.

Mais toute la description de Marx, en réalité, ne se rapporte qu'au stade capitaliste. Le commerce n'implique pas nécessairement cette forme capitaliste et, en outre, il n'est lui-même qu'une des fonctions de la circulation générale des richesses.

La pensée de Marx reste vague et les contradictions qu'elle manifeste ne sont conciliées par lui que par l'hypothèse que chaque période historique a des lois différentes des autres périodes, ce qui est à son tour en contradiction avec sa propre théorie que leur développement constitue un processus nécessaire, la société contemporaine étant grosse de la société future.

D'un côté, il observe que déjà, au xvie siècle, on avait compris que le commerce, pour se développer pleinement, doit s'appuyer sur une production locale ; et il cite l'exemple de la Hollande qui avait une manufacture et une agriculture relativement importantes pour l'époque à la différence du Portugal. Le fait est discutable, mais dans tous les cas, le commerce n'est qu'une forme particulière de la circulation (Capital, t. III, 1re p., pp. 367-368).

Lui-même, p. 363, dit : « *Avant* la production capitaliste, c'est le commerce qui domine l'industrie, l'inverse se présente dans la société moderne. » Mais le commerce de banque ne continue-t-il pas à dominer l'industrie ?

Marx aime ainsi à reconnaître entre les diverses périodes historiques des contradictions dont il érige l'alternance en système; c'est ainsi que la socialisation du capital doit, en vertu des lois de la dialectique sociale, succéder nécessairement au régime capitaliste. De même, comme Engels, il croit que dans cette dernière période l'humanité passera du régime de la nécessité à celui de la liberté; c'est le fameux *saut* dont parle Engels.

Marx ne comprend, en somme, lui-même, le développement économique que comme le résultat d'une dialectique idéologique. C'est ainsi que, d'après lui, le système mercantile n'était qu'une erreur doctrinale; le mercantilisme ne *se rendait compte que de l'apparence des choses* (p. 371), « l'économie moderne ne devint réellement scientifique que lorsqu'elle passa de l'observation théorique de la circulation à celle de la production ». Cette observation sur le processus de la science est juste, mais le mercantilisme ne fut pas seulement une doctrine, il fut surtout un système pratique correspondant à un état social organique et positif; comme système pratique il constitue un stade correspondant à la structure et à la conception de l'État fermé, absolu; comme doctrine il fut une erreur relative en ce sens que l'école mercantiliste voulait, comme tant d'autres écoles, ériger sa conception en une règle absolue, universelle et immuable, sans en comprendre le caractère relatif et transitoire. Cependant l'aveu de Marx qu'antérieurement au stade de production capitaliste le commerce fut le facteur dominant, doit être retenu, il a son importance et cela est plus vrai encore des formes plus générales de la circulation, car celle-ci peut exister sans commerce.

En somme Marx fonde son interprétation du développement économique, sur l'observation des formes contemporaines qui sont le résultat de ce développement et non sur celle des formes successives antérieures en commençant par les plus simples. En effet d'après lui (I, p. 3o, col. 1): « La réflexion sur les formes de la vie sociale, et par conséquent, leur analyse scientifique, suit une route complètement opposée au mouvement réel. Elle commence, après coup, avec des données déjà établies, avec les *résultats* du développement. » Marx confond ici, comme A. Comte le fit aussi en sociologie, la méthode scientifique avec le procédé empirique ; il est certain que les formes superficielles, les résultats, sont les premières qui attirent l'attention ; c'est ce que fait précisément Marx en accordant la place prépondérante aux formes de la production qui sont le revêtement des formes bien plus profondes et plus simples de la circulation en général.

Aussi Marx, logique jusqu'au bout dans son erreur du reste très explicable, proclame-t-il que le *capitalisme ancien* ne doit pas servir à expliquer la construction logique du *capitalisme contemporain* ; d'après lui c'est le contraire qui est vrai : « le capital usuraire et le capital commercial sont des *formes dérivées* et nous expliquerons ainsi pourquoi ils se présentent dans l'histoire avant le capital revêtu de sa forme fondamentale, celle qui détermine l'organisation économique de la société moderne » (p. 70, col. 1).

En admettant la théorie de Marx, la division des périodes historiques de l'économie sociale serait basée sur la technique de la production beaucoup plus que sur le processus même de la production capitaliste ; esclaves, serfs, travail autonome, divorce du capital et du travail, etc., socialisation des instruments de travail.

Au point de vue de la technique de la production il faudrait alors plutôt proposer la classification suivante qui se rapproche de celle de Le Play :

1° Age de la pierre et d'autres matériaux bruts ;

2° Age de la pierre taillée et autres matériaux façonnés ;

3° Age de la pierre polie ;

4° Age des métaux : *a)* de bronze ; *b)* de fer. Instruments aratoires et industriels manuels ;

5° Age des machines, des navires, des automoteurs.

Et alors il faudrait essayer de montrer comment chaque

développement technique a exercé son influence directement sur les formes de la production.

Mais alors se présente cette objection : Si c'est la technique qui est la condition la plus générale du développement des formes de la production et de toutes les autres formes économiques et sociales dérivées, n'est-ce pas la science qui fait progresser la technique, et dans la science, spécialement le progrès de la mécanique et de la physique ? S'il en était ainsi, la division des phases de l'histoire économique devrait être rattachée tout d'abord à l'évolution idéologique. Brentano a répondu avec raison que ce ne sont pas des savants, mais surtout des individualités appartenant aux professions industrielles et essentiellement empiriques et pratiques qui, sauf Cartwright, un ecclésiastique, forment la grande armée des inventeurs.

En somme ce n'est pas le perfectionnement technique, l'invention des machines, comme au xviiie siècle, qui sont la cause la plus générale de l'évolution ; ce n'est pas non plus le pur progrès scientifique ou théorique.

Schulze-Gaevernitz, dans son histoire de la Grande industrie, rappelle que déjà depuis des siècles des machines semblables à celles qu'on utilisa au xviiie avaient été inventées et utilisées isolément sans exercer d'influence économique. Il en cite de nombreux exemples, complétés par moi dans mon étude sur le xviiie siècle économique publiée dans les Annales de l'Institut des sciences sociales en 1900 (p. 8 et 9 du tiré à part). Je rappelle seulement que Jean Beeckman, dans le premier volume de son *Histoire des inventions* signale que déjà vers 1579, le tissage mécanique avait été découvert à Dantzig. Karl Marx, dans *Capital,* le reconnaît ; il est d'accord sauf pour la date. Pourquoi cette invention n'a-t-elle pas été utilisée dès lors et n'a-t-elle pas révolutionné le monde deux siècles plus tôt ? Je crois avoir établi que c'est parce qu'elle ne répondait pas à ce moment aux nécessités de la production mondiale, nécessités qui ne purent naître et commencer à se développer qu'après la grande révolution opérée dans la circulation par la découverte de l'Amérique et de la route du cap de Bonne-Espérance. Comment expliquer autrement que Florence et Venise, mieux outillées industriellement, aient perdu à partir de ce moment leur suprématie économique au profit du Portugal et de l'Espagne d'abord, puis de la Hollande et enfin de l'Angleterre ?

Remarquez que, même en Angleterre, au milieu du xviii° siècle d'après Baines, l'outillage, la technique de la production industrielle n'étaient pas plus avancés que dans l'Inde.

M. M. Kovalewsky, de son côté, attribue au développement de la population une influence primordiale et prépondérante ; mais il semble que l'accroissement de la population dépend de la façon la plus générale de ses ressources alimentaires et de son bien-être, par conséquent de la puissance de productivité[1].

D'après mon savant ami, le régime économique moderne de la production, de la répartition et des échanges est une phase passagère de l'évolution. Le facteur principal de tous les changements dans l'ordre économique est l'accroisment de la population. Il critique la thèse d'A. Loria fondée sur la disparition progressive des terres vierges ou *res nullius* ; d'après lui, les premiers défrichements n'ont pu avoir lieu que du consentement de la communauté ou de ses représentants ; avant la propriété individuelle, il y eut la propriété du clan, de la communauté, de la peuplade entière.

Kovalewsky admet toutefois avec Loria que les deux formes de travail forcé, l'esclavage et le servage, disparaissent en même temps que les derniers restes de terre non

---

1. M. Kovalewsky. *Coup d'œil sur l'évolution du régime économique et sa division en périodes ;* brochure extraite du *Devenir social,* juin 1896.

occupés et aptes à la culture ; mais de ces deux faits, l'un n'est pas la cause de l'autre ; leur origine commune est l'accroissement de la population. Une population plus grande nécessite une appropriation plus étendue et un travail plus intense. Les terres en jachère et ne servant qu'au parcours des bestiaux durent disparaître peu à peu et le travail libre, plus rémunérateur, prendre la place des corvées féodales.

Les peuples chasseurs et pêcheurs ont besoin de grands territoires ; la multiplication de la population les oblige à faire des incursions dans les régions voisines. La domestication des animaux et l'assujettissement des prisonniers s'imposent quand l'annexion des territoires voisins n'est pas possible. Ces peuples avant de devenir pasteurs connaissent déjà une certaine appropriation individuelle, non de la terre et de ses produits, mais des armes et des vêtements rudimentaires. Donc, à ce stade, pas de production avec propriété immobilière ; même souvent, production à forme communiste comme dans la chasse au gros gibier et à l'homme faite par bandes de la même peuplade. Rare est le partage du produit de la chasse, car la consommation a lieu sur place sauf de ce qui peut être conservé : graisse, peaux, cornes. Ceux-ci sont partagés, suivant certaines coutumes, soit d'après l'effet utile de chacun dans la chasse, soit suivant l'apport de chacun ; une grande partie de la pêche est attribuée à celui qui a fourni les filets ou le canot, une moindre à ceux qui n'ont fourni que leurs bras. Les bases de ce régime sont la grande surface territoriale soumise au parcours et la faible densité de la population. Rien de plus juste ; territoire et population sont évidemment les deux facteurs de tout phénomène social, mais ils ne sont pas le *phénomène social* ; celui-ci résulte uniquement de leur combinaison, de leurs relations réciproques. Kovalewsky le voit, mais pourquoi dès lors s'attacher à l'un des facteurs plutôt qu'à l'autre ? Ni le territoire, ni la population ne sont des phénomènes sociaux, mais par leur combinaison ils donnent naissance à ces derniers.

Kovalewsky expose ensuite très bien comment les peuples chasseurs et pêcheurs deviennent pasteurs, puis agricoles. Ainsi, l'élevage du bétail demande un territoire moins étendu mais plus assuré contre les incursions que le territoire de chasse. En cas de pénurie de fourrage, ou suivant les saisons, les pasteurs se déplacent de la plaine à la montagne ; au besoin ils imposent de force à leurs voisins de prendre leur bétail à cheptel, ou bien montagnes et forêts sont communes à diverses peuplades. Ou ceux de la plaine, ou ceux de la montagne deviennent dépendants suivant les circonstances. Les uns sont riches en bétail mais pauvres en pâturages ; les autres ont trop de ceux-ci relativement à leur bétail. De là des rapports qui peuvent donner lieu à des arrangements amiables ou à des conflits, à des conquêtes. Exemple : l'invasion des Hycsos en Égypte. La cause la plus générale pour Kovalewsky est encore une fois, d'un côté l'extension de la population, de l'autre celle de l'élevage. Le *fuidhir* Irlandais devient l'homme lige du *boaire* ou possesseur de vaches, tout comme Jacob entre au service de Laban dans l'espoir d'une rémunération en génisses. Même le mot *fief* semble venir de *ve* ou *vieh*, bétail, de même que capital de *Cattle* ; de là l'origine d'une vraie dépendance d'individu à individu, mais entre clans et peuplades. Alors, pas de trace encore de propriété individuelle d'hommes et de bétail ; les serviteurs font partie de la famille, parfois même du clan ou de la tribu, de même le bétail. Les produits de celui-ci, lait et laine, sont possédés individuellement dans des limites fixées par le besoin personnel. La différence essentielle avec la forme précédente est l'inégalité entre clans ou familles. Comme conséquence, les moins fortunés s'obligent à travailler pour le repos et l'existence des membres des familles ou clans plus aisés et plus puissants, comme serviteurs, gardiens des troupeaux, servantes fileuses de laine.

Après avoir observé que la vie pastorale ne supprime pas la chasse mais que celle-ci n'est plus la base de la structure sociale, Kovalewsky montre le passage insensible au stade agricole. Les tribus germaniques de Suevi, d'après César, sont à la fois agricoles, chasseresses, pastorales. Ailleurs les femmes cultivent, les hommes restent chasseurs, pasteurs, guerriers. La cause du passage à l'état agricole est d'après lui dans l'accroissement du nombre des mariages des peuples pasteurs. Bien que la vie devienne alors plus sédentaire, l'agriculteur reste d'abord nomade, en ce sens que les champs sont délaissés après une ou plusieurs années pour des terres vierges prises notamment sur la forêt (Germains de Tacite ; colons d'Amérique) ; le chariot est souvent l'habitation, certaines coutumes la considèrent comme meuble.

Si la population croît de nouveau sans pouvoir s'étendre, alors on commence à aménager les terres en commun et par lots, en les laissant reposer deux ou trois ans suivant la population. C'est une espèce de communisme agraire ; il fut en vigueur chez les Peaux-Rouges, Aztèques, Incas, Celtes d'Irlande et de Galles, Germains de César et de Tacite, Javanais, certaines tribus aryennes ou touraniennes de l'Inde, Chinois. Le mir russe d'origine plus moderne est aussi plus compliqué.

Donc, aux débuts, pas d'appropriation individuelle du sol, mais possession individuelle ou plutôt familiale ; la terre est propriété collective avec aménagement réglé en commun. Une survivance de ce régime se retrouve dans les services mutuels des membres du *mir* en temps de récolte et, au moyen âge, dans les *precariæ* au profit du seigneur.

Le régime agricole est caractérisé par l'extension de l'esclavage et du servage ; même là où la terre et possédée en commun il y a des esclaves, prisonniers de guerre ou nécessiteux ; parfois même le servage est *volontaire* (?) pour obtenir des avances de bétail. Le servage ne dérive pas uniquement de la guerre ; la main-morte est d'origine économique. Il y a le serf légal pour dettes, le serf nécessiteux.

Telle est la très exacte théorie de Kovalewsky en tant que théorie de la propriété. Brentano et d'autres appellent ces périodes primitives du nom de *Haus* ou *Familienwirthschaft* ; mais c'est plutôt le stade de la production et de la consommation de la horde, du clan, de la tribu ; le matriarcat en est la base ; pour la famille proprement dite, c'est le père.

Après cette admirable description de l'évolution de la propriété dont il ne nous est possible ici que de donner un aperçu, Kovalewsky tente cependant aussi de tracer une division positive de l'histoire économique. Il critique d'abord la division proposée par Hildebrand en trois régimes : économie naturelle, économie monétaire, économie fiduciaire. Il objecte à tort, je crois, qu'il n'y a pas de différence marquée entre les deux dernières ; son erreur provient de ce qu'il refuse d'admettre que la période fiduciaire encore à base métallique tend à la suppression de cette base. Il est davantage dans la vérité quand il observe que le crédit se rencontre dans le prêt du bétail ; mais il a reconnu lui-même que les transitions sont insensibles. En somme, il n'admet que deux périodes : celle de l'économie naturelle ou de consommation immédiate et celle de l'économie de l'échange.

De son côté, Bücher, dans sa monographie sur les origines de l'économie publique, divise l'histoire de celle-ci en trois périodes : 1° période de l'économie du foyer : consommation par le groupe de ses propres produits <u>sans</u> échange ; 2° période de l'économie de la cité : échange, mais limité à une clientèle plus ou moins restreinte et stable consommant ses acquisitions sans les céder à des tiers ; 3° période de l'économie nationale : production de valeurs d'échange et circulation de ces valeurs par une série de ménages avant d'être consommées.

D'après Bücher, la division de l'histoire de l'économie sociale est en réalité basée sur sa base fondamentale qui est la circulation, sans qu'il l'affirme nettement. Où il se trompe, c'est quand il suppose que toute l'économie antique rentre dans ses deux premières périodes d'économie isolée ou fermée et autonome. C'était aussi l'idée de Rodbertus, de Marx et de Engels ; avec eux il croit que l'économie des anciens était fondée sur le travail forcé ; ceci est une généralisation fausse.

Ce qui est remarquable, c'est que, de même que Bücher, Kovalewsky incline en réalité aussi à adopter comme fondement de la division de l'histoire de l'économie sociale, la circulation. En effet, après avoir conclu à sa division en deux périodes, celle de consommation immédiate et celle de l'échange, il ajoute que chacune de ces périodes se subdivise en périodes distinctes suivant l'extension des échanges, au fur et à mesure de l'accroissement de la population. Je pense que si au lieu de s'attacher à l'échange lequel n'est qu'un mode particulier de la circulation, mon éminent ami avait considéré cette dernière, nous aurions abouti à la même conclusion. En effet, sa division subsidiaire, en rapport avec l'accroissement de la population en :

a) Économie de la horde, de la tribu ;

b) Économie du village ;

c) Économie du manoir et de la cité ; — *Moyen âge*

d) Économie nationale ;

e) Économie mondiale ;

est une classification basée sur le développement de la circulation.

On voit que, dans tous les cas, en dehors de ceux qui prétendent que le développement social est subordonné avant tout au progrès des sciences, un accord assez complet et significatif semble exister pour attribuer au facteur éco-

De Greef 1886 montre la circulation.

nomique une influence prépondérante sur le surplus des autres formes de l'activité sociale. Cela justifie amplement l'importance qu'il convient d'accorder à l'étude de l'histoire économique. Toutefois, en ce qui concerne la division rationnelle et positive de celle-ci, le problème existe de rechercher quel est le facteur économique le plus général qui doit être admis comme base d'une classification naturelle des formes historiques aussi bien théoriques que pratiques de l'économie sociale [1].

L'examen critique que nous venons de faire serait incomplet à ce sujet capital si nous n'indiquions le point de vue auquel se sont placés les deux représentants les plus considérables de la sociologie contemporaine, A. Comte et H. Spencer, et si nous n'y ajoutions certaines classifications éclectiques et même spéciales qui ont cependant aussi leur importance *comme rappel à la réalité soit objective (Schulze-Gavernitz) ou simplement idéologique (Schmoller)*. J'indiquerai ensuite en résumé les principaux arguments qui me font pencher à admettre que les phénomènes circu-

---

1. La classification de M. Levasseur se rattache en partie à celle de Kovalewsky. D'après le savant économiste, on peut distinguer cinq stades dans l'évolution économique ; ils correspondent aux cinq étapes atteintes par la population au point de vue de sa densité :

1° Période sauvage ou de la chasse : chaque chasseur a besoin d'une vaste étendue ; chez les Esquimaux deux hommes et dans la province des Amazones du Brésil, trois hommes par 100 kilomètres ;

2° Période nomade : dans les steppes des Kirghiz, 1 homme ; dans le Turkestan, 1/2 à 2,7 par kilomètre carré ;

3° Période agricole : jusqu'à 40 hommes par kilomètre carré ;

4° Période industrielle : engrais artificiels et industrie, 160 hommes par kilomètre carré ;

5° Période commerciale ou d'importation des produits agricoles payés par des produits industriels : densité presqu'illimitée de la population.

Ce serait donc l'accroissement de la population qui obligerait les hommes à chercher de nouvelles formes d'activité ; cependant, d'un autre côté, ces formes nouvelles augmentent aussi la population ; il y a corrélation. Je pense que, comme phénomène social, l'évolution de la population tout en se rattachant directement à celle de l'économie, est plus complexe et plus spéciale, et doit dès lors être subordonnée à cette dernière.

latoires sont les plus simples et les plus généraux et constituent par conséquent tant au point de vue logique qu'historique, les facteurs les plus influents des formes successives du développement économique des sociétés.

III. — A. Comte et H. Spencer.

Suivant A. Comte, la classification fondamentale des sociétés est basée sur la prédominance soit de l'état théologique, soit de l'état métaphysique, soit de l'état positif; cette classification est donc essentiellement idéologique; elle repose sur une loi plus ou moins exacte de la psychologie collective; c'est-à-dire sur un facteur social trop spécial pour servir de base à une classification générale. Tout au plus pourrait-elle s'appliquer à une classification historique des doctrines économiques et nullement des institutions et des structures économiques. Elle tend du reste à faire considérer l'évolution antérieure des doctrines comme une vaste erreur, alors, au contraire, que chacune de ces grandes théories présente un caractère très positif et très organique en correspondance avec la structure sociale de chaque période. Ce point de vue essentiellement erroné apparaît surtout dans l'appréciation que fait A. Comte de toute la période postérieure à la Révolution française, période qu'il considère comme radicalement et exclusivement dissolvante et perturbatrice. Il convient cependant de signaler qu'au sortir de la *période primaire et certainement rétrograde* du moyen âge, ce fut dans les livres de théologie, à propos notamment de la confession et de la pénitence, que surgirent à nouveau les problèmes économiques et qu'ensuite la méthode des premiers économistes fut évidemment métaphysique en tant que basée sur les conceptions absolues du droit naturel et de la liberté. Le point de vue de Comte n'est donc pas à rejeter absolument; il peut servir à compléter psychiquement la classification et l'interprétation sociologiques de l'économie sociale.

H. Spencer (Principes de Sociologie, t. II, p. 134 et suiv.) essaie de prendre pour base une classification des types sociaux. Son point de vue est juste, mais encore devait-il chercher à établir le caractère le plus général, d'après lequel chaque type peut se distinguer des autres. Or, le caractère sur lequel il base sa division est tout à fait superficiel. L'illustre sociologue divise d'abord les sociétés en :

a) Simples ;

b) Composées ;

c) Doublement composées ;

d) Triplement, etc., etc., composées.

D'après lui, « il y a des sociétés de différents degrés de composition »...

« Les phases de composition et de recomposition sont des degrés par où la société doit passer successivement. Nulle tribu ne devient une nation par un simple fait de croissance, nulle grande société ne se forme par l'*action directe de sociétés de l'ordre le plus petit.* »

D'après Spencer, aucun développement social n'est donc le résultat uniquement des conditions sociales internes, et une société ne croît qu'en se combinant avec d'autres sociétés. Dès lors pour être logique, il faut rejeter l'hypothèse d'un centre unique de création de l'espèce humaine, d'où toutes les sociétés particulières seraient dérivées par différenciation successive, ce qui implique la descendance des grandes civilisations anciennes et modernes et de la société mondiale en *formation* d'un groupe primitif et unique, hypothèse dont la fausseté est loin d'être démontrée.

Ensuite, il en résulterait qu'une fois la grande société mondiale constituée, tout développement ultérieur deviendrait impossible vu qu'il serait nécessairement interne.

Mais une société grande ou petite et même la société

mondiale ne peuvent-elles croître en intensité et en organisation ? Rien encore une fois ne permet d'affirmer le contraire.

Ce qui reste vrai, c'est, comme le dit Spencer, que « les sociétés de même degré présentent dans leur structure des ressemblances générales ». Mais alors il faut nous indiquer par quels caractères généraux les sociétés au même stade se ressemblent et par lesquels, à chaque stade distinct, elles diffèrent.

Dire que les unes sont plus composites que les autres, c'est rester dans le vague à moins d'entendre par là que la mesure, comme je pense l'avoir démontré, doit être empruntée à leur degré d'organisation et spécialement d'organisation économique, en ajoutant que dans cette dernière même le trait fondamental qui doit servir de caractéristique générale est l'économie circulatoire.

Quant aux sociétés de degrés différents « ces sociétés se produisent d'après Spencer, dans l'ordre indiqué par la classification » :

Classification d'après H. Spencer.

A. — **Sociétés simples ou non civilisées :**

a) sans chefs. . . . . .
- Nomades : Fuégiens, certains Australiens, Boschimans.
- Demi-sédentaires : Esquimaux.
- Sédentaires : Alfaroux, Dayaks.

b) avec chefs accidentels.
- Nomades : Tasmaniens, certains Australiens ;
- D. S. Caraïbes ;
- S. Certains Uaupès du Haut-Rio-Négro.

c) avec une autorité suprême vague et instable. . . . . .
- N. Andamènes, Abipones, Serpents, certains Bédouins ;
- D. S. Bodos, Chinouks, Veddahs des villages ;
- S. Santals, tribus de Guyane, Mandans.

d) avec autorité suprême stable. . . . . .
- N.
- D. S. Patagons, Cafres, Néo-Calédoniens ;
- S. Guaranis, Pueblos.

B. — Sociétés composées :

a) autorité suprême accidentelle.	N. (Pasteurs) certains Bédouins ; D. S. Tannais. S.
b) autorité suprême instable.	N. Chasseurs : Dacotahs , Chasseurs et Pasteurs : Comanches ; Pasteurs : Kalmouks ; D. S. Beloutchis, Congolais, Teutons avant le vᵉ siècle ; S. Malgaches, Grecs homériques, Anglo-Saxons de l'Heptarchie, Teutons du vᵉ siècle. — Fiefs du xᵉ siècle.
c) autorité suprême stable.	Nomades : (pasteurs) Kirguises ; D. S. Bechuanas, Zoulous ; S. Uaupès, Fidjiens (au moment de la découverte), naturels de la Nouvelle-Zélande et des îles Sandwich (à l'époque de Cook) ; Javanais, Hottentots, Dahoméyens. Achantis, certains Abyssiniens, anciens Indiens du Yucatan, de la Nouvelle-Grenade, du Honduras, Chibchas, certains Arabes des villes.

C. — Sociétés doublement composées :

Toutes sont sédentaires.

a) Autorité suprême accidentelle : Samoans.

b) Autorité suprême instable : Tahitiens, Tongans, Javanais accidentellement ; Fidjiens depuis l'introduction des armes à feu ; Malgaches depuis peu ; Confédération athénienne ; Confédération lacédémonienne ; royaumes teutoniques du vrᵉ au ıxᵉ siècle ; grands fiefs de France au xıııᵉ siècle.

c) Autorité suprême stable : Iroquois, Araucaniens, Hawaiens depuis Cook ; anciens indiens de Vera-Paz et de Bogota, du Guatémala, du Pérou ; Wahabis, Oman, ancien royaume d'Égypte, Angleterre après le xᵉ siècle.

D. — Sociétés triplement composées :

a) Autorité suprême instable : la plupart des grandes civilisations anciennes : ancien Mexique, empire d'Assyrie, celui d'Égypte, l'empire Romain et parmi les modernes « le royaume d'Italie et l'empire d'Allemagne qui n'ont pas encore subi l'épreuve du temps ».

b) Autorité suprême stable : Grande-Bretagne, France, Russie.

Quelle est la base de la classification d'H. Spencer? Est-ce le caractère soit nomade, soit semi-sédentaire, ou sédentaire? Alors il ramène tout au mouvement et à la circulation comme je le fais mais il ne tient compte que du facteur population. *Toutefois il semble donner la prépondérance au plus ou moins de fixité de la coordination centrale eu égard à la composition de plus en plus vaste des sociétés. Et à ce point de vue il a tort, même pour la logique de sa doctrine, de représenter cette coordination centrale par l'autorité.* Et dans tous les cas, le facteur politique est trop spécial et trop composite pour en faire la base d'une classification dont *le caractère dès lors et nécessairement devient superficiel.*

On voit bien que, dans sa classification, il y a un rapport général qui apparaît entre le principe de coordination et la fixité de la population : les nomades et les semi-sédentaires s'effacent successivement à mesure que le centre de coordination devient lui-même fixe. Mais pourquoi restreint-il le principe de coordination à l'autorité suprême qui est le caractère le plus spécial, le plus complexe au lieu d'envisager ce principe dans son caractère le plus général, celui de la coordination économique ou de la fixation des centres économiques et spécialement des centres de civilisation

S'il avait scruté plus profondément le problème, il ne serait pas arrivé par exemple à ranger dans la même classe la grande civilisation du temps de la Confédération athénienne et les Tahitiens; de même je pense qu'il aurait noté une différence très sensible entre l'Empire d'Allemagne actuel, l'Italie d'un côté et l'Empire d'Assyrie de l'autre. Je pense aussi qu'une classification moins superficielle ne lui aurait pas fait placer à la tête des sociétés triplement composées à la fois la Grande-Bretagne, la France et la Russie ! Il comprend du reste lui-même la faiblesse de sa classification ; parlant en effet des sociétés triplement composées, il dit : « Il ne faut pas prendre cette classification pour autre chose qu'une ébauche grossière par laquelle nous essayons de nous rapprocher de la vérité. » Du reste, en parlant de la stabilité politique des gouvernements, il ajoute : « je ne veux pas dire la stabilité politique au sens ordinaire, mais au sens où les centres suprêmes de ces grands agrégats demeurent les mêmes. »

Mais alors, comme le montre le tableau ci-dessus, le caractère sédentaire se rencontre aussi bien dans les sociétés simples que dans les composées et puisqu'il en est de même de la fixité de l'autorité suprême, il ne lui reste plus comme base de classification que le caractère plus ou moins composite de chaque société. Mais nous venons de voir qu'il ne parvient pas à définir ce qu'est une société triplement composée puisqu'il met sur le même rang des civilisations disparates. S'il ne les peut définir, c'est pour l'excellente raison que cette définition nécessiterait avant tout la définition de la société simple. Or en ce qui concerne cette dernière « nous n'avons, dit-il, rien de mieux à faire que de considérer comme une société simple celle qui forme un tout non assujetti à un autre et dont les parties coopèrent avec ou sans un centre régulateur en vue de certaines fins d'intérêt public ». D'après lui il y a donc deux caractères distinctifs d'une société simple : 1° le non assujettissement de celle-ci à une autre ; 2° la coopération de tous les membres à un même service général avec ou sans centre régulateur.

Mais si la société a un ou plusieurs centres régulateurs, elle est déjà une société différenciée, elle cesse d'être simple. Et puis un groupe social resté autonome ne peut-il pas arriver à se différencier ? Les castes et les classes, par exemple,

ne s'y formeront-elles pas en dehors même de son assujettissement politique à une autre société ?

Finalement, avec son entière bonne foi scientifique, H.
Spencer qui n'a pas pu définir la société composée reconnaît que « nous ne pouvons pas toujours dire avec précision
ce qui constitue une société simple ». C'est en effet la seule
chose que sa tentative démontre.

Pour nous une société simple est, comme tout organisme,
une société dont toutes les parties homogènes remplissent
indistinctement les mêmes fonctions, où par conséquent
même les fonctions économiques, les plus simples et les
plus générales de toutes, ne sont pas encore différenciées
et où par conséquent toute la vie économique (production,
consommation, distribution et répartition) se réduit au
phénomène le plus simple et le plus général, celui d'un
mouvement, d'un déplacement, d'un transport des utilités
naturelles vers les utilités humaines ou de celles-ci vers les
utilités et où par conséquent consommation, production,
distribution et répartition sont encore impliquées dans un
phénomène unique, celui de la circulation, comme on le
voit chez toutes les populations primitives vivant de chasse,
de pêche et de cueillette. Les sociétés de ce genre restent
simples et homogènes non seulement tant qu'elles ne sont
pas assujetties à d'autres sociétés mais tant que les conditions générales de leur vie économique ne varient pas, tant
que toutes les unités et parties composantes y exécutent la
même fonction. Le jour par exemple où les produits naturels deviennent insuffisants pour la population, une nouvelle
adaptation de la société simple devra se faire sous peine de
dépérissement; dès lors il s'effectuera nécessairement une
division du travail social, c'est-à-dire un passage de l'homogène à l'hétérogène avec tendance à la formation d'organes centraux de coordination.

Une autre classification des types sociaux admise par
H. Spencer et basée également, d'après lui, sur « une espèce

cardinale de différence » est celle en « sociétés principalement déprédatrices et en sociétés principalement industrielles, les premières où l'organisation pour l'attaque et la défense est plus avancée, les secondes où l'organisation productrice est le plus développée ». Cette classification se rencontrait déjà chez A. Comte. Elle a un caractère superficiel seulement de vérité ; en effet un grand développement industriel peut coïncider avec une activité prédatrice même militaire, et en outre même l'organisation de l'industrie peut être prédatrice sans être nécessairement militaire comme le prétendent, non sans raison, les socialistes, pour le régime industriel capitaliste. Celui-ci a fatalement une tendance militaire. *La distinction de Comte et de Spencer n'est que relativement exacte et l'on en revient toujours à la nécessité, dans leur hypothèse même, de classer le régime industriel lui-même en phases distinctes d'après son propre développement.*

II. Spencer signale de même, à son point de vue, que le régime militaire est caractérisé par la contrainte, tandis que le régime industriel, assimilé par lui au régime pacifique, le serait par le libre contrat. Ceci également n'est que relativement exact ; les gouvernements les plus conservateurs eux-mêmes ont été obligés de reconnaître qu'il n'y avait pas de libre contrat possible dans un régime économique inégalitaire et qu'il y avait lieu d'instaurer toute une législation du travail, donc la contrainte légale, pour protéger le travail contre le capital. Le régime industriel n'est donc pas essentiellement caractérisé par l'absence de contrainte pas plus que par l'élimination des formes prédatrices ; ces formes y sont tout au plus atténuées et régularisées.

IV. — DIVISIONS DE L'HISTOIRE DES DOCTRINES ÉCONOMIQUES.

Une division rationnelle et positive des phases de l'économie sociale ne peut en somme être empruntée qu'au développement de l'économie sociale elle-même. Il semble que, d'après ce qui précède, il y a unanimité presque générale sur ce point ; même, dans la conception de Comte et surtout dans celle de H. Spencer, la classification des sociétés suivant la prédominance relative de leur structure prédatrice ou pacifique est basée sur le développement plus ou moins considérable de leur régime industriel. L'accord devient encore plus complet si on admet que tout phénomène social est à la fois matériel et idéal, dès lors aussi le phénomène économique. Il n'y a pas plus de dualisme entre l'âme collective et le corps social, qu'entre le corps et l'esprit individuels.

Ce point une fois acquis, comme il semble l'être, on peut certainement et en n'envisageant que le développement purement doctrinal de l'économie sociale, comme science, envisager ce développement au point de vue particulier du processus historique de cette branche de la psychologie collective. Toutefois ce point de vue serait nécessairement incomplet d'abord parce que l'évolution doctrinale de l'économie sociale n'est qu'un aspect unilatéral de son développement en tant qu'économie, ensuite parce que le développement de l'histoire économique doit lui-même être rattaché à celui de l'ensemble non seulement des doctrines sociologiques, mais des sociétés.

Moyennant ces réserves fondamentales, on peut admettre d'une façon générale les divisions et descriptions de l'histoire des doctrines économiques, telles que nous les rencontrons chez la plupart des représentants de l'école historique notamment allemande, tels que Roscher, Hildebrand, Knies, Schmoller, etc., etc. Ainsi sous le moyen âge, jusque vers la fin du xive siècle, les questions économiques ne sont guère traitées que dans les ouvrages de théologie, spécialement à propos de la confession et de la pénitence, c'est le cas notamment pour le problème du prêt à intérêt ou de l'usure.

Du commencement du xv° siècle jusque vers le milieu du xvii° les doctrines économiques sont contenues dans les théories du droit naturel qui de Bodin en France, jusqu'à Ch. Wolf en Allemagne, ont été en corrélation avec la structure de l'état moderne, avec le contrôle et la direction économiques des individus et des corporations, par l'État, sous forme de réglementations autoritaires, de prohibitions et de privilèges. Le mercantilisme s'appuie en partie sur les conceptions administratives et politiques de l'Empire romain et de la Renaissance ; il réglemente la monnaie, le commerce et l'industrie surtout d'après les nécessités du moment, mais sans une véritable théorie de l'économie politique.

De 1650 à 1750, s'accumulent les connaissances économiques particulières, les observations, les descriptions dans des livres, des recueils, des encyclopédies ; il n'en sort que des recettes pratiques : le caméralisme. On ne voit pas d'élaboration rationnelle et vivante. Au xviii° siècle, sous l'influence de la philosophie, l'économie devient une science autonome. Il se forme deux grandes théories qui ont dominé la pensée et l'action depuis 1770 jusqu'à nos jours : l'économie politique individualiste et l'économie socialiste, deux enfants de la même mère : la théorie individualiste des Physiocrates est déduite et abstraite de la nature et du droit naturel ; Adam Smith et son école, également individualistes, restreignent le droit naturel dans le principe de liberté mais métaphysique ; cette théorie évolue en passant par J. S. Mill et K. H. Rau.

L'école socialiste avec Godwin, R. Owen, W. Thompson et surtout K. Marx au xix° siècle restitue à l'économie son caractère social, tandis que l'école orthodoxe individualiste *à l'origine,* grâce au progrès des méthodes scientifiques tend à trouver un terrain de conciliation entre l'individualisme et le socialisme. Ce terrain de conciliation, avec le développement de la méthode historique et évolutionniste dans toutes les sciences, s'affirme dans l'école des Katheder-socialisten dont la formation fut facilitée par la critique que firent de l'individualisme Sismondi en France, List en Allemagne. Le point de vue le plus récent, celui auquel je me rattache, est le point de vue sociologique où non seulement les doctrines économiques sont interprétées par les faits et les institutions économiques et réciproquement les faits et les institutions par les doctrines, mais où toute l'économie sociale est envisagée comme un système et une fonction en rapport avec la structure et la vie totales des sociétés.

Les considérations précédentes nous autorisent à considérer comme trop superficielle, même au simple point de vue de l'histoire des doctrines économiques, la classification proposée par L. Cossa en : 1° époque fragmentaire comprenant l'antiquité, le moyen âge et qui se prolonge par quelques écrivains, jusqu'au xvii° siècle ; 2° monographies et systèmes empiriques, cette période va du xvi° siècle jusqu'à la moitié du xviii° ; 3° les précurseurs de la science : le système physiocratique, Adam Smith et ses successeurs immédiats ; ils ont des précurseurs jusque dans le xvii° mais ne se développent et se perfectionnent que dans la seconde moitié du xviii° et au commencement du xix° siècle ; 4° la période critique contemporaine, caractérisée surtout par l'accumulation et l'élaboration des matériaux et par le perfectionnement des méthodes. Le fait même que la période actuelle est aussi remarquable par la riche végétation de monographies économiques que la deuxième période admise par Cossa prouve que sa classification est vicieuse. Il faut y ajouter que la période contemporaine est loin d'être principalement critique, elle est tout autant organique comme le prouve le développement de plus en plus irrésistible du nouveau droit économique que la critique socialiste et son caractère de plus en plus scientifique sont parvenus à imposer en partie à la plupart des sociétés civilisées. De nouveaux faits et rapports économiques suscitent nécessairement un nouveau droit économique.

Cossa divise en outre l'histoire des doctrines économiques en : 1° histoire externe, ayant pour objet l'étude de l'origine et du développement des théories et des systèmes considérés dans leur ensemble et dans leurs parties principales ; cette histoire peut elle-même être générale ou se limiter à une époque, à une nation, à un système, etc. ; 2° histoire interne ou dogmatique, ayant pour objet l'étude de la formation et des progrès des diverses théories particulières par exemple sur la valeur, la monnaie, l'impôt, la rente, etc. Cette classification, comme on le voit, est purement formelle ; elle exclut en outre les doctrines socialistes ; Cossa va jusqu'à dire que « considéré de près, le socialisme théorique moderne qui se qualifie pompeusement de scientifique... se résoud, au contraire, dans une pure négation de la science économique. Il méconnaît, en effet, l'existence d'un ordre social des richesses et se fonde sur cette hypothèse que la liberté engendre nécessairement l'injustice, les crises, la misère ; de là, le socialisme déduit des maximes de politique économique qui tendent à la destruction totale ou partielle de la propriété privée et de la concurrence, c'est-à-dire des bases du système économique actuel. »

Cossa n'a pas vu l'œuvre organique et positive du socialisme ; il le considère comme un élément simplement perturbateur ; en présence de *ses* doctrines contradictoires il renonce à toute tentative de classification. Or, pour n'en citer qu'une, A. Schäffle en a donné une excellente, notamment dans « Quintessence du socialisme » et dans une étude publiée dans la *Revue sociale et politique* [1].

A notre sens, l'économie politique doit devenir sociologique et ce stade nouveau a été préparé et facilité aussi bien, sinon plus, par le socialisme que par l'économie po-

---

1. Voir mon étude sur le collectivisme. *Lettres à l'Indépendance belge*. Bruxelles, 1894.

litique classique ; c'est dans le grand fleuve sociologique que les deux affluents sont destinés à se confondre.

M. A. Espinas, dans son Histoire des doctrines économiques, a fait une place plus équitable au socialisme. Il montre ses rapports non seulement avec l'école de l'économie nationale, mais avec l'école historique et même avec l'école orthodoxe. Il le divise au point de vue de ses origines propres en : socialisme humanitaire par opposition à l'individualisme économique absolu. — Socialisme révolutionnaire. — Socialisme d'état ou de la chaire.

Dans son remarquable ouvrage : les systèmes socialistes, (Paris, 2 vol., 1902) V. Pareto ne comprend pas malheusement la fonction positive remplie par le socialisme. Il divise son développement historique en : 1° systèmes réels, c'est-à-dire pratiques et indépendants de toute conception théorique ; 2° systèmes théoriques.

Ces derniers sont soit religieux, soit métaphysiques, soit scientifiques. D'après lui le socialisme est donc aussi scientifique ou non ; mais l'auteur ne comprend rien à son caractère organique ; il y voit seulement un aspect de la lutte des classes ou plutôt des élites qui, au sein même du socialisme, combattent pour la domination ; à quoi aboutit successivement ce triomphe des élites et comment les caractères de celles-ci se transforment continuellement en se rapprochant des masses de mieux en mieux organisées, il ne l'aperçoit pas ; dès lors tout son exposé théorique et critique du développement du socialisme revêt un caractère continuellement négatif, et cet aspect de l'histoire de l'économie sociale apparaît comme une simple aberration de l'humanité ; le même procédé, s'il était appliqué à l'économie politique classique, aboutirait au même résultat ; il tient à cette fausse conception encore trop persistante que l'histoire entière de l'humanité ne constitue que l'histoire de ses erreurs en dehors des vérités absolues que chaque théoricien a la prétention d'avoir révélées.

Au contraire, le point de vue de M. H. Denis est sociologique et il a bien soin dans son excellente *Histoire des systèmes économiques et socialistes* de ne pas séparer l'évolution des deux systèmes par une cloison étanche, comme le fait encore J. Ingram malgré son positivisme.

V. — LA BASE LA PLUS GÉNÉRALE D'UNE DIVISION SOCIOLOGIQUE.

Le point de vue de l'histoire de l'économie sociale deviendra de plus en plus sociologique ; c'est-à-dire qu'il sera de plus en plus rattaché à l'ensemble de la structure et de la vie des sociétés. A plus forte raison les doctrines économiques ne pourront être interprétées et comprises que dans leur corrélation avec les faits et les institutions économiques. Toute division ou classification de l'histoire de l'économie sociale doit donc reposer à la fois sur la double base idéologique et matérielle ; dans la réalité, ces deux points de vue, comme je l'ai exposé ailleurs, sont inséparables et n'en forment qu'un, le point de vue sociologique[1].

Le problème de la classification ou division naturelle des stades historiques de l'économie sociale est d'autant plus important que cette classification et cette division s'appliquant aux phénomènes les plus simples et les plus généraux de l'existence des sociétés doivent dès lors aussi servir de base philosophique à l'interprétation des phénomènes sociaux d'ordre plus complexe et plus spécial, tels que la famille, l'art, la morale, le droit et la politique.

Un grand résultat acquis et où me semblent se concilier de plus en plus les diverses écoles sociales est que les bases fondamentales des sociétés sont surtout économiques.

Cependant le problème réclame une solution encore plus précise.

---

1. Voir le chapitre *Matérialisme historique*.

Quels sont parmi les phénomènes et fonctions économiques eux-mêmes ceux qui sont les plus simples et les plus généraux ? Quel est le facteur le plus fondamental dans l'ordre économique qui est lui-même fondamental ?

Ici une observation préliminaire s'impose : il ne s'agit pas de rechercher en sociologie la cause première, le premier moteur ; en sociologie, pas plus que dans les autres phénomènes naturels, il n'y a de cause première, car là comme ailleurs, se poserait toujours la question : quelle est la cause de la cause première ? Il y a toujours à vrai dire et uniquement des causes concourantes. Comme le dit fort bien Schulze-Gavernitz, les causes sont « bien plutôt le concours d'une série de circonstances économiques qui conduisit aux progrès techniques ; des inventions faites depuis longtemps ou du moins à moitié réalisées, mais jusqu'alors sans effet au point de vue économique, furent appliquées seulement à un certain moment, à l'industrie moderne ».

C'est évident, tout développement est relatif à un ensemble de circonstances entremêlées et complexes. Le milieu social tout entier est la cause déterminante des formes diverses et successives de la structure et de la vie des sociétés, mais dans ce milieu complexe il y a des conditions plus générales et plus simples les unes que les autres, et parmi elles, toutes celles qui sont relatives à la circulation. De même qu'en biologie les muscles et les nerfs sont les organes essentiels de la vie de relation et du mouvement en général, de même en sociologie ce sont les organes relatifs au mouvement des utilités et des hommes.

Voilà aussi pourquoi les institutions relatives à la circulation sont aussi les plus avancées dans leur évolution ; elles revêtent les formes sociales les plus élevées ; tels les routes, les canaux, les chemins de fer, les postes et télégraphes, la monnaie, les banques, etc.[1].

1. E. Vandervelde, dans *Le Collectivisme et l'Évolution industrielle*, constate le fait sans l'expliquer, p. 94.

Une première division pourrait se faire entre sociétés où il n'y a pas d'échange et celles où il y a échange. Dans les sociétés à structure communiste, depuis les plus rudimentaires jusqu'au Pérou ancien, il n'y a pas d'échange.

La donation et son autre face, le vol, sont eux-mêmes antérieurs à l'échange, comme on le constate surtout, encore actuellement, quand des sociétés, même de civilisation différente, arrivent à se trouver en contact comme au Congo.

Aux sociétés sans échange succèdent les sociétés avec échange, mais en nature ; c'est le régime du troc. Viennent ensuite les sociétés dont les échanges se font avec une marchandise servant de monnaie. Alors une sélection s'établit entre les marchandises utilisées comme monnaie ; les métaux finissent par l'emporter dans la lutte ; une nouvelle sélection se fait entre les métaux ; généralement au fer et au bronze succèdent le cuivre, l'argent, l'or.

Tout d'abord les métaux adoptés comme monnaie sont considérés comme marchandise ; ils sont pesés avant d'être échangés. Puis ils forment des lingots, dont le poids et le titre sont indiqués par des marques, puis certains métaux inférieurs comme le cuivre et l'argent deviennent des monnaies en parties fiduciaires, c'est-à-dire des titres sociaux circulant comme instruments d'échange à leur valeur nominale supérieure à leur valeur réelle ; alors apparaît la monnaie fiduciaire proprement dite, billets de banque, chèques, etc., n'ayant plus aucune valeur marchande intrinsèque, mais encore convertibles en espèces métalliques. Alors on entrevoit l'évolution future où les moyens de circulation cesseront d'être convertibles en monnaie métallique et porteront simplement l'indication quantitative de la valeur qu'ils peuvent servir à acquérir en mettant cette indication numérique en rapport avec la valeur d'une marchandise quelconque adoptée comme étalon, de préférence par exemple soit l'or, soit l'heure de travail.

Ainsi par des voies complexes, l'humanité reviendrait au point de départ de l'évolution de l'échange, c'est-à-dire à l'échange direct, au troc, mais par l'intermédiaire de signes sociaux purement symboliques, dénués eux-mêmes de toute valeur comme marchandise, mais devenus des titres sociaux ayant une valeur acquisitive et libératoire : bons d'échange, — comptabilisme social, — clearing houses, etc.

Cette évolution aboutira-t-elle un jour à une société purement communiste qui représenterait elle aussi un retour apparent aux formes plus primitives encore des sociétés où il n'y avait pas même d'échange? C'est là une hypothèse qui dépasse actuellement la puissance de la prévision scientifique. Dans tous les cas, comme pour l'échange, le retour ne serait qu'*apparent*.

Cette évolution historique de l'échange est une des plus frappantes illustrations de la loi économique fondamentale de la réduction progressive du poids mort et de la progression correspondante de l'effet utile, loi la plus générale de la circulation économique qui, à mon sens, domine non seulement tout le développement économique de la consommation, de la production et de la répartition des richesses, mais indirectement toutes les formes plus spéciales de la superstructure sociale, même les formes politiques.

Cependant l'échange n'est pas encore l'élément primaire et le plus général, puisque nous avons vu qu'il y a des sociétés sans échange. Mais il n'y a aucune société sans une certaine circulation des hommes et des utilités; le phénomène économique le plus simple, c'est leur transport, leur déplacement : le mouvement. En dernière analyse ce serait donc le développement organique de la circulation en étendue et en intensité, c'est-à-dire dans l'espace et relativement à la population qui serait le facteur déterminant de la façon la plus générale, tous les autres processus économiques et sociaux plus spéciaux et subséquents.

La division la plus élémentaire de l'histoire de l'économie sociale pourrait donc être empruntée à ses caractères distinctifs suivant que chaque société a une circulation économique plus ou moins limitée, soit locale, soit nationale, soit internationale, soit mondiale.

L'importance du problème n'est pas seulement théorique, mais pratique. En effet, ce sont les phénomènes les plus généraux qui agissent avec le plus de puissance sur les autres ; si ce sont les phénomènes relatifs à la circulation, ce sont ceux-ci tout d'abord que nous devons nous efforcer d'améliorer ; si ce sont les phénomènes de la production ou de la technique de la production, ce sont eux qui doivent nous préoccuper avant tout ; si c'est le développement de la population, c'est sur ce développement que nous devons agir principalement et ainsi de même suivant que l'on adopte l'une ou l'autre des bases proposées par les diverses écoles.

De tout ce qui précède il semble résulter, dans tous les cas, qu'une classification positive des sociétés ne peut reposer que sur leurs caractères distinctifs les plus généraux, et que ces caractères sont économiques. Les autres caractères interviennent pour compléter cette classification conformément au principe que j'ai développé dans mon *Transformisme social* et suivant lequel le mètre des sociétés ne peut être emprunté qu'au degré plus ou moins élevé de leur organisation intégrale. Ce point de vue sociologique et d'ensemble est nécessaire pour contre-balancer ce que tout point de vue unilatéral, même économique, aurait nécessairement de trop restreint et d'absolu.

Moyennant cette réserve essentielle, je persiste à penser que tout phénomène de consommation et de production est impliqué dans un phénomène plus général de circulation ; production et consommation sont historiquement impliquées dans celle-ci comme nous le voyons dans les sociétés rudimentaires vivant des produits naturels. Production et consommation sont les deux points extrêmes d'une même ligne, les deux pôles opposés d'une circonférence dont la grandeur dépend de la distance du centre à l'extrémité de celle-ci.

Ainsi à la base de l'économie sociale et dès lors de la sociologie entière nous trouvons le mouvement. Par là l'évolution économique des sociétés se rattache à la philosophie générale de la nature.

Mon point de vue diffère donc en partie de celui de Marx d'abord en ce que je rejette en sociologie la division des phénomènes sociaux en matériels et idéaux ; ils sont l'un et l'autre à la fois ; c'est la combinaison indivisible de ce double aspect qui constitue le fait social. Ensuite, je considère le mouvement, la circulation et plus particulièrement le transport et le mouvement des utilités et des hommes comme l'élément économique primordial le plus simple, le plus général au triple point de vue logique, historique et naturel. Toutes les autres formes économiques et sociales, dans leur développement, dérivent de cet élément. J'ajoute aussi que toute société étant un complexus superorganique dont toutes les parties sont non seulement en rapport les unes avec les autres mais agissent les unes sur les autres, le tout en vue d'un service d'ensemble, le point de vue sociologique intégral imprime nécessairement à la recherche et à la découverte du facteur le plus simple et le plus général le caractère relatif dont la méconnaissance aboutirait à la vaine recherche d'une cause première et de l'absolu. Toute cause est un effet ; tout effet est une cause.

Je dois signaler que le résultat de mes recherches concorde en partie avec celui auquel était arrivé, dès 1868, M. de Roberty dans une *Étude sur l'économie politique et la science sociale.* J'ignorais cependant ce travail longtemps même après la publication des deux premiers volumes de mon *Introduction à la sociologie* (1886-1889). Je n'en eus connaissance que vers 1895 et même je l'avais complètement oublié lorsque la lecture de l'ouvrage de M. de Roberty sur la *Constitution de l'éthique* (p. 40) me le rappela. M. de Roberty dans le passage en question montre, comme je l'ai fait moi-même, les rapports de notre classification économique commune avec la classification et la filiation logiques et naturelles des sciences. Cette coïncidence entre mon point de vue et le sien me semble d'autant plus remarquable que la méthode de mon illustre collègue est plutôt déductive et logique tandis que la mienne est surtout inductive et historique. J'ajoute que, *dans cette question,* c'est surtout la lecture des écrits de P.-J. Proud'hon qui dès ma jeunesse avait attiré mon attention sur l'importance de la circulation en économie sociale. Je tiens à rendre à ce grand penseur trop méconnu dans les derniers temps par ses compatriotes cette part légitime d'influence qu'il a exercée sur le développement de ma propre pensée, développement qui, du reste, n'est absolument asservi à aucune doctrine particulière.

D'après toutes les considérations qui précèdent, en prenant pour bases les phénomènes et les formes circulatoires économiques des sociétés, phénomènes et formes considérés relativement comme les plus simples et les plus généraux, les principales périodes de l'histoire de l'économie sociale pourraient être divisées conformément à leur évolution et à leur différenciation progressives de la manière suivante :

TABLEAU SOMMAIRE DES DIVISIONS NATURELLES ET SUCCESSIVES DE LA CIRCULATION.

Facteurs constitutifs des phénomènes économiques et sociaux en général : le territoire et la population.

Phénomène le plus simple et le plus général résultant de la combinaison de ces deux facteurs : mouvement des utilités et des hommes : chasse, pêche, cueillette, extraction des produits naturels.

Évolution des formes différenciées du simple mouvement ou transport :

1° *En ce qui concerne la voie :*

A. — Voies terrestres :
- *a)* voies naturelles ;
- *b)* sentiers ;
- *c)* routes de terre ;
- *d)* routes empierrées ;
- *e)* rails en bois, en fer, en acier.

B. — Voies liquides :
- *a)* ruisseaux ;
- *b)* rivières ;
- *c)* fleuves ;
- *d)* lacs ;
- *e)* grands fleuves et grands lacs ;
- *f)* mers intérieures ;
- *g)* océans.

C. — Voies aériennes.

2° *En ce qui concerne le véhicule :*

A. — Terrestre :
- *a)* colportage par l'homme même ;
- *b)* par glissement de la marchandise sur le sol ou sur un support ;
- *c)* par roulement : roue, essieu ;
- *d)* voitures suspendues ;
- *e)* trains de voitures.

B. — Par eau :
- *a)* troncs d'arbres, radeaux ;
- *b)* troncs creusés, canots ;
- *c)* barques ;
- *d)* bateaux ;
- *e)* navires ;

C. — Aérien :
ballons.

3° *En ce qui concerne la force motrice :*

A. — Terrestre :
- *a)* l'homme ;
- *b)* les bœufs, les chevaux, etc.
- *c)* la vapeur ;
- *d)* l'électricité.

B. — Par eau :
- *a)* le courant, la perche, la rame, le gouvernail ;
- *b)* le vent, la voile ;
- *c)* la vapeur et l'électricité.

De Greef. — Sociol. écon.

4° En ce qui concerne les utilités transportées :

    a) les produits naturels, les marchandises ;
    b) les échantillons de marchandises ;
    c) la transmission des offres et des demandes (postes et télégraphes) ;

5° En ce qui concerne la distribution des utilités :

    a) la donation et le vol ;
    b) la distribution soit autoritaire, soit égalitaire communiste primitive ;
    c) la distribution par échange ;
    d) le commerce ;
    e) le commerce de banque ;
    f) banques de dépôt ;
    g)   —   de virements ;
    h)   —   d'escompte ;
    i)   —   d'émission ;
    j)   —   de crédit :
        a') commercial ;
        b') industriel ;
        c') foncier ;
        d') agricole ;
        e') au travail ;
    k) banques d'échange et de compensation.

6° En ce qui concerne l'instrument des échanges :

A. — Période antérieure sans échange.
B. — Période de l'échange :
    a) en nature : troc ;
    b) avec une marchandise monnaie ; lutte entre les marchandises utilisées comme instruments d'échange et étalons de valeurs ;
C. — Période de la monnaie marchandise métallique : bronze, fer, cuivre, argent, or :
    c') métaux pesés ;
    c'') métaux en lingots ;
    c''') métaux frappés.
Lutte entre les métaux : triomphe de l'or ; subordination des métaux inférieurs.
    d) transformation des monnaies métalliques inférieures en monnaie en partie fiduciaire.
D. — Age du crédit et de la monnaie fiduciaire :
    a) le billet de banque pleinement garanti par le numéraire ;
    b) en partie seulement garanti par le numéraire ;
    c) garanti par l'ensemble des échangistes, consommateurs et producteurs associés ;

> *d)* élimination au moins partielle de la monnaie fiduciaire,
> retour *apparent* aux formes primitives : clearing
> houses, etc.

7° En ce qui concerne l'effet utile du mouvement et du
transport, la loi générale du progrès en ce qui concerne
les divers aspects de ceux-ci compris sous les n°ˢ 1, 2, 3,
4, 5, 6, nous apparaît ainsi de la façon la plus claire
comme exprimée à tous les points de vue par la réduction
constante du poids mort et par l'accroissement corrélatif et
continu de l'effet utile du mouvement circulatoire.

Au point de vue de la sphère de civilisation plus ou
moins vaste embrassée par le mouvement économique circulatoire, ce cercle devient de plus en plus considérable ;
la structure devient successivement locale, régionale, nationale, internationale, intercontinentale, finalement mondiale
avec des centres appropriés. La différenciation croissante
et de plus en plus intense du travail se développe avec l'extension et l'organisation de la coopération primitivement
forcée, finalement contractuelle et, dans les deux cas, nécessaire.

Toute la structure sociale surajoutée à la structure économique, et spécialement cette dernière, se présente à nous
comme dominée de la manière la plus simple et la plus
générale par l'étendue plus ou moins grande et dès lors
aussi par la direction des voies de communication lesquelles
sont elles-mêmes l'expression de la combinaison plus ou
moins complète des deux facteurs constitutifs de tout phénomène social et de toute société : le territoire et la population. Le cercle social s'agrandit toujours jusqu'aux limites
extrêmes de la planète, mais les fonctions sociales sont toujours permanentes, leurs formes historiques seules varient
et c'est l'extension des voies de communication et leur perfectionnement qui modifient le plus directement la technique et l'outillage général puis, consécutivement, les formes
de la consommation et finalement de la production, mal-

gré leur interdépendance réelle. Les trusts capitalistes locaux, nationaux, internationaux, mondiaux sont, sous des noms divers, les degrés successifs de l'histoire économique, mais il est remarquable que ces trusts ont été commerciaux avant de s'étendre à la production. Dès à présent les trusts seront de plus en plus limités et contre-balancés et peut-être un jour utilisés par l'intérêt collectif des travailleurs et des consommateurs et aussi par l'intérêt de l'État qui comme les trusts, devient de plus en plus international dans sa structure et dans l'accomplissement de sa constante fonction historique de défense et d'amélioration sociales.

Classification générale des phénomènes économiques.

A. — Circulation :
Simple déplacement des utilités et des hommes : mouvement, transport : chasse, pêche, cueillette ;
    1º sans échange ;
    2º avec échange : *a)* en nature, en troc (y compris donation et vol).
Formes dérivées :
Échanges en monnaie marchandises ;
   —   —   métallique marchandise ;
   —   —   . —   frappée ;
   —   —   —   —   en partie fiduciaire à l'intérieur du groupe ;
   —   —   fiduciaire ou de crédit à l'intérieur ;
   —   —   —   —   internationale ;
   —   —   symbolique sans valeur intrinsèque mais socialement acquisitive et libératoire ;
Bons sociaux d'échange et de consommation (retour apparent au troc).
B. — Consommation :
    1º destructive { privée : luxe.
               { publique : guerre.
                    { privée : entretien physiologique et
    2º utile et nécessaire {   psychique ;
                    { publique : services publics, impôts.
    3º reproductrice ou génératrice d'un développement.
C. — Production :
    1º industrielle ;
    2º agricole ;
    3º agricole industrialisée.

Toutes les considérations précédentes nous permettent

maintenant de proposer la définition suivante de la science économique, définition dégagée de sa fonction constante :

L'économique est cette partie fondamentale de la science sociale qui a pour objet l'étude et la connaissance du fonctionnement et de la structure du système nutritif des sociétés en vue de leur conservation et aussi de leur perfectionnement par la réduction progressive de l'effort humain et du poids mort et par l'accroissement de l'effet utile, dans l'intérêt et pour le bonheur communs de l'individu et de l'espèce organisés en société.

CHAPITRE V

LE MATÉRIALISME HISTORIQUE

I. — Socialisme et sociologie.

Qu'il me soit permis tout d'abord de rappeler ce qu'à tort ou à raison, j'entends par sociologie. J'entends par sociologie, la philosophie générale et abstraite des sciences sociales particulières également abstraites ; celles-ci ont leurs fondements dans les sciences sociales concrètes dont les méthodes sont essentiellement inductives. Les sciences sociales abstraites et concrètes ou appliquées se classent suivant leur complexité et leur spécialité croissantes dans l'ordre hiérarchique suivant : l'économique, la génétique, l'esthétique, la psychologie collective (religion, métaphysique, science), l'éthique, le droit, la politique. Ces sciences sociales, coordonnées en un système général par la sociologie, reposent de leur côté sur toute la série hiérarchique des sciences antécédentes, inorganiques et organiques : mathématiques, mécanique, astronomie, physique, chimie, biologie et psychologie. Toutes ensemble, sciences antécédentes et sciences sociales, sciences physiques, sciences organiques, sciences de la société, en dehors et au-dessus des philosophies particulières qui les systématisent, sont unifiées dans une philosophie générale des sciences ou philosophie positive.

A peu près vers le même temps où A. Comte et Ad. Quetelet jetaient, sous des noms différents, les fondements de la science sociale positive, un autre illustre penseur,

K. Marx dont la postérité recueillera et réconciliera le souvenir avec celui de P.-J. Proudhon, fondait ce qu'on a appelé le socialisme scientifique pour le distinguer de celui
plus utopiste de leurs précurseurs.

Le socialisme scientifique était l'aboutissant de l'un des
deux grands courants de l'histoire des doctrines sociales ;
issus de sources différentes, à un certain point de leur cours
les deux courants, se rapprochant de plus en plus, arrivent
en réalité à se confondre. Qu'on donne à cet aboutissement
le nom de socialisme scientifique ou celui de sociologie,
cela n'a guère d'importance si ce n'est pour commémorer
leurs origines primitivement distinctes et la composition
plus complexe résultant de leur fusion actuelle.

Le fait même que l'Institut international de sociologie
mit en discussion une des bases du socialisme contemporain a une signification importante : les débats ne naissent
qu'entre voisins ; toutefois de nos jours le monde s'est tellement rapetissé et l'humanité s'est à ce point étendue
que les distances se sont effacées et que nous luttons avec
ou contre nos voisins des extrémités du monde comme on
ne le fait qu'avec ou contre des frères.

Les origines et l'histoire du socialisme proprement dit
ont été plus profondes, plus populaires, plus en contact
avec les misères sociales, plus sentimentales et émotion-
nelles, plus souvent traduites en agitations, en actes, en
révolutions que celles de la sociologie. Les racines du socialisme plongent dans les entrailles de l'humanité laborieuse ; celles de la sociologie positive sont d'origine surtout
cérébrale ; la sociologie est le produit d'intelligences supérieures, très et trop souvent en dehors et au-dessus des
souffrances de la masse si ce n'est par sympathie. Mais que
voyons-nous à leurs points d'arrivée chez Marx et Proudhon
d'un côté, chez Quetelet et chez A. Comte de l'autre? Chez
les premiers, l'émotion profonde qui était à la base du socialisme n'a pas disparu, mais elle est désormais subordonnée

à l'idée et réglée par celle-ci ; chez les seconds, la pensée scientifique tout en se développant s'est imprégnée d'une sensibilité exquise ; par la pensée la souffrance de l'intellectuel est devenue aussi et plus douloureuse peut-être que celles des plus misérables humains ; et, dans ces derniers temps, nous avons vu les intellectuels s'émouvoir, vouloir et agir de même que nous voyons le prolétariat penser.

Déjà avant A. Comte, Proudhon et K. Marx, Ch. Fourier et Saint-Simon en France, R. Owen en Angleterre, Rodbertus en Allemagne, représentent, à des degrés divers, le commencement de la fusion de l'un et de l'autre courant ; Saint-Simon notamment est revendiqué comme un précurseur à la fois par le socialisme et par la sociologie. L'invention même du mot socialisme en tant qu'antithèse à celui d'individualisme à peu près contemporain, indique le passage du sentiment et de l'émotion, jusque-là prédominants dans le socialisme, dans le champ de la conscience claire et scientifique. Aujourd'hui, la fusion se continue ; la sociologie c'est le socialisme scientifique, non plus comme simple opposition à l'égoïsme individuel, mais comme conciliation de l'individu et de la société ; le premier n'est plus conçu que comme produit et facteur à la fois de la seconde ; on ne peut les détacher l'un de l'autre que par abstraction ; distinctes, leurs entités sont irréelles. Si, tenant compte de l'évolution effectuée, je préfère l'expression sociologie à celle de socialisme, c'est en abdiquant pour ainsi dire mes propres sentiments et parce que la première me semble mieux indiquer que désormais la psychologie émotionnelle des sociétés doit être et sera de plus en plus réglée par leur psychologie intellectuelle proprement dite. Ceci n'implique par une réduction de notre vie émotive ; bien au contraire, celle-ci ne fera que s'accroître ; en s'épurant et en s'idéalisant elle ne perdra jamais son caractère plus général, plus diffus, plus profondément organique, mais elle sera de plus en plus contrôlée et dirigée, par les centres supérieurs d'association de notre cérébralité et, par conséquent, par les méthodes positives.

Un double rapprochement dont je tiens à signaler l'urgente et indispensable nécessité s'impose dès lors comme aboutissement naturel de l'évolution antérieure : d'un côté, le socialisme a pour devoir de s'éclairer de plus en plus et de ne pas abandonner exclusivement sa direction aux seuls politiciens, propagandistes et hommes d'action, les plus agitateurs et les plus agités du parti, malgré l'utilité incontestable de la mission de ces derniers ; de l'autre, la sociologie se doit à elle-même de prendre de plus en plus contact avec la classe ouvrière non seulement pour se retremper à la source vive d'émotions et d'une vie active salutaires, mais même au point de vue scientifique afin que ses conceptions idéologiques ne soient jamais que le prolongement de la réalité qui doit toujours en être le fondement ; l'abstraction est périlleuse et le danger existe ; notre devoir est de le signaler ; il ne faut pas que la sociologie dégénère en une littérature purement formaliste ; ses lois n'ont de valeur que dégagées de la vie sociale réelle par les méthodes inductives les plus rigoureuses. J'insiste pour indiquer le danger ; il résulte de ce que, contrairement aux principes les plus essentiels de la philosophie générale des sciences, on se figure encore beaucoup trop généralement que la sociologie peut être étudiée en elle-même et pour elle-même indépendamment des autres sciences et même des sciences sociales particulières dont elle n'est que la philosophie. On discute et on formule des conclusions et des maximes, suivant les diverses écoles, sans approfondir les données du problème. Combien n'avons-nous pas vu d'étudiants et même de publicistes et de professeurs aborder l'étude ou l'enseignement de la sociologie, sans aucune préparation aux sciences sociales particulières aussi bien abstraites que concrètes, sans aucune connaissance même de la vie pratique courante et de ses conditions les plus ordinaires, inférieurs en cela, jusqu'aux simples travailleurs manuels qui eux au moins ont des attaches avec la nature et pas uniquement avec les nuages. L'exemple malheureusement vient aussi en partie des plus illustres maîtres de la science sociale et on peut dire que le mal est inhérent à notre spécialisation croissante des études et du travail social sans coordination correspondante. On peut, sans songer à porter atteinte à leur gloire qui sera impérissable, signaler que l'économie et le droit tiennent une place à peu près insignifiante dans les matériaux sociologiques d'A. Comte et de Spencer ; laissant à part les spécialistes de la science économique, on pourrait soutenir qu'actuellement, le socialisme en ce qui concerne cette dernière science, a des bases plus savamment établies que la sociologie proprement dite. Il faut donc que l'école sociologique à laquelle nous nous honorons d'appartenir revise et complète continuellement ses fondements scientifiques, il faut qu'elle se rapproche de plus en plus du socialisme pratique et théorique, qu'elle discute les actes et les théories socialistes ; de même il convient que le socialisme auquel je n'appartiens pas moins, s'imprègne de philosophie sociale en la passant au creuset de l'expérience pratique et ouvrière dont il est l'expression. La fusion complète ne se fera, au profit commun, que lorsque la ligne frontière qui me semble exister à tort entre les deux tendances aura complètement disparu et se sera transformée en lignes de communication.

Le matérialisme historique est en effet une doctrine partagée par une fraction notable et peut-être même la plus considérable du socialisme contemporain. Sans donc nous attarder trop exclusivement dans la pure discussion de formules et de mots, et en reconnaissant que ceux-ci sont des symboles plus ou moins exactement représentatifs de la réalité, arrêtons un moment notre attention sur cette conception philosophique de l'histoire. Nous pouvons, à mon sens, la discuter avec d'autant plus d'impartiabilité, que ni

le sort du socialisme ni l'avenir de la sociologie ne sont liés
à l'adoption ni au rejet de cette doctrine, mais, comme
nous le verrons, beaucoup plus à l'interprétation plus positive et moins métaphysique du monde social qui y est contenue en germe.

II. — Définition du matérialisme.

D'abord que faut-il entendre par matérialisme en général, et ensuite par matérialisme historique ? On définit la
matière : tout ce qui est de nature à produire sur nos organes des excitations ; cette définition est juste ; mais, s'il
en est ainsi, un son, un mot écrit ou parlé, une pensée
émise d'une façon quelconque, sont matériels tout aussi
bien qu'un corps proprement dit. Qui ne voit immédiatement dès lors que la notion de matière est une pure abstraction, une entité ? Qui ne voit que toujours elle implique
celle de mouvement ou de force ? Jamais en effet une exci-
tation ne peut être supposée indépendamment de ces dernières et celles-ci également, sous leur dénomination de
force ne sont qu'une entité abstraite de l'ensemble des propriétés des corps ; dans la réalité, nous ne connaissons que
ces propriétés, leurs rapports et leurs lois. Force et matière
sont inséparables ; toutes deux sont des abstractions, des
étiquettes idéologiques désignant des aspects différents des
corps suivant que nous considérons ceux-ci dans leurs manifestations, soit simultanées et coexistantes dans l'espace,
soit successives dans le temps, à l'état statique ou à l'état
dynamique. Il n'y a pas de matière sans propriétés, pas
de propriétés sans matière ; dans la réalité objective, il
n'existe qu'un certain nombre de corps simples formant
par leurs multiples combinaisons des corps plus ou moins
complexes doués d'activités spécifiques particulières depuis les corps dits inorganiques jusqu'aux corps sociaux.

La séparation entre un principe passif, matière, et un

principe actif, force, est impossible ; de même, en psychologie, celle entre le corps et l'esprit. Seule, la métaphysique a pu essayer de ramener la phénoménalité universelle soit à la matière, soit à la force ; de là l'idéalisme et le matérialisme absolus, systèmes aussi vieux et aussi faux l'un que l'autre, systèmes unilatéraux qui ont fait insensiblement place à une philosophie générale des sciences. Celle-ci ne recherche l'unité que dans la découverte progressive de lois de plus en plus générales et dans l'approximation relative d'une loi universelle.

Le débat entre le matérialisme et l'idéalisme a eu pour objet un pur problème de philosophie métaphysique dépassé actuellement et négligé par la philosophie des sciences ; l'un et l'autre constituaient des tentatives d'explication unilatérale du monde inorganique, organique et social ; ce problème les religions l'avaient tranché antérieurement, à leur manière, en le reléguant dans le domaine du mystère et de la foi ; l'erreur de la métaphysique fut d'essayer d'expliquer l'irréel, de résoudre un problème inexistant.

Cependant, cette solution radicale n'était possible qu'après la constitution de la psychophysiologie et de la sociologie en sciences distinctes, précisément parce que c'est dans le domaine de ces sciences qu'apparaît évidente la relation constante de la matière et de la force, du corps et de l'esprit, de l'idée et du fait. Ainsi, au fur et à mesure que chacune des sciences abstraites particulières tendit à se ramener à une loi de plus en plus générale, de même la philosophie positive ou philosophie de l'ensemble de toutes les sciences tendit vers une interprétation monistique de l'univers ; seulement, l'interprétation n'était plus demandée à un seul des aspects de la réalité, soit à la matière, soit à la force, etc., etc., mais à l'ensemble des propriétés de tous les corps et des rapports qui s'établissent entre eux à raison de leurs connexions statiques et de leur interdépendance dynamique.

En résumé, force et matière, idéalisme et matérialisme, sont des expressions incomplètes et dès lors inexactes de l'unité à la fois objective et subjective qui est le but suprême de la recherche scientifique et philosophique.

Toutes les sciences de la vie tant organique que sociale, la physiologie tout d'abord, la psychologie ensuite et enfin la science sociale ont payé leur tribut au sphynx métaphysique, toutes ont été soit matérialistes soit idéalistes avant de devenir positives. Le mécanicisme de La Mettrie en psychologie, le matérialisme d'Helvetius et de d'Holbach en morale et en politique ont eu leurs applications sociales ; l'homme-machine se compléta par la société-machine ; ce fut même en sociologie la conception encore dominante pendant la première moitié du xixe siècle ; de la psycho-physiologie elle s'infiltra dans l'économie politique non seulement théorique mais pratique ; elle se retrouve même dans une certaine mesure dans l'admirable physique sociale de l'illustre A. Quetelet. En sens inverse Fitchte, Hegel, Schopenhauer et même A. Comte, ce dernier, en tant que basant sa dynamique sociale sur le développement des opinions, furent des idéalistes.

Si l'idéalisme et le matérialisme sont des théories métaphysiques et par conséquent extra-scientifiques au point de vue de la philosophie générale, il en résulte nécessairement qu'ils le sont également au point de vue des sciences sociales particulières et de la sociologie qui en est la coordination ; idéalisme social, matérialisme social, idéalisme historique, matérialisme historique sont des expressions aussi vicieuses que corps et esprit en psychologie en tant que corps et esprit seraient supposés former des entités distinctes et réelles.

La prétention de l'école matérialiste d'être seule déterministe et par conséquent scientifique, ne peut être admise ; l'idéaliste peut être aussi déterministe que le matérialiste ; ils diffèrent seulement entre eux quant à la détermination de la nature substantielle des causes. Sous ce rapport, Bernstein s'est complètement trompé en affirmant que : « être matérialiste signifie en premier lieu dériver la nécessité de tout ce qui arrive du mouvement de la matière ». Au contraire, le matérialisme consiste à considérer le mouvement ou la force comme une propriété inhérente à la matière, tandis que l'idéalisme considère les formes matérielles comme une dérivation soit de la force, soit de l'esprit ou de l'idée. A part cette différence dans le dogme, matérialistes et idéalistes, comme spiritualistes et sensualistes, peuvent être ou non déterministes. Bernstein ne voit même pas que, dans sa définition du matérialisme, il suppose les deux principes, matière et mouvement, corps et esprit, société et État, en tant qu'entités distinctes. Pourquoi mouvement de la matière et pas matière du mouvement ? Voilà la contradiction que la métaphysique tant matérialiste qu'idéaliste sera toujours impuissante à résoudre[1].

Donc, en dehors de leurs points de départ absolus et indéterminés, un idéaliste aussi bien qu'un matérialiste peuvent admettre la nécessité de toutes les phases de l'évolution historique ; l'idéaliste Hegel, sous ce rapport, est aussi logiquement radical que le matérialiste K. Marx ; ils peuvent dire et disent également : tout ce qui est arrivé, et arrivera, est prédéterminé par l'ensemble de la matière existante et de ses forces, seulement, suivant l'un le mouvement, force-idée, sera le facteur initial, suivant l'autre ce sera la matière, le fait.

La conception matérialiste de l'histoire n'est qu'une hypothèse déduite d'une autre hypothèse plus générale, la conception matérialiste de la philosophie en général. Suivant Fr. Engels et sur ce point K. Kautsky est d'accord avec lui, « c'est par ces deux grandes découvertes, la conception matérialiste de l'histoire et la découverte du secret

1. Ed. Bernstein, *Socialisme théorique et Socialisme pratique*. Paris, P.-F. Stock, 1900.

de la production capitaliste au moyen de la plus-value que le socialisme est devenu une science »[1]. Kautsky ajoute que la conception matérialiste de l'histoire est la base de toute la théorie.

Nous venons de voir que le matérialisme, en tant que philosophie générale, est une métaphysique, une tentative d'explication de l'absolu. Nous allons établir, qu'il est une expression inexacte de la philosophie sociale ou sociologie, ce que déjà nous pourrions conclure par simple déduction. Mais est-ce même une découverte? Il suffirait d'ouvrir l'*Histoire du matérialisme* de Lange et une histoire quelconque des doctrines soit politiques, soit économiques pour constater qu'il n'en est rien.

Tous les historiens et philosophes de l'histoire qui ont soutenu que les sociétés sont, dans leurs institutions et leur activité, déterminées par leur milieu physique, géographique, climatérique, anthropologique, etc., peuvent et doivent être considérés comme matérialistes; Hérodote, Thucydide, Aristote, Bodin, Montesquieu, pour ne citer que ceux-là, sont de ce nombre.

III. — LE MATÉRIALISME HISTORIQUE D'APRÈS MARX
ET SON ÉCOLE.

Qu'entend-on plus spécialement aujourd'hui, d'après l'école Marxiste, par matérialisme historique? Il faut entendre par là des théories d'après lesquelles la structure et la vie collectives sont déterminées avant tout par la structure et la vie économiques des sociétés. D'après Marx et ses disciples, le facteur initial n'est même pas l'ensemble de l'économique mais avant tout la production et plus spécialement encore la technique de la production. Suivant d'autres, notamment M. Kovalewsky, le facteur primaire

---

1, Fr. Engels, *Anti-Dühring Karl Kautsky. Le Marxisme et son critique Bernstein*. Trad. de M. Martin-Leray. Paris, 1900. P -F, Stock, édit.

serait la population ; suivant moi, sans que pour cela je me considère comme matérialiste, la structure et la vie sociales seraient déterminées de la façon la plus générale et la plus simple, et dès lors dans un sens moins absolu et en tenant compte de l'interdépendance des phénomènes sociaux, par les formes et l'activité plus générales et plus fondamentales encore que celle des hypothèses précédentes, de la circulation économique.

La conception matérialiste de l'histoire consisterait donc, suivant les Marxistes, dans son interprétation économique. Cela ne serait pas une découverte, mais Marx a systématisé d'une façon plus rigoureuse, les théories et les observations de ses prédécesseurs, surtout en ce qui concerne l'importance de la production et de la technique de cette dernière. Mais, bien avant Marx, on avait reconnu que les physiocrates et Ad. Smith en constituant la science économique avaient jeté les bases de la science sociale intégrale. Ce sont les économistes classiques qui, en fait, avec leurs conceptions mécaniques et automatiques des sociétés, avec leurs points de vue matérialistes dans le sens même le plus étroit et le plus mauvais du mot, par leur assimilation des travailleurs eux-mêmes ou de la force du travail à une marchandise, par leur préoccupation à peu près exclusive de la richesse et des intérêts dits matériels en dehors de toute autre considération sociale, ont précédé le Marxisme dans cette voie. Les physiocrates et l'école anglaise et française d'A. Smith, Ricardo et Malthus aussi bien que Mably, Morelly et plus tard Godwin et R. Owen ont tous attribué aux facteurs économiques et certains mêmes aux formes de la production, une influence prépondérante. Avant eux tous, l'illustre auteur d'*Oceana*, Harrington, n'avait-il pas proclamé que toutes les autres formes sociales étaient moulées sur la forme de la propriété? Il considérait celle-ci comme fondamentale et primaire. Marx lui-même n'indique-t-il pas comme une origine du matérialisme éco-

nomique, *la fable des Abeilles* de Mandeville, qui date de
1706 ? En fait, toutes les doctrines sociales n'ont-elles pas
eu précisément en commun la nécessité d'une réorganisa-
sation préliminaire de la production, de la consommation
et de la circulation ? Le socialisme en effet a, mieux que
toute autre doctrine, compris que le fond de la vie sociale
est avant tout économique ; il l'a compris ainsi nécessairement, puisqu'il avait lui-même sa source dans la misère du
plus grand nombre.

On peut du reste interpréter l'histoire économiquement
sans être matérialiste. Ach. Loria, Th. Rogers, Lacombe,
Lippert me semblent être dans ce cas ; Bückle l'était également, Bückle ce grand philisophe de l'histoire que Kautsky
a apprécié si étrangement de la façon suivante : « *il ignorait encore* que des lois économiques différentes correspondent à des formes sociales différentes ; il en était encore
à l'économie politique libérale pour laquelle les lois de la
production développée des marchandises étaient des lois
naturelles de toute forme de production. » Pauvre grand
Bückle ! *Il ignorait encore,* lui le prétendu économiste purement libéral, ce que son maître Ad. Smith avait lui-
même, près d'un siècle, avant K. Marx, exposé dans sa
théorie de la valeur ; il appartenait exclusivement à la secte
économique libérale, lui qui faisait des milieux et spécialement du régime alimentaire les facteurs prédominants de
toute civilisation. Et comme voilà lestement tranché le
problème encore actuellement controversé s'il existe ou non
des lois sociologiques, et par conséquent aussi économiques
constantes et universelles, générales et abstraites, applicables à toutes les sociétés dans le temps et dans l'espace !
Marx et Engels, avec beaucoup de grands économistes et
historiens non seulement allemands mais de tous les pays,
antérieurs même à Marx, croyaient que des lois économiques différentes correspondent à des périodes économiques
également différentes et à des formes distinctes ; ils réa-

gissaient ainsi, en partie avec raison contre la conception métaphysique antérieure des lois dites naturelles et immuables, mais par là même ils niaient à tort en même temps la possibilité de constituer une sociologie abstraite. A la solution de ce problème de la plus haute importance, ni Marx, ni Engels n'ont apporté de contributions nouvelles et décisives.

Il convient de rappeler le passage suivant d'Ad. Smith (livre I, c. vi[1]), pour montrer que l'idée première des lois économiques purement historiques se retrouve chez le père même de l'économie politique dite libérale et ce en même temps que la théorie marxiste de la valeur ; cette double conception a son origine non seulement chez Ricardo, comme on le reconnaît généralement, et chez Rodbertus, mais encore chez le commun ancêtre de la science :

« Dans ce premier état informe de la société, dit A. Smith, qui précède l'accumulation des capitaux et l'appropriation du sol, la seule circonstance qui puisse fournir quelque règle pour les échanges, c'est, à ce qu'il semble, la quantité de travail nécessaire pour acquérir les différents objets d'échange. Par exemple, chez un peuple de chasseurs, s'il en coûte *habituellement* deux fois plus de peine pour tuer un castor que pour tuer un daim, *naturellement* un castor vaudra deux daims ou s'échangera contre deux daims. Il est naturel que ce qui est *ordinairement* le produit de deux jours ou de deux heures de travail, vaille le double de ce qui est *ordinairement* le produit d'un jour ou d'une heure de travail. Si une espèce de travail était plus rude que l'autre, on tiendrait naturellement compte de cette augmentation de fatigue, et le produit d'une heure de ce travail plus rude pourrait souvent s'échanger contre le produit de deux heures de l'autre espèce de travail. De même si ce travail exige un degré peu ordinaire d'habileté

---

1. Édit. Guillaumin, tome Ier, p. 65 et suiv.

ou d'adresse, l'estime que les hommes ont pour ces talents ajoutera naturellement à leur produit une valeur supérieure à ce qui serait dû pour le temps employé au travail. Il est rare que ces talents s'acquièrent autrement que par une longue application, et la valeur supérieure qu'on attribue à leur produit, n'est souvent qu'une compensation raisonnable de la peine qu'on a mise à les acquérir. »

Voilà d'après Ad. Smith la loi économique de la valeur d'échange dans la période historique primitive ; c'est une loi purement historique. Comme Marx, mais pour cette période primitive, Smith base la valeur d'échange sur le travail et lui donne pour mesure le temps de travail socialement nécessaire à la production des marchandises ; comme Marx, il distingue le travail qualifié et le travail non qualifié. D'après l'un et l'autre on calcule le travail qualifié en le ramenant à l'unité de travail simple.

Et A. Smith ajoute : « Dans cet état de choses, le produit du travail appartient tout entier au travailleur et la quantité de travail *communément* employée à acquérir ou à produire un objet échangeable est la seule circonstance qui puisse régler la quantité de travail que cet objet devra communément acheter, commander ou obtenir en échange. »

Ainsi, A. Smith, après plusieurs autres du reste, mais plus systématiquement a reconnu que le temps de travail est la commune mesure des valeurs ; par là, d'après lui, il faut entendre le temps habituel, c'est-à-dire moyen ou normal, socialement nécessaire pour la production, tout en tenant compte de la qualité du travail ; dans ces conditions, dans cette période historique primitive, le travailleur obtient toute la valeur de son travail. Je ne fais qu'un simple exposé sans critique ; on pourrait se demander en effet si le travailleur dans le cas supposé, n'obtient pas quelque chose de plus qui est le produit soit de la nature, soit de la société ou collectivité ; si le fait que le produit est plus ou moins rare et ne peut être fabriqué d'un façon aussi large que la demande n'influe pas sur sa valeur, etc., etc. En un mot, le travail est-il le seul facteur constant de la valeur, et, s'il en est d'autres également constants ou si tous sont plus ou moins variables, de quel droit, en saine logique mathématique, élimine-t-on tous ces facteurs, sauf un seul, pour réserver à ce dernier le privilège d'être la commune mesure des valeurs? Il ne faut pas nécessairement pour l'avenir du socialisme que la théorie Marxiste de la valeur soit la seule exacte; en faire la critique n'implique pas que la propriété et le capital ne doivent pas revenir, sinon aux travailleurs individuellement, tout au moins à la collectivité des travailleurs. En ce qui me concerne, je pense que non seulement le travail, l'utilité, la rareté, la qualité, etc., etc., mais aussi l'ensemble des institutions sociales constituent les facteurs du marché où se règlent les valeurs. Cette solution est moins absolue, mais elle est davantage socialiste parce que plus sociologique et parce qu'elle nous indique la nécessité d'une intervention constante de la politique et du droit collectifs, soit pour obvier au plus ou moins de rareté naturelle ou transitoire des produits, soit pour réserver à la nature, à la collectivité et à l'individu leurs parts respectives, soit pour limiter ou supprimer les monopoles, etc.

Ainsi seulement les lois économiques peuvent être conçues comme progressives et relatives tout en manifestant par leur évolution réelle une unité fondamentale. Au contraire d'après A. Smith la loi économique de la valeur telle qu'il la décrit ne s'applique qu'à un état primitif de civilisation. Déjà, suivant Ricardo, cette loi était considérée comme plus abstraite et générale et destinée à se dégager de plus en plus au point de devenir une loi absolue; les disciples de Smith devinrent plus métaphysiciens que leur maître; Ricardo commença par proclamer comme loi générale que la valeur d'échange de toute utilité, *dont la*

quantité peut être augmentée à volonté sur le marché, est réglée *en régime de libre concurrence* par le travail nécessaire
à sa production, ce qui revenait à faire de sa loi une loi particulière à certaines industries sous un certain régime social ;
même il abandonne son théorème fondamental et à la suite
de Malthus il arrive à dire que le prix réel d'une denrée
« dépend de la quantité plus ou moins grande de capital et
de travail employée à la produire. » Ce prix cependant
oscillera toujours autour du prix naturel, *suivant la loi de
l'offre et de la demande*, et c'est de là que Ricardo déduira
toute sa théorie du loyer et celle des salaires et des profits.

La conception de Ricardo est plus abstraite que celle
de Smith ; en formulant sa loi de la valeur il essaie, sans y
parvenir, de la dégager de toute contingence historique.
Smith, au contraire, un siècle antérieurement à Marx,
admet des lois économiques applicables seulement à des
périodes historiques. Voici, en effet, ce qu'il ajoute, immédiatement après la description ci-dessus relative à la théorie
de la valeur en régime primitif : « Aussitôt qu'il y aura des
capitaux accumulés entre les mains de quelques particuliers,
certains d'entre eux emploieront naturellement ces capitaux
à mettre en œuvre des gens industrieux auxquels ils fourniront des matériaux et des subsistances, *afin de faire un
profit sur la vente du produit ou sur ce que le travail des
ouvriers ajoute de valeur aux matériaux*... Ainsi, la *valeur
que les ouvriers ajoutent à la matière* se résout alors en
deux parties, dont l'une paie leur salaire, et l'autre les
profits que fait l'entrepreneur sur la somme des fonds qui
lui ont servi à avancer ces salaires et la matière au travailleur. » Ad. Smith distingue donc deux périodes historiques,
l'une primitive ou antique, l'autre capitaliste dont les lois
économiques sont différentes. Voilà pour lui le fait, et
comme justification de la nouvelle répartition introduite
à partir de la seconde période dans la production des valeurs, il n'invoque aussi qu'un fait : l'intérêt évident du

capitaliste du moment que capital et travail sont devenus distincts : « le propriétaire des matériaux et des subsistances n'aurait pas intérêt à employer les ouvriers, s'il n'attendait pas de la vente de leur ouvrage quelque chose de plus que le remplacement de son capital, et il n'aurait pas intérêt à employer un grand capital plutôt qu'un petit, si ces profits n'étaient pas en rapport avec le capital employé. » Ad. Smith a observé tout aussi bien que K. Marx que le profit est un surcroît de travail non payé, *mehrwerth*, mais il l'a moins exactement formulé. Ce qui est à noter au point de vue de la conception matérialiste ou interprétation économique de l'histoire, c'est que, d'après lui, les lois économiques de la période antique se sont modifiées, ne sont plus les mêmes en régime capitaliste. Il va même au devant d'une objection possible; si on lui opposait en effet que : « les profits ne sont autre chose qu'un nom différent donné aux salaires d'une espèce particulière de travail, le travail de direction et d'inspection, » il répond avec raison, étant donné le fait que de son temps capitaliste et directeur d'entreprise sont encore généralement une même personne et que le capital intervient dans tous les cas comme agent distinct du travail : « ils sont d'une nature absolument différente des salaires ; ils se règlent sur des principes entièrement différents, et ne sont nullement en rapport avec la quantité et la nature de ce prétendu travail d'inspection et de direction. Ils se règlent en entier sur la valeur du capital employé, et ils sont plus ou moins forts à proportion de l'étendue de ce capital. » Smith admet que le travail de direction doit être rémunéré comme il l'est, par exemple, quand il est exercé par un commis spécial comme cela se passait déjà de son temps dans beaucoup de grandes fabriques ; mais, même dans ce cas, « le propriétaire du capital, bien qu'il se trouve par là débarrassé de presque tout le travail, n'en compte pas moins que ses profits seront en proportion réglés avec son capital ». Et sa conclusion, en régime capitaliste, est la même en ce qui concerne la propriété foncière devenue également un capital : « Dès l'instant que le sol d'un pays est devenu propriété privée, les propriétaires, comme tous les autres hommes, aiment à *recueillir où ils n'ont pas semé*, ils demandent un fermage même pour le produit naturel de la terre. Il s'établit un *prix additionnel* sur le bois des forêts, sur l'herbe des champs et sur tous les fruits naturels de la terre, qui, *lorsqu'elle était possédée en commun*, ne coûtaient à l'ouvrier que la peine de les cueillir et qui lui coûtent maintenant davantage. Il faut qu'il paie pour avoir la permission de les cueillir, et il faut qu'il cède au propriétaire du sol une portion de ce qu'il recueille ou de ce qu'il produit par son travail. »

Ces idées étaient courantes au XVIIIe siècle ; Karl Marx n'a donc pas découvert qu'à des périodes historiques distinctes correspondent des lois économiques différentes, ni que la durée normale du travail est la mesure des valeurs, ni que la production capitaliste de la plus-value se fait avec du travail non payé. Seulement à la différence de Smith et et de Ricardo et de leurs disciples il n'a pas considéré le régime capitaliste comme définitif ; il l'a tout d'abord partagé en périodes successives qui aboutissent elles-mêmes à un régime nouveau qui en sera le développement nécessaire. Ainsi, d'après Marx, il y a trois périodes principales de l'histoire de l'humanité : la période antique, la période féodale, la période bourgeoise ; cette dernière a eu une phase préparatoire caractérisée par l'union du travail et du capital sous le régime de la petite industrie et une seconde phase, capitaliste, qui se distingue par le divorce qui s'accomplit entre le travail et le capital dans la grande industrie. La période à venir sera le résultat de l'inévitable développement des périodes antérieures et de la socialisation des instruments de travail ; c'est à ce moment que se réalisera la loi de la valeur que Smith avait placée dans une période primitive hypothétique. K. Marx a donc parfaitement reconnu la grande loi de continuité des faits sociaux, mais elle avait été proclamée bien avant lui notamment par Leibnitz et d'autres théoriciens de la philosophie de l'histoire ainsi que je l'ai montré dans mon *Transformisme social*. Il semble cependant que, d'après Marx, cette évolution aboutisse à une forme-limite, ce qui est au moins contestable ; en outre, jusqu'aujourd'hui il n'est pas possible d'admettre une classification purement linéaire de toute l'histoire de la civilisation en périodes successives pour le bon motif que le superorganisme social n'est pas encore, en réalité, devenu mondial et que l'histoire de l'humanité s'est composée jusqu'ici de développements sociaux distincts et fragmentaires qui tous plus ou moins ont passé séparément par la série de périodes proposée par Marx comme une série générale et unique. Cet ordre sériel est lui-même contestable, mais la discussion n'en rentre pas dans le cadre de ce mémoire. Ainsi l'Égypte, la Grèce, la Chine, l'Italie antique, ont eu chacune, même en adoptant la classification marxiste, une période primitive, une période aristocratique et féodale, une période bourgeoise avec ses deux phases successives d'union et puis de divorce du capital et du travail. Il n'y a pas eu continuité et superposition absolues de civilisations historiques, mais une juxtaposition relative de sociétés particulières dont le processus a cependant conduit à des résultats généraux mais par une convergence non préméditée d'activités distinctes. Maintenant, remarquons-le, le processus de ces civilisations particulières bien qu'ayant passé par les diverses phases économico-historiques indiquées à tort ou à raison par Marx, n'a pas abouti *nécessairement* à la socialisation des instruments de travail ; même toutes les civilisations antiques spéciales embrassées à un certain moment dans le monde romain et où le capitalisme avait atteint le degré le plus élevé, ont abouti aux divers régimes en vigueur au moyen âge, spécialement au régime féodal. Qui peut nous assurer que le capitalisme actuel, avec la concentration de la propriété terrienne, la constitution des syndicats, trusts, rings, etc., ne pourrait aboutir, nos guerres interminables aidant, à une nouvelle féodalité capitaliste qui insensiblement revêtirait une superstructure juridico-politique correspondante? Cela se produirait d'autant plus facilement que la classe ouvrière serait moins organisée et éclairée non seulement dans nos centres principaux de civilisation mais dans cette internationalité quasi mondiale dont le capitalisme lui-même a fait son œuvre impériale. Ici, tout à fait comme dans le processus psychologique de nos actes volontaires, les impulsions les plus fortes l'emporteront à un certain moment; nous désirons et nous ferons tous nos efforts pour que la *loi de continuité historique* se développe dans le sens socialiste, mais cet aboutissement n'est nullement une *nécessité historique*; si la solution contraire prévalait, la doctrine du *déterminisme historique* qu'il ne faut pas confondre avec celle d'une nécessité absolue et *prédéterminée* n'en recevrait pas d'atteinte.

On peut donc sans être marxiste et matérialiste, être et socialiste et déterministe et partisan de l'interprétation économique de l'histoire; la loi de continuité historique implique le déterminisme relatif et non la nécessité absolue. Avant Marx et Engels, il y a eu notamment Quetelet qui lui aussi a fait rentrer les faits moraux et sociaux dans le domaine du déterminisme scientifique à l'exclusion du libre arbitre, élevant ainsi l'histoire à la hauteur d'une science; lui aussi, sans être matérialiste, a reconnu l'importance capitale du facteur économique. Il ne faut pas confondre matérialisme, mécanicisme, automatisme avec déterminisme. L'idéaliste et le matérialiste peuvent être ou ne pas être déterministes; le déterministe ne peut être ni matérialiste, ni idéaliste, ni fataliste, ni partisan du libre-arbitre. Marx et Engels sont détermininistes malgré leur matérialisme; Hegel, malgré son idéalisme. Le matérialisme ne peut donc se définir : la croyance à la nécessité de tout ce qui arrive, car le déterminisme croit aussi à cette nécessité mais non au sens absolu ; le matérialisme doit plutôt se définir : la croyance à un fait initial de tout ce qui arrive et à ce que ce fait initial est non pas la force, le mouvement, l'idée, etc., mais une substance dite matérielle, supposée différente et génératrice de toutes les autres propriétés de la nature. Ce fait pour le matérialisme historique, c'est le facteur économique, et pour l'école marxiste en particulier, la production et sa technique.

Or, nous soutenons qu'interpréter ainsi l'histoire n'est pas faire œuvre ni profession de foi matérialistes. Un phénomène économique *n'est pas un phénomène purement matériel ou pour mieux dire inorganique*. Tout le socialisme et un grand nombre de sociologistes, avant et depuis Marx, ont accordé au facteur économique le rôle d'agent principal du développement social ; l'originalité relative de Marx (car il a eu des prédécesseurs même sur ce point) a été d'avoir fait de la technique de la production la forme primordiale sur laquelle se moulent toutes les autres formes sociales. Mais qui dit technique ne dit-il pas également connaissance, idée ? Cette contradiction du matérialisme économique, il ne peut la résoudre. Quant à la théorie de la valeur de Marx, son originalité consiste simplement à l'avoir transposée de la période primitive dans laquelle l'avait reléguée Ad. Smith, dans la période socialiste à venir. De là la conclusion marxiste qui, si elle était confirmée, serait la négation de la possibilité même de constituer une sociologie, qu'il n'y a pas de lois économiques générales et abstraites, mais seulement des lois historiques.

En cela, du reste, Marx est d'accord avec les plus grands économistes allemands, tels que Rumelin, Schmoller, Wagner et ce pauvre Roscher, qu'il traite avec une acrimonie si dédaigneuse, presque à l'égal de Proudhon. C'était un des défauts des plus grands esprits de ce temps de chercher surtout à affirmer leur supériorité en rapetissant tous leurs contemporains, d'exagérer les plus faibles nuances de leurs doctrines et de creuser entre eux des abîmes imaginaires afin de se poser en novateurs et créateurs et de paraître plus grands dans leur isolement ; quand un simple cheveu les séparait, ils en faisaient une muraille de la Chine. C'était encore une espèce de théorie. mais subjective, de la valeur. On ne croyait pouvoir être grand qu'à condition que les autres fussent des myrmidons. La postérité sera plus juste ; elle confondra tous les grands socialistes et sociologistes, Saint-Simon, Fourier, R. Owen, Proudhon, Marx, Quetelet, A. Comte, H. Spencer, dans une commune admiration, en dégageant de plus en plus de leurs travaux immortels non ce qui les sépare, mais ce qui les unit dans la même poussée civilisatrice.

Et combien cette poussée apparaît plus forte, plus irrésistible et comme une véritable loi tendancielle si, au lieu de nous appesantir sur les variations accessoires des doctrines de ces maîtres de la science sociale, nous consacrons nos efforts à dégager les caractères réellement communs et organiques de cette évolution grandiose et à montrer que la plupart du temps leurs théories trop absolues se rectifient et se complètent les unes par les autres ; je n'en excepte pas même les systèmes si divergents en apparence des H. Spencer, E. Reclus, Kropotkine ; malgré leur individualisme outrancier, je les considère comme des éléments de la société future et de ses croyances ; seulement dans le syncrétisme philosophique et social que j'entrevois, syncrétisme bien différent de celui qui se produisit à la fin de la civilisation antique, les doctrines absolues particulières perdront cette rigueur qui fait tant l'objet de nos admirations et de nos préférences individuelles ; elles perdront par élimination et usure leurs rugosités irritantes pour ne laisser subsister que leurs éléments positifs et harmoniques et se fondre dans des croyances collectives plus appropriées à ce relativisme pratique et théorique, qui est le fond à la fois permanent et muable de la conscience sociale et des institutions correspondantes.

Il en sera ainsi du matérialisme historique de Marx et de son école ; déjà nous voyons la transformation s'accomplir au sein de cette dernière. D'après la rigueur de la doctrine, tout le développement social est déterminé par le système économique ; celui-ci est subordonné au système de production et spécialement à la technique de la production ; le système intellectuel et moral dépend de l'organisation juridique et politique, celle-ci de l'économique. Cette classification est certainement vicieuse en ce qu'elle subordonne la science et la morale, qui sont des systèmes plus généraux et plus simples, au droit et à la politique qui sont plus spéciaux et plus complexes ainsi que je l'ai exposé au tome premier de mon *Introduction à la sociologie* ; il faut ajouter cependant que ni Marx ni Engels ne contestent l'interdépendance des phénomènes sociaux, leurs actions réciproques. Quant à la théorie d'après laquelle l'évolution historique se partage en plusieurs périodes toutes déterminées par la forme de la production économique, elle n'est pas nouvelle, ainsi que je l'ai exposé dans mon *Transformisme social*, et, comme je l'ai déjà signalé ci-dessus, elle n'est pas davantage exacte. La conception de périodes organiques et critiques, positives et négatives, d'intégration et de désintégration, se retrouve chez Saint-Simon, A. Comte, et plus tard chez H. Spencer ; ainsi d'après Comte, toute la période qui va du xvie à la fin du xviiie siècle doit être considérée comme critique ou révolutionnaire. Seulement, à la différence de Marx, Saint-Simon, A. Comte et Spencer sont idéalistes en ce sens qu'ils considèrent comme facteurs initiaux de toute l'évolution sociale soit les sentiments, soit les idées ; il en est de même de l'école psychologique d'Herbart, de Lotze, de Lazarus, de Steinthal, de Lilienfeld, de Tarde, de Le Bon, de Sighele, etc. Mais les bases de la classification des types sociaux chez Ch. Fourier, par exemple, sont essentiellement économiques ; de même, bien antérieurement l'utopie de Thomas Morus est basée sur une critique très scientifique de l'organisation de la propriété et de l'industrie à son époque.

Le mérite de K. Marx est d'avoir systématisé plus rigoureusement cette conception de l'interprétation économique de l'histoire, mais son erreur, qui est surtout celle de quelques-uns de ses disciples, erreur principalement philosophique et sociologique, est d'avoir traduit interprétation économique de l'histoire par matérialisme historique. L'économique n'est ni matérialiste, ni idéaliste ; elle ne peut être que sociale ; or, *aucun phénomène sociologique n'est purement inorganique ; tout phénomène social est une mixture à la fois inorganique, organique et psychique avec en plus quelque chose de particulier qui est le produit de cette combinaison supérieure.*

Au fond, K. Marx n'est pas parvenu à se dégager ni en philosophie générale, ni en sociologie de la conception dualistique : force-matière, idée-fait. Ayant à opter entre les deux dans sa recherche d'un absolu initial, il a fait choix du fait matériel. Seulement la contradiction est inévitable. Dans la préface de la *Critique de l'économie politique*, Marx dit : « Le mode de production de la vie matérielle détermine d'une façon générale le processus social, politique et intellectuel de la vie. Ce n'est pas la conscience de l'homme qui détermine son mode social d'existence, mais son mode social d'existence qui détermine sa conscience. » On voit déjà ici, sous forme de résidu atténué de la philosophie hégélienne, le phénomène *conscience* placé en opposition avec l'*existence sociale*, comme l'esprit avec le corps, l'idée avec le fait. Ce dualisme apparaît encore plus nettement lorsque, dans cette même préface, il dit qu'il faut toujours distinguer entre la révolution dans les conditions économiques de la production, *révolution matérielle* et que l'on peut scientifiquement constater, et les formes juridiques, politiques, religieuses, artistiques ou philosophiques, en un mot *idéologiques*, où les hommes ont conscience de ce conflit et le règlent eux-mêmes.

Aucun phénomène social n'est ni purement matériel, ni purement idéologique, ni purement inconscient, ni purement conscient. Cette distinction n'est pas plus fondée que celle que l'on a essayé d'établir en psychologie entre le corps et l'esprit; à un certain degré de leur processus, les opérations du système nerveux seraient exclusivement matérielles, à un degré supérieur exclusivement psychiques. Mais les actes automatiques, réflexes, instinctifs ne sont-ils pas aussi et souvent même plus intelligents que les autres? De même en économique, l'acte réflexe par lequel l'effet utile du travail de l'ouvrier est toujours plus ou moins en rapport avec son salaire, n'est-il pas intelligent? Conçoit-on des mouvements musculaires physiologiquement indépendants du système nerveux, des travaux purement manuels de production en dehors de toute activité cérébrale? L'acte le plus vulgaire, le plus matériel, ne peut-il pas se transformer en acte raisonné et conscient de même que les phénomènes d'inconscience se transforment sans cesse en faits de conscience? Cela ne prouve-t-il pas leur identité spécifique? Par cela même que tout fait sociologique quelconque ne peut se manifester que par la double intervention d'unités humaines sensibles et de leur milieu correspondant à la fois physique, organique et social, par cela même tout fait sociologique est à la fois inorganique, organique et psychique; pour mieux dire, c'est dans la sociologie, plus peut-être encore que dans la psychophysiologie, que se manifeste l'unité de composition de tout ce qui existe, la différence n'existant que dans la combinaison et l'organisation des éléments constitutifs. La politique, le droit, la morale, la science ne sont ni plus ni moins matériels, ni plus ni moins idéologiques que l'économique.

Marx s'efforce vainement d'échapper à la contradiction dualistique inhérente à la doctrine du matérialisme économique. C'est ce que nous voyons fort bien dans le célèbre *Manifeste du parti communiste*. Avec Hégel, *l'idée* se développait dans le *fait* ; avec Marx, le fait se développe dans l'idée qu'il engendre dans la conscience ; en réalité, pour lui, c'est le fait qui par lui-même tend à devenir très intelligent et qui conspire avec ou mieux encore pour le socialisme ; c'est le fait qui prépare la révolution que l'intelligence n'aura plus qu'à enregistrer au grand livre de la conscience publique. Marx en arrive à faire parler le fait, comme si le fait était Jéhovah, ou plus exactement, le *fatum* antique.

« Les moyens de *production et d'échange* qui donnèrent naissance à la bourgeoisie furent élaborés dans la société féodale. A un certain degré de développement de ces moyens de production et d'échange, les rapports de *production et d'échange* de la société féodale, l'organisation féodale de l'agriculture et de la manufacture ne correspondirent plus à ces forces productives en voie de développement incessant. Ils devinrent un obstacle à la production au lieu de l'inciter. Ils devaient disparaître, ils disparurent. A leur place s'installa la libre concurrence avec une organisation sociale et politique correspondante, avec la domination économique de la classe bourgeoise. Un mouvement semblable se produit sous nos yeux. Les rapports de *production et d'échange* bourgeois, les rapports de propriété bourgeois, la *société bourgeoise* moderne, qui ont multiplié d'une façon prodigieuse les moyens de production et d'échange, ressemblent à la magicienne antique incapable de maîtriser les puissances infernales qu'elle avait évoquées. Depuis les dix dernières années, l'histoire de l'industrie et du commerce n'est plus que l'histoire du conflit des *forces productives* avec les *rapports de production* modernes, avec les rapports de propriété, conditions d'existence et de domination de la bourgeoisie. Il suffit de mentionner les crises commerciales qui, dans leurs cycles périodiques, mettent en question, toujours plus menaçantes, l'existence de toute la société bourgeoise. Les armes avec lesquelles la bourgeoisie avait terrassé la féodalité se retournent aujourd'hui contre cette même bourgeoisie. » Le manifeste concluait que les *forces productives* existantes *réclament* la socialisation des moyens de production et une organisation unitaire de cette dernière.

Remarquez que, dans les prémisses de son raisonnement, Marx indique les moyens de *production et d'échange* comme facteurs initiaux ; seulement, dans ses conclusions, le second moyen, l'échange, n'est plus mentionné. On se demande pourquoi? Cela n'était pas sans intérêt; il peut y avoir production sans échange et nous sommes en présence de deux forces réellement distinctes. Marx cependant ne suppose pas deux causes primordiales. Mais alors, la forme de l'échange dérive-t-elle de celle de la production ou la forme de la production de celle de l'échange? Et l'échange n'est-il pas par lui-même un mode spécial et historique de la distribution et de la circulation des utilités? Dans mon *Introduction à la sociologie* d'une façon abstraite et ensuite, notamment dans mes *Essais sur la monnaie, le crédit et la banque* d'une façon concrète, j'ai essayé de prouver que les phénomènes économiques et circulatoires sont les plus simples et les plus fondamentaux, tandis que les formes de la production sont beaucoup plus complexes même que celles de la consommation.

En réalité Marx n'admet que des lois historiques, l'antériorité et la prédominance spécialement des formes de l'échange (nous disons circulation en général) il les admet pour la période antérieure à la période capitaliste, mais plus pendant cette dernière (Voir *Intr. à l'histoire*, p. 65 et suiv.).

Nous ne discutons pas ici le fond de cette théorie de

Marx, mais simplement la formule matérialiste qui a la prétention d'en être la base. Les *forces productives* dans sa pensée sont matérielles et cependant elles agissent d'une façon très intelligente. puisqu'elles *réclament* à un certain degré de leur développement la socialisation des moyens de production et qui plus est une socialisation unitaire. Cela ne rappelle-t-il pas les vieilles croyances anthropomorphiques dont les traces persistent dans notre langage usuel : le vent devient furieux, il souffle avec rage, etc., etc. ? Ce prétendu matérialisme est presque de l'animisme, et c'est à cette contradiction, en effet, qu'aboutit nécessairement toute doctrine, soit matérialiste, soit idéaliste. La sociologie positive, au contraire, en concevant la production comme un phénomène économique constitué à la fois d'éléments inorganiques, organiques et psychiques avec en plus certains caractères propres à la socialité résout cette contradiction.

La conception dualistique inhérente non à l'interprétation économique de l'histoire, cette interprétation étant nécessairement sociologique, mais à la fausse assimilation au matérialisme historique, constitue l'erreur fondamentale de l'école de Marx, mais en vertu de la contradiction même qui lui est inhérente, elle n'a pas tardé à produire ses inévitables conséquences divergentes au sein même de l'école.

Nous avons vu que, suivant Marx, il n'y a pas de lois économiques abstraites applicables à toutes les périodes historiques ; il en est ainsi, d'après lui, par exemple, même pour la loi de la population, par le motif que lorsque dans une période donnée un seul organe change dans la structure générale, la loi change. A ce compte, il n'y aurait plus ni biologie, ni psychologie, ni sociologie abstraites concevables. Ce n'est pas tout. Chaque période porte en elle le germe de sa dissolution, sa contradiction. Ainsi le capital sera « son propre fossoyeur ». Thèse et antithèse ; la synthèse sera la socialisation de tous les instruments de production. Alors, sans doute, nous aurons atteint la forme-limite, car sinon cette synthèse devrait aboutir, à son tour, à une synthèse contradictoire.

Mais cette formule marxiste empruntée à la métaphysique hégélienne, en la supposant exacte, ne constitue-t-elle pas en somme une loi générale et abstraite des diverses périodes de l'évolution historique? Et la subordination, dans toutes ces périodes, de la superstructure politique, juridique, morale, à la structure économique, etc., ne représente-t-elle pas également une loi générale et abstraite? Et si tel est le développement *nécessaire* du matérialisme historique qu'avons-nous à intervenir dans ce mouvement?

Nous le devons cependant parce que le marxisme, avec la plupart de ses disciples, est inconséquent avec son hypothèse matérialiste ; nous le devons également, d'après lui, parce qu'il n'admet pas de lois constantes et nécessaires, si ce n'est pour des périodes limitées et que précisément dès lors il doit y avoir des interrègnes pendant lesquels la loi ancienne, devenue lettre morte et inapplicable, n'est pas cependant encore remplacée par la loi nouvelle.

Bien plus encore, d'après le marxisme, à mesure que s'opère la socialisation des moyens de production, l'homme devient de plus en plus maître de ses destinées et il s'opère un *saut dans la liberté*. Voilà un saut bien périlleux. Nous avons dit en commençant que, abstraction faite de leurs hypothèses relatives à l'absolu initial, l'idéalisme et le matérialisme pouvaient être également déterministes ; nous voyons aussi maintenant qu'ils peuvent cesser de l'être ; Marx en est un exemple, comme le prouve cette intervention du libre arbitre dans la doctrine du maître.

Dans son « Anti-Dühring », Fr. Engels érige en loi cette même antinomie : une fois la *socialisation des moyens de production accomplie*, la loi de l'histoire change, l'axe du monde se déplace : « c'est seulement alors que les hommes feront eux-mêmes leur histoire, dans la pleine conscience de leur être ; alors seulement, les *causes sociales mises par eux en mouvement* produiront de plus en plus les effets désirés par eux. C'est le *saut de l'humanité du règne de la nécessité dans le règne de la liberté* ».

Ainsi, tandis que dans la phase préparatoire ce sont les causes dites matérielles qui font agir les hommes, maintenant ce seront les hommes qui mettront les causes en mouvement ! C'est donc une véritable révolution qui se produit à un certain moment et modifie les lois de la psychologie collective et de la sociologie en général. Cette crise révolutionnaire est bien indiquée par Marx dans le passage suivant de sa *Critique de l'économie politique* :

« Pour la production sociale de leurs moyens d'existence, les hommes entretiennent des rapports déterminés, nécessaires, *indépendants de leur volonté* ; des rapports de production qui correspondent à un certain degré de développement des puissances matérielles de la production. L'ensemble de ces rapports forme la structure économique de la société, la base réelle sur laquelle s'élève la super-structure juridique et politique et à laquelle correspondent certains modes de penser sociaux. Le mode de production de la vie matérielle détermine le mode d'activité sociale, politique et intellectuelle. Ce n'est donc pas la manière de penser de l'homme qui explique sa manière de vivre, mais au contraire sa manière de vivre qui explique sa manière de penser. »

« A un certain degré de leur développement, les forces matérielles de la production entrent en conflit avec les rapports de production existants ou, pour parler la langue juridique, avec les rapports de propriété au sein desquels ils avaient évolué jusqu'alors. Elles brisent les chaînes qui les enserraient. On entre alors dans une période révolutionnaire. » Quand cette nouvelle période est celle de la socialisation unitaire des instruments de production, alors, mais alors seulement, l'homme règle librement ses destinées. Qu'est-ce à dire? Serons-nous en ce moment en possession de notre libre arbitre? Et non seulement n'y aura-t-il plus de *nécessité* historique, mais le déterminisme scientifique sera-t-il lui-même éliminé de l'idéale structure sociale? L'homme sera-t-il devenu Dieu? Ou bien encore aurons-nous atteint la terre promise, le paradis, la forme-limite au delà de laquelle il n'y a même plus d'évolution où les causes ne produisent plus d'effets, étant devenues fixes?

Nous ne contestons pas que l'humanité consciente devient de plus en plus maîtresse de sa propre direction, mais elle le devient précisément à mesure qu'elle apprend à connaître les conditions les plus favorables à son existence et à s'y adapter ; cette évolution progressive ne constitue à aucun moment un saut de la nécessité dans la liberté ; le progrès social futur, comme tous les progrès antérieurs, sera le résultat du perfectionnement, de l'organisation même de la société ; ce perfectionnement ne sera jamais le résultat de notre libre arbitre ; il continuera comme précédemment à être déterminé par tous les états sociaux antérieurs, conformément aux lois générales de l'évolution ; la vie sociale future ne se distinguera de la présente que par une correspondance encore plus exacte de ses éléments constitutifs avec leur propre milieu et avec tout le milieu ambiant. La loi de continuité qui a été jusqu'ici la loi de l'histoire ne cessera pas de l'être ; le libre arbitre ne prévaudra pas sur le déterminisme scientifique.

C'est ici que nous voyons renaître entre l'école marxiste et les écoles rivales l'ancien débat métaphysique entre l'idéalisme et le matérialisme, débat que l'on pouvait espérer être clôturé depuis l'avènement des méthodes et de la philosophie positives ; bien plus le schisme se produit jusque dans le marxisme même. D'aucuns comme Kareïeff, Bax, Bern-

stein, Jaurès, Masaryk [1], supposent la genèse d'un idéal
social antérieur aux faits économiques ; Bax, notamment,
place le facteur psychologique au seuil de l'histoire comme
point initial ; il peut cependant déjà être considéré comme
un marxiste-organiciste bien qu'à un moindre degré que
St. Krusinski, attendu que sa psychologie a une base
physiologique et n'est nullement spiritualiste. Quant aux
autres, ils sont en réalité idéalistes ; ils forment l'aile droite
du marxisme et, en somme, plusieurs même ne sont
marxistes que sous bénéfice d'inventaire et sur certains
points qui ne sont pas absolument essentiels à la doctrine
du maître.

D'après Bernstein, le motif économique a toujours été
dominant, mais il a de mieux en mieux été reconnu et c'est
pourquoi, selon lui, la société contemporaine, plus riche en
idéologie, subit de moins en moins le « il le faut d'airain »
de l'histoire ; celui-ci devient de moins en moins despotique. Pour Bernstein, le facteur économique cesse aussi
en réalité d'être *prépondérant dès l'époque actuelle* et
l'homme devient de plus en plus indépendant ou maître
de la nature. Il y a ici une atténuation sensible de la doctrine marxiste suivant laquelle ce changement ne se pro-
duira que *lorsque les instruments de production seront so-
cialisés* ; Bernstein rejette la conception d'une crise brus-
que ; au contraire, la socialisation et l'affranchissement cor-
respondants lui paraissent devoir se produire graduellement
et insensiblement.

Ceci semble avoir été la pensée dernière d'Engels lui-
même. En effet, chez celui-ci, dans les derniers temps, la
doctrine marxiste paraît être devenue moins affirmative et
rigoureuse quant au mode de préparation et d'avènement

---

1. Masaryk, *Die philosophischen und soziologischen Grundlagen
des Marxismus*. Wien, Konegen, 1899. Voir aussi L. Woltmann,
Der historische Materialismus. Düsseldorf, Michel, 1900, et comme
application de la théorie matérialiste : Ernest Grosse, *Die Formen der
Familie und die Formen der Wirzhschaft*. Friburg, 1896.

de la crise révolutionnaire. Comme le montrent ses deux lettres de 1890 et 1894, publiées en octobre 1895 dans le *Sozialistiche Akademiker*, Engels va jusqu'à admettre que le facteur idéologique peut arriver à exercer une action prépondérante sur le caractère des luttes historiques ; le déterminisme ne serait pas unilatéral mais composite. « Ce sont donc, conclut-il, des forces innombrables s'entre-croisant sans cesse ; un groupe infini de parallélogrammes de forces qui engendrent une résultante, l'événement historique, et cette résultante, à son tour, peut être considérée comme le produit d'un facteur agissant comme une activité inconsciente et sans volonté. Car, ce que chacune de ces forces veut, est empêché par toutes les autres, et la résultante de leur action combinée est une chose qu'aucune d'elles n'a voulu. » Engels conçoit fort bien l'interdépendance des faits sociaux, mais il envisage trop exclusivement leur opposition, leur action négative particulière d'où un résultat positif imprévu ; mais leur action peut aussi être combinée et constituer une véritable coopération dont l'action convergente produit un résultat positif voulu et prévu par chaque force particulière, sauf des variations particulières et accessoires sans importance au point de vue de l'effet général. En étendant avec Bax la conception dynamique d'Engels à la psycho-physiologie, on arriverait à cette conclusion inadmissible que les actes volontaires proprement dits ne sont pas non plus voulus puisqu'ils ne seraient que le résultat d'un conflit de forces contradictoires. Le matérialisme et l'idéalisme ont ainsi à l'état latent ou aigu des contradictions inhérentes à leurs systèmes. Nous ne connaissons, en somme, ni la matière en soi, ni la force en soi ; force et matière sont des entités abstraites, des étiquettes sous lesquelles nous désignons des aspects différents de la phénoménalité ; nous ne connaissons que des phénomènes, leurs propriétés, leurs rapports, dont nous dégageons des lois. La doctrine de la nécessité est aussi métaphysique que celle du libre arbitre, le matérialisme historique est aussi faux que l'idéalisme historique ; l'histoire a pour objet la structure et la vie des sociétés ; tout fait historique est social et tout fait social est un composé à la fois inorganique, organique et psychique, dont la combinaison détermine son contenu et son activité ; le fait économique est un phénomène social, dès lors il n'est ni simplement matériel, ni simplement psychique, ni même simplement organique ; son caractère propre résulte de la mixture de tous ces éléments dans des proportions et des conditions spéciales qui lui impriment son caractère original. L'homme, à la fois facteur et produit de la société, n'en est pas le seul élément constitutif ; il n'est pas plus séparable du milieu que le milieu n'est séparable de lui ; l'homme et le milieu amalgamés constituent la société ; ainsi l'homme et le milieu peuvent également agir l'un sur l'autre en vue de se modifier réciproquement et en même temps être modifiés tous les deux par une puissance plus considérable que l'un et l'autre envisagés séparément, la société qui est le produit supérieur de leur combinaison.

Le déterminisme scientifique, la sociologie positive, en faisant prévaloir le caractère relatif des phénomènes sociaux dans le temps et dans l'espace, constituent le terrain de conciliation des doctrines absolues, du matérialisme et de l'idéalisme, de la nécessité et du libre arbitre, entre lesquelles se débat la métaphysique en général y compris celle de l'histoire.

Mais poursuivons l'observation du schisme qui s'est effectué naturellement au sein de l'école. Tandis que, comme nous l'avons vu, Bernstein pense, en invoquant à tort ou à raison l'autorité d'Engels, que le facteur économique cesse d'être prépondérant dès l'époque actuelle et que l'homme devient ainsi de plus en plus indépendant et même maître de la nature, Kautsky pense, au contraire, qu'il n'est pas douteux que les hommes soient beaucoup plus maîtres des conditions de production avec les institutions économiques primitives qu'avec les institutions capitalistes ; les premières étaient plus simples, plus claires et partant plus faciles à comprendre que les secondes.

On voit d'ici surgir les interminables et byzantines discussions entre les partisans de l'une et de l'autre théorie. Le primitif qui vit de chasse, de pêche, de cueillette est-il maître ou non des conditions de production ? Elles sont simples mais par cela même toute sa vie ne dépend-elle pas de l'événement le plus simple ? La clarté d'un système de production est-elle quelque chose d'intrinsèque et d'absolu de ce système ? N'est-elle pas au contraire relative ; n'est-ce pas l'expression d'une certaine correspondance entre le système et l'état intellectuel de ceux qui le pratiquent ? Kautsky cite comme argument la situation d'une famille de paysans produisant tout son nécessaire : « elle dispose, dit-il, complètement du mode de production pour autant que celui-ci dépend de facteurs sociaux et non de facteurs physiques. » C'est possible ; mais les facteurs physiques sont des facteurs sociaux. Si un ouragan détruit la récolte de cette famille et la condamne à la misère, le même ouragan se produisant dans une communauté agricole plus vaste et dont toutes les parties ne seraient pas atteintes, ne produirait pas la même ruine pour cette même famille. Et si la famille se développe au delà des subsistances fournies par le mode de production familial invoqué par Kautsky, que devient la puissance exercée sur le mode de production ?

Kautsky invoque de même l'exemple de l'artisan urbain au moyen âge ; cet artisan connaît sa clientèle et règle là-dessus sa production. C'est exact. Mais n'est-il pas absolument dépendant de cette clientèle ? Je ne vois pas qu'il soit devenu indépendant et surtout maître des conditions même purement sociales de la production. Entre la clientèle et lui n'y a-t-il pas au contraire dépendance réciproque ? En régime capitaliste, les rapports deviennent évidemment plus étendus et plus complexes ; mais la compréhension

que nous pouvons en avoir est-elle nécessairement moins
élevée? Ne pourrait-on pas soutenir au contraire qu'avec
l'agrandissement et la spécialisation des industries et des
marchés, l'initiative et les combinaisons nouvelles sont fa-
cilitées? Kautsky allègue encore la situation des intellectuels. Sont-ils plus ou moins libres maintenant qu'ils dé-
pendent du capitalisme et que plusieurs même exploitent
leur talent en mode capitaliste qu'à l'époque où ils dépen-
daient de l'Église ou étaient à la solde des seigneurs féodaux?
Toutes ces questions ne comportent pas de solutions absolues; la sociologie est surtout une science de relations et
dès lors relative; cela n'empêche pas le facteur économique
d'être le facteur dominant; au contraire il ne perdra jamais
ce caractère; ceci n'exclut pas la possibilité pour les autres
facteurs d'exercer aussi une action progressive sur toute la
vie sociale. Comme nous l'avons exposé, cette vérité devient
parfaitement intelligible du moment que l'on admet que
phénomène économique et phénomène matériel ne signi-
fient pas la même chose, pas plus que phénomène idéologique et phénomène juridique ou politique.

Et à quoi aboutit naturellement, dans l'école marxiste,
cette controverse entre la nécessité et le libre arbitre? Non
seulement elle aboutit à ce que, à un certain moment, soit
à celui de la socialisation à venir des instruments de travail,
soit même dès l'époque actuelle, la loi de continuité historique et celle du déterminisme scientifique sont mises
au rancart, mais qu'une branche du marxisme tend vers
l'idéalisme absolu tandis qu'une autre va jusqu'à interpréter le matérialisme historique dans le sens d'une espèce de
fatalisme. Ainsi, après avoir montré que la philosophie de
l'histoire antérieure au marxisme partait de la *nature
humaine* tandis que la doctrine nouvelle a pour base le fait
économique, Plekhanoff conclut radicalement: « Quelle
valeur dès lors peuvent désormais avoir les recherches plus
ou moins laborieuses, plus ou moins ingénieuses sur la

meilleure des organisations sociales possible ? *Aucune, littéralement aucune !* » En effet, le matérialisme logique doit être absolu ; il exclut l'intervention de toute volonté. Sachons gré cependant à Marx, à Engels et à certains de leurs disciples moins rigoureux que Plekhanoff, de ne pas être logiques à ce point ; ils sont illogiques mais plus rapprochés de la vérité scientifique.

IV. — Conclusion sociologique.

Les sciences sociales ne sont ni matérialistes ni idéalistes ; la sociologie qui en est la philosophie générale est positive. Le matérialisme historique, dérivation du matérialisme philosophique, est une conception métaphysique ; le fait historique est un fait sociologique, donc ni matériel ni idéal exclusivement ; tout phénomène social quelqu'élevé qu'il soit, moral, intellectuel, juridique ou politique implique dans son tissu des éléments inorganiques et organiques ; de même les phénomènes économiques que je suis d'accord avec l'école de Marx pour considérer comme phénomènes fondamentaux de la structure et de la vie collectives impliquent des éléments idéologiques. C'est seulement par des procédés logiques, en vue de leur étude analytique et de leur reconstitution synthétique, que, par abstraction, les éléments matériels peuvent être dissociés des éléments idéologiques, mais ni un facteur matériel, ni un facteur idéal, considéré isolément, ne peut à lui seul représenter un phénomène social dans sa réalité ; en fait ils sont toujours confondus ou, pour mieux dire, combinés ; c'est cette combinaison, supérieure à toutes celles que nous rencontrons dans les sciences plus simples, qui donne naissance au phénomène social. L'homme économique, comme l'homme moral, juridique, politique, n'est pas seulement celui que nous montre la physiologie ; c'est un être sensible, intelligent, voulant, dans son activité économique même la plus élémentaire ; ses propriétés psychiques se sont incor-

porées dans la nature inorganique, dans le produit de son
industrie, aussi bien que la nature inorganique imprime
toujours des formes matérielles à ses conceptions les plus
idéales, à ses doctrines ou croyances les plus hautes. L'économique ne peut faire abstraction des hommes et se consacrer à la seule recherche des lois de la richesse, pas plus
que la morale, le droit, la politique ne peuvent faire abstraction des facteurs organiques et inorganiques qui toujours
font partie intégrante de leur contexture. L'idéal lui-même
est toujours en rapport avec l'idée, celle-ci avec le fait.

La philosophie sociale a tour à tour cherché l'interprétation des phénomènes qu'elle a pour fonction de coordonner
dans un système général, soit dans les sciences mathématiques, soit dans l'astronomie, soit dans la mécanique, soit
dans la physique, soit dans la chimie ; au xviiie siècle
elle la demanda surtout à la nature humaine et jusque
dans nos derniers temps elle tenta de déduire la sociologie
de la biologie et finalement de la psychophysiologie,
les dernières sciences constituées. Tous ces points de
vue, successivement adoptés à mesure que les diverses
sciences abstraites se mettaient en possession de leurs domaines et de leurs méthodes, ont certainement contribué
aux progrès de la science sociale ; cependant, ils sont néces-
cessairement incomplets ; tant qu'ils ont été dominants, la
science sociale a été surtout déductive ; il n'a pu être suffisamment tenu compte de ses caractères propres ; ceux-ci ne
peuvent être dégagés que par l'étude approfondie et inductive des sciences sociales particulières en commençant par
les plus simples et les plus générales pour finir par les plus
complexes et les plus spéciales : l'économique, la génétique,
l'esthétique, la psychologie collective, l'éthique, le droit,
la politique. La sociologie a pour objet une généralisation
plus haute des lois particulières de ces sciences et, en outre,
elle ne doit jamais perdre de vue que tous les phénomènes
relatifs aux sciences antécédentes, tant inorganiques qu'or-

ganiques entrent dans la composition des faits sociaux ; ceux-ci sont une combinaison de tous les éléments de la nature.

À un point de vue plus spécial et plus directement en rapport avec notre sujet, c'est aussi seulement par abstraction que nous pouvons étudier l'économique en elle-même ; dans la réalité, il y a non seulement une science, mais un art, une morale, un droit, une politique économiques, en un mot l'économique est nécessairement aussi idéologique autant que matérielle. Cela est vrai même dans les sociétés les plus rudimentaires. Certes, souvent, les formes économiques y sont inconscientes mais relativement pas davantage que dans les sociétés supérieures. Dans ces dernières, la part de l'inconscient est peut-être tout aussi considérable. De part et d'autre le conscient se transforme sans cesse en inconscient et vice versa, sans qu'on puisse déterminer quel est le mode supérieur. Un individu ou une société dont les actes moraux exigent chaque fois l'intervention d'un débat, d'un raisonnement, d'une volonté, d'une exécution conscients sont-ils supérieurs ou non à un individu ou à une société dont la moralité est tellement intégrée dans l'organisme qu'ils font le bien naturellement et sans y songer ?

En résumé, pour être intégrale et positive, l'interprétation de l'histoire doit être sociologique ; le point de vue économique est le plus général, le plus fondamental, il l'est et le restera toujours ; seulement il n'est pas complet par lui-même et, dans tous les cas, le point de vue économique n'est ni plus ni moins idéologique que les autres sauf qu'il est plus en rapport direct avec les faits de la nature inorganique et organique ; mais l'économique est aussi idéologique que matérielle. Ni le passé, ni le présent, ni l'avenir de l'évolution sociale ne peuvent se soustraire à la loi de continuité du développement, dont l'expression est le déterminisme scientifique ; celui-ci exclut aussi bien le règne absolu de la nécessité que celui de la liberté ; l'humanité ne saute pas ainsi d'un inconnu dans un autre ; les lois de sa croissance ne varient pas suivant les périodes historiques ; celles-ci au contraire se déroulent suivant un ordre régulier dont les variations, certes, ne doivent pas être négligées, mais se perdent dans la considération plus haute du mouvement général de l'histoire.

A ce point de vue également, comme nous l'avons dit au début de ce chapitre, le socialisme devenu scientifique et la sociologie devenue émotionnelle et pratique arrivent à se confondre dans un courant unique plus large et plus irrésistible. C'est uniquement cette pensée de conciliation qui nous a déterminé à signaler les défectuosités du matérialisme historique, défectuosités qui ne sont nullement essentielles au socialisme mais empêchent au contraire, dans une certaine mesure, la fusion complète de celui-ci avec la sociologie positive[1].

1. Ouvrages consultés en dehors de ceux indiqués au cours de ce chapitre :

G. Plekhanof, *Beitrage zur Geschichte des Materialismus.* Holbach, Helvetius, Marx. Stuttgart, 1896.

Antonio Labriola, *Essais sur la conception matérialiste de l'histoire.* Paris, 1897.

Flint, *La philosophie de l'histoire*, 2 vol. in-8, trad. franç. (Paris, F. Alcan).

C. de Kelles-Krauz, *Les bases économiques des formes primitives de la famille*, 1900.

G. Sorel, *Les polémiques pour l'interprétation du marxisme* (Bernstein et Kautsky), 1900.

Il faut y ajouter les diverses publications de Mehring, Lafargue, G. Deville, Potocki, etc.

Fr. Engels, *L'origine de la famille, de la propriété privée et de l'État.* Paris, 1893.

K. Marx. *Critique de la Philosophie du Droit de Hegel.*

Ed. Abramowski, *Le Matérialisme historique.* Devenir Social, 1898.

Benedetto Croce, *Matérialisme historique et économie marxiste.* Paris, V. Giard et E. Brière, 1891.

A. S. Faria E. Vasconcellos, *O materialismo historico.* Coimbra, 1900.

Ferraris, *Il materialismo Storico e lo Stato.*

E. R. A. Seligman, *The economic interpretation of history.* New-Yorck, Macmillan Cᵒ, 1903.

A. Asturaro, *Il materialismo storico e la sociologia naturale.* Ricci e Cⁱᵉ, Genova, 1904.

Annales de l'Institut International de Sociologie. Tome VIII, 1902.

CHAPITRE VI

ADOLPHE QUETELET ET LES PRÉCURSEURS DE L'ÉCOLE MATHÉMATICO-PHYSIQUE DANS LA SCIENCE SOCIALE

I. — LES AFFLUENTS DE LA SCIENCE SOCIALE.

La science sociale en voie de formation se rattache à quatre affluents successifs et primitivement distincts dont le cours est destiné à se confondre de plus en plus après s'être accru d'apports en apparence adverses. Ces trois courants sont représentés d'abord par la grande école mathématique, mécanique et physique dont nous nous proposons ici même de rappeler les services et les méthodes trop oubliés et même méconnus dans la phase contemporaine la plus récente de la sociologie, ensuite par l'école biologique et enfin par l'école psychologique, la plus récente de toutes, à raison même de l'évolution naturelle des sciences. Ad. Quetelet (1796-1874) appartient à la première. A. Comte à la suite de Saint-Simon et du Dr Burdin inaugure la deuxième. H. Spencer et spécialement Tarde, Lebon, Sighele, Lazarus, Steinthal, etc., représentent la troisième. Dans la première domine le point de vue statique, dans la deuxième une place au moins égale est accordée à la dynamique, cette dernière l'emporte presque absolument dans la troisième. Il est toutefois à considérer qu'en général les chefs ou initiateurs de ces diverses écoles furent moins unilatéraux que ne furent leurs successeurs. Dans tous les cas, cet ordre d'évolution des doctrines sociales a été un développement

naturel en correspondance avec l'ordre même de constitution des sciences antécédentes à la sociologie et les apports
positifs de chacune des écoles doivent être reconnus et utilisés
dans la synthèse sociologique où ces apports sont destinés à
se fondre en abandonnant leur exclusivisme particulariste.

Enfin, un quatrième courant, peut-être même plus important que les précédents au moins en ce sens qu'il a sa
source dans les couches les plus profondes de la vie sociale dont il exprime les besoins et les aspirations les plus
constants d'égalité, de justice et de bonheur, est le socialisme qui d'abord s'affirme aussi d'une façon aussi absolue
que les autres écoles et surtout antithétiquement à la société
actuelle, mais qui avec Proudhon et K. Marx ainsi qu'avec
leurs continuateurs dans tous les pays finit par prendre
contact avec la sociologie proprement dite et à former avec
celle-ci le fleuve immense et irrésistible dont les alluvions
forment insensiblement les terrains supérieurs de l'humanité nouvelle. Ces divers courants d'abord différenciés et
qui tendent à se confondre proviennent eux-mêmes en réalité d'une région originaire homogène et unique représentée
primitivement par les grandes synthèses religieuses et métaphysiques, telles que la Bible, le code de Manou, la répu-
blique de Platon, véritables synthèses sociales et momen-
tanées qui ne pouvaient devenir positives qu'après la
différenciation et la constitution consécutives des sciences
particulières et en dernier lieu des sciences sociales également d'abord non encore différenciées. Cette évolution
générale, si grandiose dans son mouvement régulier est
elle-même un exemple remarquable de cette loi de *retour
apparent aux formes primitives* déja fréquemment signalée
par nous dans les divers ordres de l'activité sociale.

II. — LES PRÉCURSEURS DE A. QUETELET.

Les précurseurs directs de A. Quetelet et de l'école

mathématico-mécanique actuelle, spécialement en économie sociale, appartiennent surtout au xvii° et au xviii° siècles. Ce sont en général des mathématiciens, des physiciens, à la fois souvent aussi astronomes et géographes. Ils tentent naturellement d'appliquer les méthodes et les lois des sciences les premières constituées aux phénomènes plus complexes et non encore élucidés, si ce n'est superficiellement, de la vie sociale. Cette évolution scientifique se manifeste dans les trois pays qui, au xvii° siècle, sont à la tête de la civilisation : la France, la Hollande et l'Angleterre suivies elles-mêmes au xviii° siècle par l'Allemagne. Nous sommes donc en présence non pas d'un phénomène accidentel mais d'un développement régulier, déterminé par toutes les conditions ambiantes aussi bien antérieures que concomitantes de l'époque.

La science sociale contemporaine s'est montrée ingrate envers l'école dont nous allons essayer d'exposer les conceptions sociales surtout statiques dans les œuvres du Belge éminent où se montrent le mieux en germe ces tendances au syncrétisme des diverses doctrines et méthodes dont nous venons de parler, syncrétisme bien apparent déjà chez lui bien que dominé par sa conception mathématico-physique des sciences. Ce syncrétisme, résultat général du concours inévitable de toutes les conceptions sociologiques particulières, sera sans doute la grande œuvre du xx° siècle.

En France, ce sont Pascal (1623-1662) et, à peu près en même temps, Fermat (1601-1665), puis en Suisse, Jacques Bernouilli (1654-1705) qui jettent les bases de la science nouvelle ou statistique laquelle non contente de noter et de dénombrer les faits sociaux s'efforce en les classant et en les soumettant au calcul des probabilités, d'y introduire un certain ordre et par là la possibilité d'en prévoir l'apparition et le retour réguliers.

Pascal tenta même d'étendre le calcul des probabilités

aux problèmes philosophiques ou plutôt métaphysiques de son temps ; il essaya d'en tirer argument en faveur de la croyance en Dieu. Fallait-il *parier* pour ou contre Dieu ? Pascal concluait en faveur de l'affirmative, sans cependant parvenir à apaiser les troubles douloureux de sa conscience. Plus tard l'illustre Laplace réfuta ses calculs par d'autres calculs. M. Lachelier dans une étude intéressante publiée dans la *Revue philosophique*, en juin 1901, sous le titre de *Notes sur le pari de Pascal*, a au contraire essayé d'interpréter d'une façon favorable le raisonnement mathématique de l'auteur des *Pensées*[1]. Dans un article de la même revue, de septembre 1901, MM. Dugas et Ch. Riquier ont de leur côté réfuté M. Lachelier ; en outre, M. Riquier, se plaçant au point de vue purement mathématique a démontré, à mon avis, que si Pascal a réellement voulu instituer un raisonnement technique fondé sur le calcul des probabilités, ce raisonnement constitue « la plus pitoyable des argumentations[2] ».

En Angleterre, W. Petty (1623-1687) dans son *Arithmétique politique* publiée seulement en 1691, après sa mort, se sert des procédés mathématiques dans l'interprétation des faits sociaux ; John Graunt, vers 1661 ou 1662, dresse une des premières tables de mortalité. Le même mouvement scientifique se produit en Hollande avec C. Huygens (1629-1695), J. de Wit (1625-1672) et Jean Hudde (1628-1704).

Tous, ou presque tous avaient subi la puissante influence de l'illustre Leibniz (1649-1716), le philosophe à la science encyclopédique qui d'un côté inventa le calcul différentiel et de l'autre proclama, sinon le premier, dans tous les cas avec le plus de force et de précision, la grande loi de continuité historique, mettant ainsi l'ineffaçable empreinte de son génie, aux deux pôles de la science humaine.

1. B. Pascal, *Pensées*, art. X, 1, édit. Havet.
2. *Revue Occidentale philosophique*, septembre 1901, p. 226-237.

Avec Pascal et Fermat, la théorie et le calcul des probabilités s'appliquaient encore presque exclusivement au jeu, au pari, mais déjà, avec Bernouilli, ils s'étendent dans leur application aux questions morales et sociales. Chez Pascal l'application du calcul des probabilités à l'existence de Dieu, était lui-même un jeu d'esprit reflétant les profondes angoisses de son âme. Avec Huygens, De Witt et Hudde, la théorie et le calcul des probabilités s'attachent aux questions morales et sociales par l'intermédiaire des questions financières et des tables de mortalité. Chez Jacques Bernouilli surtout, l'effort de rendre positives les études sociales en les rattachant à une théorie mathématique des chances est bien plus manifeste que chez ses contemporains de la même école. Ces derniers poursuivaient des buts plus spéciaux et plus pratiques en rapport avec les besoins de l'État. Ce sont des phénomènes moraux et politiques qui préoccupent surtout Bernouilli ; ce sont eux qu'il prétend soumettre au calcul et à la prévision. Ses travaux sur la théorie des probabilités furent publiés après sa mort sous le titre de : *Jacobi Bernouilli ars conjectandi, opus posthumum ; accedit tractatus de seriebus infinitis*, Bâle, 1713. Comme il le dit lui-même, il applique le calcul des probabilités aux *res civiles, morales et œconomicas*.

Au xviiie siècle, nous voyons Buffon utiliser les tables de mortalité de Du Pré de Saint-Maur dans son *Histoire naturelle de l'homme*. Les travaux de De Moivre (1726) et ceux de Deparcieux (1703-1768) eurent aussi pour objet les tables de mortalité ; la table contenue dans l'*Essai sur les probabilités de la vie humaine*, Paris, 1746, de ce dernier auteur eut pendant très longtemps une autorité quasi-officielle. D'Alembert (1717-1783), Condorcet et Lavoisier (1743-1794) étendirent de plus en plus la même conception et la même méthode à la généralité des phénomènes sociaux. De même J.-L. Lagrange (1736-1813) ; celui-ci composa son Essai d'arithmétique politique sur les données fournies par Lavoisier[1]. Ainsi le vrai fondateur de la chimie au xviii° siècle venait se joindre aux mathématiciens, mécaniciens, astronomes et physiciens de la même époque et du siècle antérieur pour soumettre les faits sociaux aux calculs mathématiques. N'était-ce pas en vérité la marche naturelle à suivre pour enlever à ces phénomènes leur caractère absolu et pour en faire saisir les actions et réactions réciproques si évidentes dans les sciences physiques et spécialement dans la chimie qui venait de se constituer.

Avec ces illustres savants encyclopédistes, la statistique utilisa également, par cela même, la méthode de comparaison et en même temps en France se développa la *théorie des moyennes* qui devait s'étendre et se perfectionner dans la suite.

Ce mouvement se dessine de mieux en mieux avec La Place et Joseph Fourier. Avec le premier, la statistique revêt le caractère d'une science sociale dont la prétention est à l'intégralité au moins en espérance. L'expérience pouvait seule démontrer qu'elle n'était en réalité non pas même une science particulière, mais un simple procédé de dénombrement, de classification et de recherche applicable à l'aspect quantitatif des faits sociaux pour autant que ceux-ci sont susceptibles d'être comptés et mesurés. Avec La Place et Fourier, les traits principaux de la théorie de Quetelet s'affirment. D'abord le déterminisme scientifique en général et la continuité des faits sociaux sont proclamés à l'exclusion du libre arbitre absolu : « Les événements actuels, dit La Place, ont avec les précédents une liaison fondée sur le principe évident qu'une chose ne peut pas commencer d'être sans une cause qui la produise. » Cet axiome, connu sous le nom de principe de la raison suffisante, s'étend *aux actions* mêmes que l'on juge indifférentes. La volonté la plus libre ne peut, sans *motif déter-*

1. Voir le tome XIV de la *Collection des principaux économistes*. Paris, Guillaumin et Cie.

minant, leur donner naissance ; car si toutes les circonstances de deux positions étant exactement semblables, elle agissait dans l'une et s'abstenait d'agir dans l'autre, son choix serait en effet sans cause ; elle serait alors, comme dit Leibniz, « le hasard aveugle des Épicuriens ».

Ce principe, La Place le considère comme vrai même pour les actions dites indifférentes. Tout donc est causé ou conditionné, tout est continu. En outre, « dans une série d'événements indéfiniment prolongés, l'action des causes régulières et constantes doit l'emporter, à la longue, sur celles des causes irrégulières ».

De cette conception déterministe universelle on devait arriver naturellement à conclure à l'existence d'un type moyen de l'homme et même à celle d'un type social constant. Ce type moyen représenta dès lors l'aspect statique des sociétés et de l'humanité. Il est cependant à remarquer que les théoriciens de la loi des grands nombres n'étendirent ou plutôt ne furent pas à même d'étendre suffisamment leurs observations dans le temps ni même dans l'espace ; de l'étroitesse du champ de leurs observations il résulta qu'ils ne furent pas à même d'observer que leurs prétendus états moyens ou normaux ne correspondaient le plus souvent qu'à certaines périodes historiques[1].

Joseph Fourier (1768-1830), avec une moindre tendance à la généralisation philosophique, développa les mêmes idées et les mêmes méthodes. Placé à la tête du Bureau de statistique à la préfecture de la Seine, il publia en 1821 ses *Recherches statistiques sur la ville de Paris et le département de la Seine*. L'ouvrage était précédé de notions générales sur la population ; Fourier y exposait les règles qui doivent présider à ce genre de recherches, ainsi

---

1. La Place, *Théorie analytique des probabilités*, 1812. Id., *Essai philosophique sur les probabilités*, 1814. — Id. *Recherches sur les probabilités des jugements en matière criminelle et en matière civile précédées des règles générales du calcul des probabilités*. Paris, 1837.

que les causes qui agissent sur la population soit en la diminuant soit en l'augmentant. En 1823, sous le même titre que l'ouvrage précédent, parut un nouveau volume consacré aux années écoulées depuis les statistiques contenues dans la publication antérieure. Il y était joint, à titre d'introduction, un mémoire important sur la population de Paris depuis la fin du xviie siècle jusqu'en 1821. Ainsi, au moins en ce qui concerne ce problème, les données se précisaient et s'élargissaient. Deux autres volumes complémentaires parurent successivement en 1826 et en 1829 ; ils renfermaient deux mémoires de Fourier, l'un sur les *Résultats moyens déduits d'un grand nombre d'observations*, l'autre sur les *Résultats moyens et sur les erreurs de mesure*. Il y appliquait systématiquement le calcul des probabilités aux données de la statistique.

Déjà antérieurement, dans son *Rapport sur les tontines et les caisses d'assurances* (Paris, 1821, in-4), il avait fixé les règles à suivre par les Compagnies qui se livraient à ce genre d'opérations et qui représentaient alors les formes capitalistes privées de ces institutions destinées dans l'avenir, en se socialisant de plus en plus, à garantir la vie de l'ouvrier et de sa famille particulièrement sous le régime du salariat. Le développement qui s'accentue actuellement en ce sens n'était réalisable que par le perfectionnement de la statistique et de la technique des assurances par la théorie des moyennes et par celle des probabilités. C'est donc avec raison, ne fût-ce qu'à ce point de vue, qu'il convenait de rappeler les titres de la grande école mathématique, dont nous nous occupons ici, au souvenir reconnaissant des penseurs et des travailleurs de notre époque qui semblent les avoir relégués dans une injuste obscurité. Cette école aussi savante que modeste n'a du reste pas dit son dernier mot ; elle aussi a évolué et continue à évoluer[1]. A ces

1. Lire l'éloge de J. Fourier, par V. Cousin, discours de réception à l'Académie française, le 5 mai 1831.

illustres penseurs du xvɪɪɪᵉ siècle, se rattachent, en France:
Chaptal (1756-1832), Poisson qui, dans un excellent
mémoire publié en 1837 appliquait les mêmes méthodes
que La Place aux probabilités des jugements en matière criminelle et civile et plus tard Cournot (1801-1877)[1] ainsi
que toute l'école mathématique contemporaine représentée
par Stanley Jevons en Angleterre (1835-1882) et par Léon
Walras en Suisse et en France. Celui-ci notamment se
rattache en beaucoup de points, notamment en ce qui
concerne la théorie de la rente du sol, au socialisme scientifique.

III. — LA CRITIQUE DE A. COMTE.

A. Comte, mathématicien lui-même, était au contraire
pénétré de l'idée que les phénomènes sociaux ne sont guère
susceptibles d'appréciation quantitative, il pensait qu'en
sociologie de même qu'en biologie, il était inutile de pousser l'analyse des phénomènes qui s'y rapportent, jusqu'aux
éléments primordiaux de la vie animale et sociale. A. Comte
renonçant en réalité aux méthodes positives là même où à
raison de la complexité, de l'étendue et de la variabilité des
phénomènes elles sont les plus nécessaires bien que les plus
difficiles à appliquer, a condamné d'une façon rigoureuse
et absolue cette savante et laborieuse lignée d'économistes
et de sociologistes mathématiciens, sans se douter que leur
œuvre et les travaux de ce genre étaient la base même de
la sociologie, base sans l'appui et la consolidation de laquelle toutes les généralisations ne peuvent être que des
hypothèses. De toutes les différenciations sociales qui se
manifestent au cours de l'évolution de la structure et de la
vie collectives, les plus simples et les plus générales sont

1. Cournot, *Exposition de la théorie des chances et des probabilités*. Paris, Hachette, 1843. Id. *Recherches sur les principes
mathématiques de la théorie de la richesse*, 1838.

peut-être les différenciations quantitatives ; ce sont très probablement celles-ci qui, en permettant de nouvelles combinaisons des matériaux sociaux existants et accrus, donnent naissance à des différenciations qualitatives.

Il y a cependant dans la condamnation prononcée par Comte une part de vérité, de même qu'il y en avait une, plus considérable peut-être, chez ses adversaires. Comte réagissait avec raison contre la tendance qui consiste à vouloir faire de la science sociale une science purement et exclusivement mathématique et statistique. De même il réagissait contre l'école qui tendait à la réduire à être seulement un embranchement de la biologie et à en faire une science purement déductive. Ce dernier écueil, lui-même n'est du reste point parvenu à l'éviter entièrement.

Il n'est pas inutile ici de rappeler ce que Comte a écrit à ce sujet dans deux passages différents de son cours de philosophie positive, d'autant plus que dans l'un d'eux il a spécialement en vue la *physique sociale* de Quetelet dont nous nous occuperons un peu plus loin. Les questions de méthode seront du reste encore pendant longtemps peut-être les questions les plus urgentes de la sociologie ; c'est sur leur terrain que la coopération scientifique doit avant tout se constituer.

Le premier passage se rencontre dans une note de la XXVIIe leçon, tome II du cours de philosophie positive. Comte y apprécie comme suit les tentatives d'application de la théorie des probabilités aux phénomènes sociaux : « Le calcul des probabilités ne me semble avoir été réellement pour ses illustres inventeurs, qu'un texte commode à d'ingénieux et difficiles problèmes numériques, qui n'en conservent pas moins toute leur valeur abstraite, comme les théories analytiques dont il a été ensuite l'occasion, ou, si l'on veut, l'origine. Quant à la conception philosophique sur laquelle repose une telle doctrine, je la crois radicalement fausse et susceptible de conduire aux plus absurdes conséquences. Je ne parle pas seulement de l'application évidemment illusoire qu'on a souvent tenté d'en faire au prétendu perfectionnement des sciences sociales... C'est la notion fondamentale de la probabilité évaluée qui me semble directement irrationnelle et sophistique : je la regarde comme essentiellement impropre à régler notre conduite *en aucun cas, si ce n'est tout au plus dans les jeux de hasard.* Elle nous amènerait habituellement, dans la pratique, à rejeter, comme numériquement invraisemblables, des événements qui vont pourtant s'accomplir. On s'y propose le problème insoluble de suppléer à la suspension de jugement, si nécessaire en tant d'occasions. Les applications utiles qui semblent lui être dues, le simple bon sens, dont cette doctrine a souvent faussé les aperçus, les avait toujours clairement indiquées d'avance. »

Cette note, si tranchante et même dédaigneuse, doit être mise en rapport avec un passage du texte où Comte dit : « Je ne puis m'empêcher de témoigner ici combien tous les bons esprits étrangers aux préjugés mathématiques, ont dû trouver puérile et déplacée la singulière application du calcul des chances, indiquée d'abord par Daniel Bernouilli, et péniblement complétée ensuite par La Place lui-même, pour évaluer la probabilité que ces phénomènes ont réellement une cause, comme si notre intelligence avait besoin d'attendre une telle autorisation, avant d'entreprendre légitimement d'expliquer un phénomène quelconque bien constaté, lorsqu'elle en aperçoit la possibilité. »

Ceci était écrit au commencement de 1835, l'année même de la publication de l'ouvrage de Quetelet : *Sur l'homme et le développement de ses facultés ou essai de physique sociale.* La publication de ce livre est une date mémorable dans l'histoire de la sociologie. Comte n'en comprit aucunement l'importance.

Dans sa XLIX° leçon du *Cours de philosophie positive,* Comte qui avait eu connaissance de l'ouvrage du savant belge, crut devoir développer et préciser son appréciation sommaire et générale ci-dessus. Après avoir montré les rapports nécessaires de la philosophie mathématique et astronomique avec la sociologie, ce qui aurait dû l'amener à comprendre tout au moins que la tendance à interpréter et à traiter tout d'abord mathématiquement et mécaniquement les phénomènes sociaux était un processus préliminaire naturel et dès lors non absolument faux, il ajoute : « du reste toute idée de nombre effectif de la loi mathématique étant déjà directement interdite en biologie, elle doit être, à plus forte raison, radicalement exclue des spéculations encore plus compliquées de la sociologie. » Le développement scientifique consécutif a donné à cet égard comme à plusieurs autres le démenti le plus catégorique à l'exclusivisme absolu de Comte. Nous avons vu, en effet, depuis un demi-siècle le *nombre* et la *mesure* s'introduire en biologie et en psychologie et étendre leurs applications aux sciences de la vie parallèlement au progrès régulier qui tendent à les transformer en sciences expérimentales. Comte qui avait si bien reconnu les diverses méthodes appropriées à chacune des sciences abstraites et qui avait également reconnu l'interdépendance de toutes les sciences avait perdu de vue que cette même interdépendance s'applique non seulement aux sciences mêmes mais également à leurs méthodes, de telle sorte par exemple que la méthode historique arrive à s'appliquer rétroactivement aux sciences physiques de même que la méthode expérimentale, propre à ces dernières, finit par se prolonger dans le domaine de la sociologie.

C'est cette erreur dans l'application de sa propre théorie de l'interdépendance scientifique qui conduisit Comte en parlant alors de « la vaine prétention d'un grand nombre de géomètres à rendre positives les études sociales d'après une subordination chimérique à l'illusoire théorie mathématique des chances » à ajouter formellement : « c'est là l'illusion propre des géomètres en philosophie politique, comme celle des biologistes y consiste surtout à vouloir ériger la sociologie en simple corollaire ou appendice de la biologie, en y supprimant, dans l'un et l'autre cas, l'indispensable prépondérance de l'analyse historique ». Limitée à ces termes la critique eût été fondée, mais Comte concluait au delà, il excluait en réalité absolument la méthode mathématique et la méthode expérimentale ; son argumentation n'était donc pas valable vis-à-vis de ceux qui tout en se réservant l'usage de ces méthodes propres aux sciences antécédentes reconnaissaient que l'analyse historique était la méthode originale de la sociologie mais n'excluait pas le concours des méthodes précédentes *dans la limite où les phénomènes sociaux peuvent être comptés, mesurés et expérimentés*. Ce ne sont pas seulement les sciences, répétons-le, mais aussi les méthodes qui sont interdépendantes et cela se conçoit d'autant plus facilement qu'en réalité la méthode est une ; seuls les procédés d'observation sont différents.

Comte entrevoyait cependant que l'application des méthodes mathématico-mécaniques était naturelle, mais ce n'était qu'à l'origine, à son point de départ ; cet aveu est important car si l'origine est naturelle, l'évolution de l'école mathématique dans la suite le sera également, et dès lors nous serons amenés à juger que cette école contient une part de vérité moins large, si l'on veut, mais aussi réelle, que celle impliquée dans le comtisme. Voici, en effet, l'appréciation définitive formulée par Comte : « Quelque grossière que soit évidemment une telle illusion, *elle était néanmoins essentiellement excusable*, quand l'esprit éminemment philosophique de l'illustre Jacques Bernouilli conçut, le premier, cette pensée générale, dont la production, à une telle époque, constituait réellement le précieux et irrécusable symptôme du besoin déjà pressenti de rendre par là positives, à défaut d'une meilleure voie alors impossible à soupçonner, les principales théories sociales... L'erreur était beaucoup moins excusable, lorsque Condorcet reproduisit ultérieurement, sous une forme plus directe et plus systématique, le même espoir chimérique... Mais il est vraiment impossible d'excuser chez La Place la stérile reproduction d'une telle aberration philosophique, alors que l'état général de la raison humaine commençait déjà à permettre d'entrevoir le véritable esprit fondamental à la saine philosophie politique, si bien préparé par les travaux de Montesquieu et de Condorcet lui-même, et d'ailleurs puissamment stimulé par l'ébranlement radical de la société... Serait-il possible d'imaginer une conception plus radicalement irraisonnable que celle qui consiste à donner pour base philosophique, ou pour principal moyen d'élaboration finale, à l'ensemble de la science sociale, une prétendue théorie mathématique, où prenant habituellement des signes pour des idées, suivant le caractère des spéculations purement métaphysiques, on s'efforce d'assujettir au calcul la notion nécessairement sophistique de la probabilité numérique, qui conduit directement à donner notre propre ignorance réelle pour la mesure naturelle du degré de vraisemblance de nos diverses opinions ? » Comte signale à l'appui de cette sévère appréciation dénuée cependant de tout essai de démonstration et procédant uniquement par affirmations et interrogations, c'est-à-dire par des appels à la *raison pure et universelle*, que cette doctrine depuis Bernouilli, malgré les progrès des sciences mathématiques et de nombreux et importants travaux, n'a subi aucune amélioration essentielle, or « la fécondité des conceptions constitue certainement, à l'égard d'une science quelconque, le symptôme le moins équivoque de la réalité des spéculations. »

Rien de plus juste que cette dernière observation qui indique si bien le véritable diagnostic de la viabilité d'une science, mais notre exposé prouvera précisément par l'apparition et le développement de la doctrine mathématique dans tous les pays où le progrès scientifique est le plus intense que cette doctrine correspond à une part de vérité, que sa source de même que son évolution sont naturelles mais que comme les autres affluents de la sociologie elle tend à se fondre dans un cours unique où tous ces affluents d'abord absolus et indépendants finissent par être absorbés. L'école mathématique et l'école statistique, en général, expriment en réalité la nécessité de compléter les appréciations purement qualitatives des sciences sociales par des analyses, des descriptions et des évaluations quantitatives représentées toutes les fois qu'il est possible par des formules algébriques ou des figures géométriques. Ces formules et ces figures ne sont évidemment pas à elles seules des idées mais une façon plus rigoureuse et plus nette de les exprimer ; elles ne dispensent pas de l'observation et de l'expérience qui doivent les précéder naturellement et même quand elles procèdent directement c'est toujours sous réserve du contrôle par les méthodes inductives ; celles-ci sont les seules probantes en dernier ressort.

En note du texte de la condamnation prononcée par Comte de l'école mathématique il rappelle sa première appréciation succincte et conforme de 1835 et il ajoute : « depuis cette époque, M. Poinsot, avec cette lucide sagacité philosophique qui le caractérise habituellement, a, sous ce rapport, utilement entrepris, dans une mémorable discussion académique, de prévenir le vulgaire mathématique contre une nouvelle invasion *momentanée* de cette aberration *surannée* alors identiquement *reproduite avec une sorte de fracas scientifique, par un analyste beaucoup moins rationnel.* »

Comte a ici précisément en vue Ad. Quetelet et sa *Physique sociale*. Retenons du passage ci-dessus que Comte considère la théorie mathématique comme vieille ; il avait déjà reconnu qu'elle était explicable à l'origine ; il la considère cependant dans sa nouvelle *invasion* dirigée par Quetelet comme *momentanée*. Or la persistance de la doctrine dans le passé prouve sa vitalité ; il semble dès lors hasardeux de supposer que la forme plus ou moins nouvelle sous laquelle elle réapparaît soit momentanée c'est-à-dire accidentelle, d'autant plus qu'il nous est permis de suspecter la lucidité de Comte à cet égard puisqu'il a considéré tout le xviiie et la première moitié du xixe siècle comme une *perturbation* du développement social. Nous aurons à examiner du reste les critiques de Comte avec quelques autres ; nous ne pouvons cependant y procéder utilement qu'après avoir exposé la méthode et les conceptions de celui que nous considérons, au même titre que A. Comte, comme un des fondateurs de la sociologie.

IV. — L'ÉCOLE HOLLANDAISE.

Un mouvement scientifique, du moment qu'il apparaît simultanément dans diverses sociétés et que non seulement il y persiste mais se développe et se transforme, doit être considéré non comme une perturbation momentanée, mais comme un événement normal de la vie de ces sociétés. Comte semble ignorer qu'en dehors des pays latins, un mouvement sociologique analogue s'affirma en Hollande, en Angleterre et en Allemagne et y suscita des travaux de la plus haute importance dans la même direction. Ce parallélisme, en partie spontané, en ce sens qu'il se fut sans doute produit isolément dans chacun de ces pays même en dehors de l'influence des autres, est essentiellement de nature à nous prévenir que nous ne sommes pas en présence d'une aberration accidentelle, d'un cas pathologique de la mentalité scientifique, d'une élaboration purement artificielle mais d'un processus naturel et normal de la méthode et de la constitution de la science sociale.

En Hollande, au xviie siècle, la même poussée s'était produite qu'en France. Christian Huygens (1629-1695) publie en 1656 son ouvrage : *Van Rekeningin spelen van geluk (des calculs et des probabilités dans les jeux de hasard)*. L'objet de la théorie des probabilités est, dit-il, de « trouver par le raisonnement ce qui est incertain et sujet au hasard. » Il y donne la solution de quatorze problèmes et y expose les formules fondamentales d'où se développèrent dans la suite les principes des assurances sur la vie. Il propose encore, comme conclusion, cinq problèmes sans leur donner de solution. Pascal et Fermat sont, comme ils le reconnaît, les inventeurs de la théorie mais « ils avaient si bien caché leur manière de calculer, qu'il doit lui-même recommencer de plus belle leurs recherches et leurs études ». On sait que Pascal et Fermat se proposaient la solution du problème suivant qui avait été soumis au premier par de Méré en 1654 : « Deux joueurs ont gagné chacun un certain nombre de parties, ils interrompent le jeu sans le finir. De quelle façon faut-il partager la mise? »

En Hollande un progrès se réalise. Ni Pascal, ni Fermat n'avaient appliqué les lois découvertes par eux au calcul des chances de la vie humaine. Huygens étendit au contraire également ses recherches dans cette direction ; comme on le voit dans sa correspondance avec son frère, il essaya de fixer la durée moyenne et la durée probable de la vie humaine (voir les lettres à son frère de 1669). Et le 28 novembre de cette même année, Christian écrivant de Paris à son frère, lui envoie un diagramme, soit une ligne courbe relative aux chances de vie à divers âges. C'est, je pense, le premier diagramme en matière de statistique et d'économie sociale.

.Contrairement à ce qu'affirmait Comte, nous sommes donc en présence d'une science et d'une méthode qui évoluent, se développent et même se perfectionnent ; du calcul des probabilités en matière de jeu, la nouvelle théorie s'étend aux phénomènes vitaux si étroitement unis, spécialement en ce qui concerne leur durée et leur intensité, aux conditions sociales. C'est tout au moins la confirmation de ce que Comte a si bien exposé et démontré lui-même : les relations de la science sociale avec toutes les sciences antécédentes y compris les mathématiques. C'est également un effort victorieux pour ramener à des lois non pas absolues, il est vrai, mais relatives, ces multiples faits de la nature, que nous appelons improprement accidentels et que nous abandonnons au gouvernement de la divinité mystérieuse qui s'appelle le hasard, à raison uniquement de la trop grande faiblesse de notre intelligence pour les saisir dans leurs relations profondes de causes à effets.

Avec l'illustre Jean de Witt (1625-1672) qui connut et utilisa certainement les travaux de Huygens, la science nouvelle fit un pas de plus, elle s'étendit aux faits sociaux eux-mêmes, ou du moins à certains d'entre eux en tant que naturellement en rapport avec le problème de la longévité humaine. Son mémoire intitulé *Waardije van Lijrenten naar proportie van Losrenten (valeur des rentes viagères par rapport aux rentes amortissables)* est de 1671. Il fut présenté par lui aux États-Généraux le 25 avril. Cette remarquable étude financière contenait une table de mortalité destinée à servir de base à un emprunt d'État sous forme d'annuités viagères. Comme toujours et comme dans tous les pays, la science sociale fut tout d'abord, spécialement en matière économique, une science de gouvernement ou d'État.

Jean Hudde (1628-1704) l'ami et l'émule du célèbre républicain Hollandais appliqua de même la théorie des probabilités au calcul des rentes viagères. Le mémoire de de Witt contient une consultation de Hudde sur l'exactitude de la méthode dont s'était servi le grand homme d'État.

Rappelons que tous étaient doués à des degrés divers d'une philosophie générale. Huygens, De Witt, Hudde étaient en correspondance suivie avec Leibniz, Descartes, Newton, L'Hôpital, etc., c'est-à-dire avec les représentants les plus nobles de l'humanité à cette époque. C'étaient tous des esprits à la fois puissamment généralisateurs en même temps que très positifs et très pratiques.

Hudde avait établi un *Tableau de mortalité* tiré des registres publics contenant l'état civil des personnes sur la tête desquelles des contrats de rentes viagères avaient été souscrits par le gouvernement des Pays-Bas de 1586 à 1590 ; au point de vue de la sûreté des résultats de cette méthode du reste excellente, le champ d'observation était certes insuffisamment étendu en tant que restreint à cinq années. Hudde toutefois n'en peut être rendu responsable, il faut en accuser uniquement la défectuosité de l'outillage statistique encore si imparfait à cette époque. Le grand service rendu par ces précurseurs fut précisément de montrer que l'économie sociale devait être basée tout d'abord sur la statistique. Leur continuateur Quetelet aura de son côté la gloire d'en avoir assuré et consolidé les fondements même internationaux. Le procédé utilisé par Hudde, malgré son incontestable imperfection était déjà lui-même une amélioration considérable. En effet, chose presque incroyable, primitivement les États et les Communes constituaient des rentes viagères sans tenir compte ni de l'âge, ni du sexe des bénéficiaires, d'où non seulement des risques mais des fraudes préjudiciables à l'intérêt public.

La pratique avait du reste depuis longtemps, comme toujours, devancé la théorie. La création de rentes viagères est établie par des documents qui en reportent l'origine au moins au commencement du xııı[e] siècle : sept lettres de rentes viagères ont été trouvées aux Archives communales de Tournai, elles remontent à 1228 et 1229 ; à Gand on cite deux polices de rentes viagères de 1273 et 1288 constituées moyennant la cession d'une ferme à l'hôpital Saint-Jean, au taux de plus de 14 pour 100 et une troisième de 1278. De même, à Florence, en 1288. A Bruges un livre de comptes de 1281 contient une liste des rentiers de la ville, une liste du même genre figure dans une Charte de 1265.

Il en était sans doute ainsi dans la plupart des grandes cités du moyen âge, là où la vie économique et les besoins financiers étaient les plus développés. On ne se trouvait pas cependant encore en présence d'une institution financière permanente et régulière, comme ce fut le cas pour les États du xviie siècle tels que la France et les Pays-Bas. Toutes ces pratiques furent donc d'abord simplement empiriques ; elles ne se transformèrent en institutions que parallèlement avec les progrès de la théorie des probabilités. Il en fut ainsi non seulement pour les emprunts publics mais pour les assurances en général. Sans remonter à l'antiquité, on peut signaler que déjà vers 1300 il existait certainement une société d'assurances maritimes à Londres qui était loin d'avoir à ce moment, l'importance des cités italiennes et flamandes.

Isaac De Graaf (1683-?) perfectionna les travaux de ses prédécesseurs. Il étudia spécialement les amortissements par voie de progression. En 1729, ces recherches le conduisirent à une conception en partie nouvelle qu'il développa dans son *Traité des rentes viagères dans leur rapport avec les rentes remboursables*. Il y énonçait les principes suivants qui formulent de véritables lois relatives à la vie humaine, lois dérivées, d'après lui, du calcul des probabilités.

I. La puissance de vitalité humaine est la plus grande au moment de la naissance.

II. Cette puissance va toujours en diminuant avec le temps et de six mois en six mois sans arrêt ni regain de vitalité ; après un certain nombre d'années avec une légère vitesse ; plus tard avec une vitesse croissante ; dans les dernières années, avec une vitesse plus accélérée encore, en un mot la diminution a lieu de façon que, tous les six mois, quelque minime qu'elle soit, elle dépasse celle de la période précédente, jusqu'au moment où la force vitale est épuisée.

De Graaf représenta cette progression par des lignes et

établit ainsi, postérieurement à Huygens, un nouveau diagramme de la vitalité. Malheureusement son premier principe a été reconnu comme absolument faux et le second est très imparfait.

Nicolas Struyck (1687-1769) représenta un nouveau développement de la théorie. L'ensemble même de son œuvre présente pour ainsi dire en raccourci l'évolution accomplie jusqu'à lui avec en plus un caractère original. En 1716, il avait publié son *Uytreckening der kanssen in het speelen, door de Arithmética en Algebra, beneevens eene Verhandeling van Looterijen en interest*. C'était le point de départ commun à toute l'école : le calcul des probabilités appliqué d'abord aux jeux dits de hasard, puis aux loteries. En 1733, paraissait de lui un *Traité sur la véritable méthode pour trouver le pair dans le change par la valeur intrinsèque des espèces d'or et d'argent*. Ce traité était suivi d'autres ouvrages de comptabilité. Enfin, dans son *Introduction à la géographie générale*, qui parut en 1740, nous voyons l'arithmétique politique s'étendre à l'ensemble de la science sociale. Les trois derniers chapitres de cet ouvrage, intitulés *Hypothèses sur l'état de l'espèce humaine*, traitent spécialement de la statistique de la population, de la mortalité, de la natalité et de leurs rapports ; l'auteur signale la pénurie des renseignements existants et à la fin du volume il conseille d'instituer des registres de l'état civil. Un appendice est encore consacré au calcul des rentes viagères.

La statistique est conçue par Struyck comme une science fondamentale ; l'ensemble des lois que cette science a pour objet de rechercher, il l'appelle l'*Ordre universel*, expression certainement plus convenable que celle de Süszmilch. Struyck a une conception générale et positive de la statique sociale sans éprouver la nécessité de recourir à une hypothèse extérieure et antérieure à l'univers même. Il est remarquable au surplus que le célèbre ouvrage de Süszmilch, n'est postérieur à celui du savant Hollandais que d'un an environ, mais chez le statisticien allemand l'ordre universel est un ordre divin, *Goettliche Ordnung*.

En 1750, Struyck publie encore des *Découvertes plus détaillées concernant l'état du genre humain, basées sur des expériences* et, en 1753, une *Suite de la description des comètes et nouvelles découvertes concernant l'état du genre humain.* Dans la quatrième partie de ce dernier ouvrage, il faisait un examen critique des travaux de Maitland, Süszmilch, Halley et Graunt.

La science statistique et économique, telle qu'elle nous apparaît dans les fondateurs de l'école mathématique, n'est donc pas une science immobile ni conçue arbitrairement et artificiellement dans un seul pays et à un moment donné par l'effort d'un penseur solitaire et plus ou moins aberrant; elle vit et se développe et elle a le caractère d'une production cosmopolite, très touffue et très naturelle.

Après Struyck, la Hollande perd en partie son importance scientifique spécialement en ce qui concerne la statistique et l'économie mathématique. Ce déclin est parallèle à celui de sa primauté commerciale et politique. Willem Kersseboom (1691-1771) mérite cependant encore d'être cité pour un opuscule publié en 1738 sous le titre de: *Courte preuve qu'on ne saurait déduire une règle générale de vie, de la mortalité parmi un petit nombre de personnes d'un certain âge*; on y constate le passage de la théorie des probabilités aux questions sociales; on y trouve, en effet, une table des sommes qu'il faut verser pour assurer à des nécessiteux une place dans une maison de retraite. Plus tard, Abraham Gallas (1738-1807) se préoccupera de la même question par où s'annonçaient les prochaines études sur la condition des classes ouvrières spécialement dans les pays industriels de l'Europe.

Cependant Kersseboom continue à traiter surtout des rentes viagères et publie un *Tableau de force vitale*; dans deux mémoires parus en 1745 et 1747 il examinait la question de savoir s'il est plus avantageux pour un État d'émettre des emprunts en rentes viagères ou en rentes amortissables, il y accordait encore la préférence au premier système. Il publia aussi en 1762 une brochure sur *la valeur des monnaies d'or et d'argent* ; cette question était avec celle des emprunts l'une de celles qui intéressaient le plus au xviii⁰ siècle et même dès la dernière moitié du xvii⁰, le peuple hollandais déchu de sa supériorité commerciale et maritime qui passait de plus en plus aux mains de l'Angleterre [1].

V. — L'ÉCOLE ANGLAISE.

En Angleterre, c'est John Graunt qui, vers 1661, dans *Natural and political observations upon the bill of mortality* construisit la première table de mortalité dont C. Huygens commença par se servir mais dont il reconnut bientôt les défectuosités.

J'ai montré ailleurs l'importance économique de l'œuvre de William Petty (1623-1687) [1] ; les *Several Essays in political Arithmetiks* publiés en 1691, après sa mort, font de lui l'ancêtre de l'école mathématique du moins en Angleterre, et même d'une façon générale en ce sens que ses calculs embrassent à peu près tout le domaine de l'économie. Après lui, Davenant, Grégory King, Maitland commencèrent à recueillir avec plus de soin les renseignements relatifs spécialement à la population. Halley et

---

1. Pour tout ce qui concerne les publicistes hollandais précurseurs de l'école mathématique, j'ai tiré le plus grand profit des riches matériaux accumulés dans le magnifique ouvrage publié en 1898 sous la direction de la Société générale néerlandaise d'assurances sur la vie et de rentes viagères d'Amsterdam en deux éditions, l'une hollandaise, l'autre française.

1. Voir mes *Essais sur la monnaie, le crédit et les banques,* dans les *Annales de l'Institut des sciences sociales de Bruxelles,* 1898.

Bayes appliquèrent le calcul des probabilités aux phénomènes de la vie et de la mort. La table de Halley sur la population de Breslau fut dressée en 1693. Ce qui apparaît surtout chez lui plus que chez les précédents, c'est la préoccupation de fournir par ses recherches une base positive à la science des sociétés ; il voulait, comme il disait, donner *a more just idea of the state and condition of Mankind.* En Angleterre donc, comme ailleurs, la théorie mathématique évolue ; du calcul des probabilités en général, elle s'élève aux probabilités de vie et de là aux conditions mêmes, surtout économiques et morales, de la vie.

C'est ce qui apparaît de plus en plus dans la première moitié du xix⁰ siècle chez le savant J. Herschel (1792-1871) que son admirable *discours sur l'étude de la philosophie naturelle* (1831) et la belle étude qu'il publia en 1850 dans la Revue d'Édimbourg (n° 185) sur la *Théorie des probabilités et ses applications aux sciences physiques et sociales* rattachent directement à l'œuvre de Quetelet. Celui-ci plaça en effet la traduction française de cette dernière étude comme introduction à la deuxième édition de sa *Physique sociale,* en 1869. Ainsi par Herschel et Quetelet, l'affluent primitivement distinct sous le nom de mathématique arrivait à se fondre dans une science sociale d'un caractère intégral, tout en conservant encore ses caractères originaux tant au point de vue de la méthode que de la conception générale. La méthode en effet restait mathématique et la conception mécanique et physique[1]. Cependant dans ce premier contact de la physique sociale et de sociologie positive le premier effet fut un choc, un conflit comme nous l'avons vu à l'occasion de la sévère excommunication fulminée par A. Comte. Il ne pouvait guère en être autrement de la rencontre de

---

1. L'étude de Herschell, utilisée par Quetelet, comme *Introduction à la physique sociale,* avait été écrite par son illustre ami spécialement à l'occasion des *Lettres* de Quetelet à S. A. R. le duc de Saxe-Cobourg et Gotha, *Sur la théorie des probabilités.*

deux grandes doctrines qui tout en poursuivant le même but avaient parcouru des chemins différents et venaient de se rencontrer subitement. Le heurt semble d'abord d'autant plus grave que les conceptions philosophiques étaient ou semblaient irréductiblement antagoniques. Herschell et Quetelet étaient les représentants de cette école très positive dont les membres avaient été dominés par la conception mathématico-mécanique de l'ordre universel avec Pascal et Descartes en France, Leibniz en Hollande et en Allemagne, Newton en Angleterre. Comte avait suivi une tradition en partie divergente mais moins cependant qu'il ne croyait lui-même.

VI. — L'ÉCOLE ALLEMANDE. KANT.

Ce fut l'Allemagne qui par la méthode mathématique et par la méthode historique, d'abord séparées puis heureusement combinées, imprima à la statistique et par suite à l'ensemble de la science économique son caractère social définitif. A partir de P.-J. Süssmilch (1707-1767) l'histoire de l'école mathématique, et de la statistique se confond en réalité non seulement avec celle de l'économique mais avec le développement de la science sociale intégrale. Le premier, Süssmilch se sert du mot *loi* pour exprimer la constance des proportions dans le retour des phénomènes ; la définition de Montesquieu n'était que qualitative, Süssmilch la complétait au point de vue quantitatif. Ainsi, d'après lui, « la loi de la mort est annuellement de 1/36 » ; il ne conçoit cependant encore la loi que comme l'expression d'un ordre divin ainsi que l'indique le titre de son ouvrage publié en 1742: *Die Gottliche Ordnung in den Veränderungen des menschlichen Geschichts* ; toutefois cet ordre n'est pas absolu, immuable, mais dans le changement même il y a une loi, c'est-à-dire une régularité fondamentale.

Avec Gottfried Achenwall (1719-1772) qui donna un

cours de statistique à l'Université de Göttinge, l'école historique se plaça en opposition avec l'école mathématique. Ce fut un des aspects et le commencement de la divergence consécutive qui, d'une façon plus radicale encore, se manifesta entre les disciples des deux maîtres et dont un autre aspect fut, comme nous l'avons vu, la condamnation par Comte des tentatives de La Place et de Quetelet. Comte représensentait en somme dans ce conflit la méthode historique dont sa *loi des trois états* était une grandiose application.

De même que Quetelet se rattachait à la France par La Place et J. Fourier, et à l'Angleterre par Herschel, il s'unissait directement à l'école mathématico-physique allemande par les travaux du célèbre mathématicien L. Euler (1707-1783). Ce sont les *Lettres à une princesse d'Allemagne sur quelques sujets de physique et de philosophie* qui semblent avoir inspiré l'auteur des Lettres au prince de Saxe-Cobourg. Ce fut Euler qui, à la demande de Süzmilch, fournit à celui-ci la formule mathématique d'après laquelle l'accroissement de la population a lieu suivant une progression géométrique, formule qui sans doute ne fut pas ignorée de Malthus. Euler fut, je pense, aussi le premier en Allemagne à employer des signes algébriques dans ses formules.

Avec J. de Sonnenfels (1733-1817) la statistique commença à prendre pied en Autriche ; malheureusement, les idées et les méthodes relativement arriérées de cet économiste érudit ne permettent guère de le classer dans l'école mathématique proprement dite ; elles formèrent cependant la base de l'enseignement universitaire jusqu'à la fin de la première moitié du xix° siècle. Avec lui la statistique était devenue une branche de l'administration et elle participait de la lourdeur et de l'incohérence de cette dernière en Autriche à la différence de la Prusse où l'administration était très savante dès cette époque. Si Sonnenfels n'appartient pas à l'école mathématique, son enseignement contribua cependant indirectement à la direction postérieure de l'économie politique dans ce sens.

Il faut encore en Allemagne mentionner un savant éminent, je veux parler de l'illustre mathématicien et astronome Jean-Frédéric-Charles Gauss (1777-1855) pour qui Quetelet professa toujours la plus vive admiration. Dans son beau livre, *Sciences mathématiques et physiques au commencement du xixe siècle,* Quetelet rappelle que le célèbre astronome de Göttingue, vers la fin de sa vie, s'était comme La Place, Fourier, Poisson, tourné vers les sciences politiques spécialement au point de vue de l'appui qu'elles peuvent trouver dans les sciences plus générales. C'est ainsi qu'il soumit à l'auteur de la *Physique sociale* une formule algébrique relative à la mortalité des enfants ; il signalait à ce propos la plus forte mortalité infantile dans les familles ouvrières.

Ainsi la science pure dans son expression la plus abstraite aboutissait dès la première moitié du xixe siècle à soulever la question sociale. Il convenait de rappeler les titres trop longtemps méconnus de cette école à la reconnaissance du socialisme et de la sociologie ; au moment où leur fusion va s'accomplir il est juste de n'en négliger aucun apport et celui-ci fut un des plus considérables. Chez Quetelet il aboutit à la plus remarquable et à la plus touchante alliance de l'esprit scientifique et de l'amour de l'humanité.

J'ai déjà indiqué que toute l'école mathématico-physique en France, en Hollande, en Angleterre, en Allemagne était coordonnée par une philosophie profonde dont les représentants étaient Pascal et Descartes, Leibniz et Newton, eux-mêmes les plus grands savants de leur siècle. Ce sont ces immortels génies dont la philosophie présida à la naissance et au développement de l'économie sociale sous la forme spéciale dont nous nous occupons ici. Il faut à ces grands noms ajouter à la fin du xviiie siècle celui d'Emmanuel Kant (1724-1804). Lui aussi est un mathématicien et un astronome. Il débute par une *Histoire naturelle et théorie générale du ciel, d'après les principes de Newton* et il finit par une anthropologie et par une philosophie de l'histoire. Par la première il esquisse la conception future de La Place, par la deuxième et la troisième il rattache sa conception astronomique et mécanique à celle de l'homme et des sociétés et prépare Quetelet. Comme celui-ci il conclut naturellement à la négation du libre arbitre et à l'affirmation de la continuité c'est-à-dire du déterminisme historique et social. Son langage même est déjà en partie celui de Quetelet. Voici, en effet, ce que le philosophe de Kœnigsberg écrivait en 1784 dans son *Idée d'une histoire universelle au point de vue de l'humanité* : « De quelque façon que l'on veuille, en métaphysique, se représenter le libre arbitre, les manifestations en sont, dans les actions humaines, déterminées, comme tout autre phénomène naturel, par les lois générales de la nature. L'histoire, qui s'occupe du récit de ces manifestations, quelque profondément qu'en soient cachées les causes, ne renonce pas cependant à un espoir, c'est que, *considérant en grand le jeu du libre arbitre, elle y découvre une marche régulière*, et que ce qui, dans l'individu, frappe les yeux comme confus et sans règle, se reconnaisse dans l'espèce comme un *développement continuel,* bien que lent, des dispositions originelles. Ainsi, les mariages, les naissances et les morts paraissent n'être soumis à aucune règle qui permette d'en calculer d'avance le nombre ; et, cependant, les tables annuelles établies en de grands pays témoignent que cela aussi obéit à des lois constantes autant que les variations de l'atmosphère, dont aucune en particulier ne peut être prévue à point nommé, mais qui, en somme, ne manquent pas à produire d'une façon uniforme et sans interruption, la croissance des plantes, le cours des fleuves et le reste de l'économie naturelle. Les individus et même les peuples entiers ne s'imaginent guère que, tout en s'abandonnant à leur propre sens et souvent à des luttes l'un contre l'autre, ils suivent, à leur insu, comme un fil conducteur, le dessein de la nature, à eux inconnu, et concourent à une évolution qui, lors même qu'ils en auraient une idée, leur importerait peu. Les hommes en masse, dans leurs efforts, n'agissent pas en vertu du seul instinct comme les animaux, mais ils n'agissent pas non plus d'après un plan convenu comme des membres raisonnables de l'humanité. Il ne semble donc pas qu'il soit possible de donner à leur histoire un caractère régulier comme à celle, par exemple, des abeilles et des castors. On ne peut se défendre d'une certaine déplaisance, quand on voit leurs faits et gestes exposés sur le grand théâtre du monde et quand, sauf quelque sagesse apparaissant çà et là dans des cas particuliers, on ne trouve dans l'ensemble qu'un tissu de sottise, de vanité puérile et souvent aussi de méchanceté et d'esprit de destruction tel qu'en ont les enfants ; si bien que, finalement, on ne sait plus quelle idée se faire de notre espèce si prévenue en faveur de ses prérogatives. A ce point, il ne reste plus qu'une issue pour le philosophe, c'est que ne pouvant supposer dans les hommes et le jeu de leurs actions un dessein raisonnable qui leur soit propre, il essaie de découvrir, dans cette marche absurde des choses humaines, un *dessein naturel* qui rende possible de faire, avec des créatures qui procèdent sans plan, une histoire conforme à un plan déterminé de la nature. Nous allons voir si nous réussirons à trouver un fil qui mène à une telle histoire, laissant dès lors à la nature le soin de produire un homme qui soit en état de concevoir de la sorte l'enchaînement des faits historiques. C'est ainsi qu'elle produisit un Képler qui soumit les orbites excentriques des planètes à des lois précises, et un Newton qui explique ces lois par une cause générale de la nature. »

Kant transporte donc le problème du libre arbitre de l'ordre individuel dans l'ordre collectif ; les manifestations de l'homme individuel peuvent être considérées comme confuses et incohérentes mais il en est autrement lorsqu'on les envisage au point de vue collectif ; alors apparaît au contraire une régularité frappante prouvée précisément d'après lui par les tables de vie et par les statistiques relatives à la natalité, à la matrimonialité et à la mortalité. Certainement cette distinction entre les actions individuelles et les actions collectives est fausse ; les unes et les autres sont également déterminées ; plus fausse encore est la distinction entre les individus qui agissent sans plan et la nature qui dans son développement continu suivrait un dessein, c'est-à-dire aussi un dessin tracé d'avance. Ce sont là des détritus évidents d'ontologie scolastique. La nature n'a pas de plan ; ce que nous imaginons tel n'est que *le résultat* de l'action et des interactions de toutes les propriétés naturelles y compris les propriétés dites sociales ; seulement, en vertu de la loi de continuité tout résultat devient à son tour une cause ou plutôt une condition des développements ultérieurs en dehors de tout plan aussi bien initial que final. Kepler et Newton et surtout La Place n'avaient pas jugé nécessaire de transformer les lois naturelles en un dessein conçu et voulu par la nature en vue d'une fin déterminée et intelligente. Aujourd'hui même, beaucoup de savants ne conçoivent-ils pas encore la sélection naturelle comme agissant de la même façon intelligente en vue d'un idéal défini et prédéterminé de la conservation et de la production *des plus aptes* au sens absolu, alors au contraire que les plus aptes ne le sont en définitive que *relativement aux conditions existantes ?*

Le fait important dans le passage ci-dessus de Kant, c'est que dans le désarroi de la philosophie métaphysique, il se rattachait avec confiance aux sciences mathématiques, astronomiques et physiques dont les assises à ce moment étaient les seules solides et qu'au point de vue social il concluait au déterminisme dont il trouvait la démonstration dans la théorie des probabilités et ses applications les plus générales aux problèmes de la vie et de la mort.

La conception universelle de Quetelet tout en restant trop exclusivement mathématique, mécanique et physique, sera généralement, sauf certaines expressions de langage héritées et dont aujourd'hui encore il est malaisé à la science de se débarrasser, exempte de toute métaphysique.

L'école de précurseurs à laquelle se relie A. Quetelet fut donc le produit d'un développement naturel lié lui-même à l'ensemble du progrès scientifique et de la philosophie des sciences. Cette école prit racine, s'étendit et se perfectionna dans tous les pays qui tour à tour ou simultanément furent à la tête du mouvement économique et social dans l'Europe occidentale et centrale ; elle vécut et se perfectionna ; elle vit encore et continue à se perfectionner. Elle y parvient actuellement d'autant mieux que comme toutes les doctrines qui contiennent une part de vérité et qui, dans la lutte pour la vie, se présentent d'abord comme la vérité absolue, elle peut, maintenant qu'elle a conquis le droit à l'existence, reconnaître elle-même le caractère relatif de sa méthode et cesser de l'opposer d'une façon intransigeante aux autres méthodes des sciences sociales et particulièrement à la méthode historique. L'école mathématique contemporaine s'est du reste elle-même différenciée surtout depuis la fin de la première moitié du xixᵉ siècle et après le grand effort de Quetelet qui consista à tirer à peu près de la théorie des moyennes et de celles des probabilités tout ce que ces théories pouvaient raisonnablement donner. L'école mathématique à laquelle se rattachent tant de célébrités économiques de la fin du xixᵉ siècle est un nouveau courant déjà tellement différencié de l'école dont nous nous occupons qu'il ne peut rentrer dans le plan de cette étude, consacrée aux précurseurs de l'école de Quetelet et à Quetelet lui-même qui en fut le représentant le plus remarquable. Comte s'est donc étrangement trompé dans sa condamnation hautaine ; il a dénié toute place à l'école de Quetelet dans l'histoire du développement normal de la science sociale, alors au contraire qu'elle y occupe une place très honorable que le socialisme aussi bien que la sociologie ont pour devoir de lui reconnaître sous peine d'ingratitude. Cette réparation est même devenue d'autant plus indispensable qu'il convient de réagir actuellement contre l'influence de certaines écoles sociologiques qui tendent à transformer la science sociale en une espèce de littérature purement descriptive de la couche la plus superficielle des phénomènes sociaux.

VII. — ADOLPHE QUETELET.

A. Quetelet (1796-1874) peut être considéré comme le représentant le plus complet de la science sociale mathématico-physique au XIXe siècle, sa *Physique sociale* est à la fois une théorie et une méthode. Après lui la théorie et la méthode se scinderont et se transformeront. La méthode mathématique, émancipée de la théorie des moyennes et de celle des probabilités, revêtira peu à peu un caractère original et deviendra surtout une forme de raisonnement et de langage scientifique tout en pouvant être utilisée accessoirement pour la recherche et la découverte sous le contrôle nécessaire de l'observation et de l'expérience.

Les principales publications de Quételet relatives à la science sociale sont suivant leur ordre d'apparition :

1828. — *Instructions populaires sur le calcul des probabilités* ;

1835. — *Sur l'homme et le développement de ses facultés ou Essai de Physique sociale* ;

1846. — *Lettres sur la théorie des probabilités* ;

1847. — *De l'influence du libre arbitre de l'homme sur les faits sociaux* (Bulletin de la commission centrale de statistique, t. III, p. 143);

1848. — *Du système social et des lois qui le régissent ;*

1840-1851. — *Exposé décennal de la situation du royaume ;*

1869. — *Physique sociale* ou *Essai sur le développement des facultés de l'homme* avec une *Introduction de Herschel* (Deuxième édition complétée de l'ouvrage de 1835) ;

1876. — *Anthropométrie ou mesure des différentes facultés de l'homme.*

C'est dans ses *Lettres sur la théorie des probabilités* et puis dans les deux éditions de la physique sociale que Quetelet développe sa conception et sa méthode de la façon la plus complète.

Dans les *Lettres,* le point de départ de ses recherches et de son raisonnement semble être le doute chez Descartes, cet autre grand philosophe mécaniste ; c'est le doute philosophique mais avec cette différence qu'il ne se résout pas chez Quetelet par un simple syllogisme : « Nos connaissances et nos jugements, dit-il, ne sont fondés en général que sur des probabilités plus ou moins grandes qu'il faut savoir apprécier. » Cette appréciation lui paraît surtout difficile dans les sciences morales et politiques. Son but est d'appliquer à ces dernières la théorie des probabilités. Après avoir exposé les principes généraux de celle-ci et montré que la probabilité est d'autant plus grande que le nombre d'observations conformes est plus considérable et que nos prévisions s'étendent moins loin dans l'avenir, sans que cependant cette probabilité atteigne la certitude absolue, il passe à ce qu'il appelle l'*expérience mathématique* en matière de loteries et d'assurances, reproduisant ainsi dans sa propre évolution celle de la théorie telle qu'il l'a héritée mais qu'il va contribuer à développer. Ici, nous voyons déjà la portée sociale de ses recherches dont l'aboutissement pratique devait dès ce moment dans son esp . . . . dans une intervention de la collectivité en faveur de la classe ouvrière : « Je me suis souvent étonné, dit-il, que les gouvernements ne prennent point une part plus directe à des institutions (les assurances) qui peuvent développer si avantageusement l'esprit d'ordre et la moralité d'une nation. »

Après avoir montré que c'est le jeu qui donna naissance à la science des probabilités laquelle en tira une théorie des assurances, lesquelles sont une forme bien supérieure au gain provenant du jeu, ce gain étant toujours inférieur au risque, Quetelet complète sa théorie des probabilités par celle des moyennes. L'une se rattache naturellement à l'autre. En effet la théorie des probabilités n'est pas toujours nécessairement d'accord avec l'expérience dans tous les cas. Pour y obvier il suffit de multiplier le plus possible les expériences ou les observations, de manière à atteindre une probabilité à peu près égale à la certitude absolue. Dès lors la différence entre les résultats de l'observation et ceux du calcul seront resserrés dans des limites de plus en plus étroites. C'est précisément cette considération de la limitation des erreurs possibles qui conduit naturellement à la conception des moyennes. « Partout où l'on peut dire *plus* ou *moins* on a nécessairement trois choses à considérer, un *état moyen* et deux limites. » Archimède en substituant sous le nom de centre de gravité un point unique à l'ancienne conception de la pluralité des points matériels fut un des fondateurs de la théorie des moyennes que les poètes et Aristote étendirent aux phénomènes moraux et politiques.

Voulant alors donner un exemple de l'emploi des moyennes arithmétiques dans les sciences sociales, Quetelet établit un tableau du prix du froment de 1817 à 1842 par périodes, il indique pour chacune de celles-ci le prix maximum, le prix minimum, l'écart entre ces derniers, le prix moyen. Et c'est ici que précisément, par une véritable *interprétation économique* de l'histoire, il montre que le resserrement des limites d'oscillation dans les divers ordres de l'activité sociale et notamment dans la vie économique constitue une des marques du progrès de la civilisation. Ainsi donc, avec la théorie des limites et des moyennes rattachée elle-même à la théorie des probabilités, nous voyons apparaître une conception à la fois statique et dynamique des sociétés. En même temps se dégage ce trait caractéristique de Quetelet qu'il considère la statique comme fondamentale ; le progrès lui apparaît surtout comme un agent au service de l'ordre, lequel tend toujours à l'uniformité et à la stabilité. Les sociétés les plus avancées seraient dès lors aussi les moins variables, leur structure serait la plus fixe. Les doctrines de Comte et de Quetelet se rapprochaient au moins en ce point.

C'est à l'occasion de cet exemple d'une moyenne arithmétique dans des phénomènes d'ordre économique que Quetelet observe que l'année 1817 où fut atteint le prix maximum du froment fut aussi par répercussion calamiteuse à tous égards, tant au point de vue de la mortalité, de la natalité, de la matrimonialité que de la moralité et de la criminalité. Il observe donc parfaitement la corrélation constante qui existe entre les divers phénomènes sociaux et, en outre dès cette époque apparaît très nettement le lien par lequel il se rattache aux diverses écoles socialistes et surtout à celle de K. Marx qui allait s'affirmer peu après lui. Quetelet considère, en effet, que les faits génésiques, moraux, politiques, sont en général déterminés par la phénoménalité économique. Dans les *Lettres* il le prouve surtout au point de vue de la mortalité, mais dans la suite, sa conception se développant dans toute son ampleur, s'étendra peu à peu aux faits les plus complexes et les 'plus spéciaux. Ce point est l'un des plus intéressants de son œuvre ; il faut y insister pour établir le syncrétisme sociologique et socialiste qui tend de plus en plus à s'effectuer par la fusion des traits fondamentaux communs aux diverses écoles en apparence les plus divergentes. C'est en effet toujours pour des questions accessoires et même des détails que les hommes se massacrent et s'excommunient les uns les autres ; les théoriciens des générations passées, sous ce rapport au moins, se rattachaient à l'humanité ordinaire et surtout à ses directeurs temporels et spirituels.

Après avoir donné divers exemples du calcul des probabilités et de la théorie des moyennes dans les sciences physiques, Quetelet lui-même reconnaît que la difficulté semble plus grande quand on passe aux phénomènes biologiques. Quel est par exemple le type moyen de la taille humaine? Comment reconnaître si une moyenne arithmétique est une véritable moyenne? Ici nous voyons déjà que le calcul se complique d'autres éléments et dès lors apparaît le point faible de la théorie.

Quetelet dit lui-même que le type humain ne peut être dégagé que de l'observation d'individus de même race et de même âge, on pourrait ajouter du même groupe social. *Moyennant cela*, « le type humain se trouve si bien établi, que les écarts entre les résultats de l'observation et ceux du calcul, malgré les nombreuses causes accidentelles qui peuvent les provoquer et les exagérer, ne dépassent guère ceux que des maladresses pourraient produire dans une série de mesures prises *sur un même individu* ».

La théorie donc ne s'applique : 1° qu'à des éléments ou unités et pas aux organes, appareils, systèmes sociaux et sociétés considérés dans leur structure d'ensemble ; 2° qu'à des éléments homogènes. Voilà un premier point à retenir. Il réduit considérablement le rôle du calcul des probabilités et de la théorie des moyennes. Leur applicabilité dans les sciences sociales est limitée, mais n'en reste pas moins fondamentale dans la statistique. L'étude des éléments sociaux est à la base de la sociologie et spécialement de sa branche économique. Dans ces limites et au point de vue quantitatif nous pouvons dès lors admettre avec Quetelet que : « la différence que la nature met entre les tailles des hommes n'est pas plus grande que celle que produirait l'inexpérience dans les mesures prises sur un même homme ayant une attitude plus ou moins courbée. » Cela est exact pour un groupe humain déterminé, mais encore une fois ce serait une erreur très grossière que de s'imaginer qu'il existe un type moyen de l'humanité entière et que le plus grand nombre des individus qui la composent se rapproche de cette moyenne.

M. L. Gumplowicz, dans *La lutte des races* critique la théorie de Quételet, mais pour d'autres raisons. Il rappelle qu'en 1742 Süssmilch, dans son célèbre ouvrage : « L'ordre divin dans les variations du genre humain prouvé par les naissances, les décès et la reproduction des hommes », donna l'impulsion aux statisticiens qui se mirent à observer la régularité du mouvement des masses. Seulement, dit Gumplowicz, ceux-ci prirent pour unités dans leurs observations les premières masses politiquement circonscrites qui fixèrent leur attention, les villes, les États. Ce ne sont pas là d'après lui des unités sociales naturelles, voilà pourquoi ils ont échoué dans leurs recherches des lois universelles. Depuis, la science a commencé à se détourner de la statistique politique pour aborder ce qu'on appelle la statistique ethnographique avec Wappaüs, Czörnig, Adolf Ficker, et il ajoute : « Quételet n'a pas contribué à ce progrès. Ne se préoccupant que de *la société*, notion vague et nébuleuse, il arrive à l'*homme moyen*. Cet *homme moyen* est le résultat du calcul, mais pas autre chose. En fait, ce n'est point sur une *Société* (dépourvue d'existence) que Quételet institue ses observations, mais sur des communautés politiques telles que des villes et des États. Il ne peut arriver ainsi qu'aux lois chimériques régissant l'homme moyen. Ce ne sont pas là des lois. La statistique ethnographique moderne n'est que transitoire, elle aussi ; elle prépare les voies à une statistique qui prendra pour objet les véritables unités ethniques ou sociales et qui arrivera de la sorte à établir les lois véritables de la vie et du mouvement des masses, ce à quoi elle ne pourrait arriver autrement. »

Ces critiques à l'adresse de l'école statistique et spécialement mathématique ne sont nullement fondées ; Süssmilch, il est vrai et ses successeurs les plus directs, y compris Quetelet, ont surtout observé la régularité des actions humaines au sein des cités et des États. Mais les cités et les États sont aussi des sociétés naturelles, ils le sont au même titre que tout agrégat social quelconque ; un État est une société plus ou moins étendue qu'une race ; une race même peut ne plus former d'État complet mais une simple communauté religieuse quand par exemple elle est dispersée, détachée de son territoire originaire. Et puis comment baser la statistique sur l'unité ethnique, alors qu'historiquement les unités ethniques tendent à se mêler et à se fondre entre elles, fusion d'où précisément doit résulter l'extension des caractères communs de l'espèce ? Comment dès lors la statistique de l'avenir pourrait-elle se baser sur des différenciations qui appartiennent surtout au passé ?

Là donc ne fut pas l'erreur de Quetelet ; son erreur fut de chercher à faire de sa théorie une méthode absolue dans la science sociale alors que son application a un domaine limité. Il y a certes un type commun auquel, malgré toutes les variations se rattachent tous les membres de l'espèce humaine, mais ce type n'est pas l'homme moyen ; ce type ne peut être déterminé par le calcul arithmétique parce qu'il représente autre chose que des propriétés susceptibles d'être comptées, mesurées, pesées. Ce type humain est un type social abstrait de toutes les particularités ethnographiques et sociologiques proprement dites. L'erreur de Quetelet fut non pas de chercher à étendre aux faits sociaux, même moraux, juridiques et politiques, la théorie des probabilités et des moyennes ; un jour en effet viendra sans doute où ces faits seront susceptibles d'être appréciés quantitativement et même ils le sont déjà, par exemple, au point de vue économique, génésique, moral et criminologique ; son erreur fut d'avoir essayé, bien qu'avec beaucoup de prudence et sous forme le plus souvent d'hypothèses, d'étendre ses méthodes statistiques aux *formes sociales* dont les individus et le milieu ne sont que les éléments constitutifs, les tissus.

L'évaluation des formes sociales ne peut être en somme que *qualitative* sauf bien entendu en ce qui concerne leur dénombrement ; seuls leurs matériaux constitutifs doivent être appréciés *quantitativement*. La statistique y compris ses divers procédés dont la recherche des moyennes et des probabilités ne sont que des instruments particuliers et non exclusifs reste donc à la base de toute sociologie concrète, de même que celle-ci est le fondement de toute sociologie abstraite. Cette dernière sera d'autant plus parfaite que l'appréciation qualitative y reposera sur l'évaluation quantitative. J'ai déjà signalé du reste ailleurs que, de la façon la plus générale, toute différenciation qualitative semble avoir pour point de départ un développement quantitatif. Il n'en reste pas moins établi que le point de vue quantitatif est à lui seul insuffisant pour juger de la condition et de la valeur des institutions et des sociétés.

Quant à l'homme moyen et abstrait de Quetelet, il n'est pas une pure fiction ; il représente la moyenne des propriétés de l'espèce, sous réserve des groupements divers de celle-ci suivant des rapports multiples. Cet homme moyen existe comme il existe un froment moyen, ou un prix moyen de celui-ci, malgré les diverses variétés de froment et de leurs prix sur un marché donné et même sur le marché mondial. En réalité, l'erreur de M. Gumplowicz est beaucoup plus vaste et moins réparable que celle de Quetelet. Celui-ci a aidé à constituer la statistique et ses méthodes ainsi que la science sociale elle-même. Il a compris que les sociétés historiques, les États, les cités, etc.

sont aussi naturelles que les races lesquelles sont aussi des formations historiques.

Un des grands mérites de Quetelet fut d'avoir dans ses *Lettres* aussi bien que dans la *Physique sociale* fortement insisté sur la distinction des *causes* en constantes, variables et accidentelles ; cette classification est importante dans les sciences sociales particulières et surtout en économie. En effet, l'erreur à peu près générale des économistes jusqu'ici a été de tenter de formuler des lois bien plus métaphysiques qu'abstraites en ce sens qu'ils n'hésitaient pas, dans leurs formules, à ne pas tenir compte de tous les facteurs tant constants que variables dont l'action étant continue ne peut dès lors être arbitrairement éliminée sans s'exposer à ne formuler que des généralités vagues sans aucun rapport avec la réalité. C'est ce que j'ai exposé dans une précédente étude consacrée à la méthode en économie sociale en proclamant que le point de vue dans tout problème social, notamment économique, devait être sociologique. Les causes influentes, constantes ou variables, par le fait même de leur continuité peuvent d'autant moins être éliminées que plus leur action se répète plus elle devient énergique à la différence des causes accidentelles dont les effets se neutralisent et s'effacent.

Quetelet ne méconnaît pas l'immense difficulté de la recherche des causes en sociologie : « L'énumération complète des causes influentes est à peu près impossible dans la plupart des phénomènes sociaux, parce que ces causes ne sont pas seulement très nombreuses, mais quelquefois elles sont si indirectes et en même temps si faibles qu'elles échappent à toutes les investigations. Le propre des génies observateurs est de savoir saisir les causes les plus influentes, celles qui modifient sensiblement les phénomènes, celles surtout qui agissent d'une façon continue ou périodique et d'abandonner les autres comme négligeables et pouvant être rangées dans les causes accidentelles, dont les résultats sont inappréciables quand les expériences sont suffisamment répétées. »

C'est précisément ainsi que je conçois la sociologie abstraite et de même l'économie et les autres sciences sociales particulières abstraites. Poussée au delà de ces limites, l'abstraction ne donne aucun résultat scientifique sauf cette observation que toute force si elle était unique aurait une influence illimitée, comme la population si elle n'était pas limitée par d'autres facteurs dont l'influence est contraire.

Dans les phénomènes sociaux il y a toujours un complexus de causes influentes ; le seul moyen de démêler l'action de chacune d'elles est de recourir aux divers procédés de la méthode inductive ; sur ce point Quetelet est d'accord avec J.-S. Mill.

Il faut ajouter qu'heureusement en sociologie, les phénomènes représentés par des nombres au point de vue quantitatif et de leurs éléments constitutifs se traduisent en fonctions, en organes, appareils d'organes et systèmes d'appareils agencés finalement dans une structure d'ensemble, dont ils sont les produits différenciés. En réalité la méthode de Quetelet et de son école n'est applicable qu'aux éléments susceptibles d'une comptabilité, elle est inopérante vis-à-vis des institutions sociales et des sociétés considérées dans leur structure et leur fonctionnement.

L'étude structurale et dynamique ou vitale des sociétés est le complément nécessaire de la science moléculaire telle que la comprend la statistique ; celle-ci s'occupe des molécules, celle-là des formes molaires, des masses organisées. La théorie des probabilités et des moyennes, de même que tous les autres procédés de l'école économique dite mathématique et qui est également, peut-on dire physico-chimique, s'arrête donc au premier degré de la science sociale. Ce premier degré est cependant fondamental. Le mérite de Quetelet ainsi que de ses précurseurs et de ses successeurs est de l'avoir reconnu ; ils ont commencé par le commencement. La construction de Quetelet est et restera une construction durable sauf en ce qui concerne les étages supérieurs qui ne pouvaient rentrer dans le plan exclusivement quantitatif de sa théorie. Comte et Spencer auront eu le mérite de continuer les étages supérieurs ou du moins d'en tracer les plans provisoires, mais ils ont en revanche négligé les fondements de la science : le point de vue quantitatif et ce qui est non moins grave, les bases économiques non seulement quantitatives mais qualitatives de toute société. Leur édifice est très élevé, il est grandiose mais il ne tient debout que sur le papier. Quetelet a commencé par les fondements, Comte par un plan général des parties supérieures, H. Spencer s'est consacré aux étages intermédiaires. Ils se complètent à cet égard l'un l'autre, mais le plan général qui résulte de leur collaboration doit être remanié et coordonné.

La simple statistique, mathématique ou non, doit être complétée par la méthode historique ; l'erreur fut d'opposer les deux méthodes l'une à l'autre alors qu'elles sont complémentaires l'une de l'autre. La statistique n'est qu'un affluent particulier de la sociologie, mais le plus rapproché de sa source. Elle-même est à la fois statique et dynamique, descriptive et quantitative ; ses tableaux et diagrammes sont en réalité déjà historiques jusque dans leurs formes mathématiques. Seulement la statistique s'arrête à la morphologie et à la physiologie sociales. Celles-ci ont pour méthode propre la méthode historique en germe dans la méthode mathématique bien loin qu'il y ait contradiction entre celle-ci et celle-là.

Après les causes constantes, Quetelet étudie les causes variables. Nous ne le suivrons pas dans cette étude si ce n'est pour faire remarquer que toute sa conception sociale fut influencée surtout par l'aspect constant de l'ordre social. Chez lui ce qui domine c'est la statique. La cause en fut sans doute dans le peu de matériaux statistiques recueillis de son temps ; il fut obligé d'organiser à la fois la technique de la statistique et la science sociale même. Ses conclusions portent sur des observations insuffisamment étendues surtout dans le temps. Avec Spencer l'évolutionnisme deviendra l'essentiel. Au fond, ce qui s'observe, d'après nous, c'est la constance, la régularité, l'ordre dans les variations ; cela est aussi vrai pour le Cosmos en général que pour les sociétés. Quetelet le comprit du reste : « Si toutes les causes, dit-il, qui agissent dans l'univers étaient constantes et uniformes, notre monde resterait dans un état invariable, la vie partout serait éteinte et aucun phénomène ne pourrait se manifester. » Et alors il émet cette idée qu'il présente seulement en passant comme une hypothèse mais qui, à mon sens, a la plus grande importance au point de vue de la statique et de la dynamique sociales ainsi que je le montre dans mon troisième volume d'introduction à la sociologie. « Si, dit-il, les causes n'étaient sujettes à varier qu'entre certaines limites, les phénomènes que nous observons devraient se reproduire un jour, et tout, dans la nature serait soumis à la loi de périodicité. Toutefois les plus simples combinaisons de causes donneraient lieu à des périodes d'une immense étendue. » Je pense en effet qu'il doit en être ainsi attendu que non seulement toutes les variations sociales mais la matière sociale elle-même sont limitées. Seulement le retour n'a jamais lieu dans des conditions absolument identiques, celles-ci étant indéfinissables en quantité et en qualité sans être cependant infinies.

Notre théorie n'a aucun rapport avec celle des formes-limites de Loria et d'autres sociologistes qui prévoient une fixité absolue. Elle se rapproche beaucoup plus de celle d'Isidore Geoffroy Saint-Hilaire, c'est-à-dire de la théorie biologique de la variabilité limitée. C'est cette limitation *relative* des variations sociales qui explique à mon sens le *retour apparent* aux formes primitives, retour qui n'est jamais *absolument* identique, mais *relativement* analogue.

Ni constance, ni variabilité absolues, voilà, semble-t-il, la réalité positive que Quetelet n'a pas suffisamment dégagée et dont les conséquences dès lors ont dû lui échapper. Il n'admet à vrai dire ni la constance absolue, ni la variabilité absolue mais il ne se rattache pas encore à la variabilité limitée.

D'un autre côté Quetelet continuait à admettre la fixité des espèces animales et végétales mais, chose curieuse, il ne l'étendait pas jusqu'à l'homme du moins à « l'homme intellectuel et moral ».

Cependant pour lui la statistique a toujours pour objet la statique des peuples et des États, c'est-à-dire des peuples qui ont un territoire et un gouvernement. On reconnaît ici la double conception de l'école de Quetelet ; la société pour lui se confond avec l'État qui cependant en est seulement une forme particulière et historique. Dès lors la statistique d'un État est continuellement statique, elle n'a pour objet qu'une période de son histoire ; il en résulte que la statistique ne peut fournir que des lois historiques et non universelles, comme le croient encore beaucoup d'économistes et de sociologistes de notre époque. Je pense au contraire que cette impossibilité n'est pas absolue.

Bien que la conception de Quetelet soit surtout mathématique, mécanique et physique elle a une tendance à expliquer la dynamique sociale par la biologie. Pour lui, les États comme les individus, naissent, croissent et meurent ; un peuple peut survivre à l'État. Cependant la biologie n'intervient chez lui que pour essayer d'expliquer ce qui naturellement échappait aux recherches statistiques, puisque celles-ci, d'après lui, étaient confinées dans la statique. Aussi, c'est à l'*histoire politique* qu'il réserve l'étude de la dynamique sociale : « L'histoire politique suit l'État dans sa marche et constate tous les phénomènes qu'il présente. »

Il y aurait donc deux sciences sociales : la statistique et l'histoire. « L'une de ces sciences est à l'autre, ce que, dans un ordre de choses différent, la statique est à la dynamique, ce que le repos est au mouvement. » Il se trompait donc doublement, la statistique pouvant être dynamique, et l'histoire statique quand elle est descriptive d'un État donné de civilisation.

Que la statistique peut être également dynamique cela est visible par exemple dans les divers procédés graphiques tels que les remarquables diagrammes de mon savant et laborieux ami H. Denis. La statistique peut aussi avoir pour objet des groupes, soit moindres soit plus vastes que les États.

Quetelet terminait ses *Lettres sur la théorie des probabilités* par le vœu de réaliser le plus d'uniformité possible dans les classifications et les évaluations statistiques des divers pays ; les bases différaient de son temps non seulement entre les pays mais dans un même pays. Quetelet a contribué puissamment à ce progrès qui est loin d'être pleinement réalisé mais dont la nécessité urgente correspond de plus en plus aux tentatives d'amélioration sociale faites dans les pays les plus évolués au point de vue du développement économique. Déjà même en dehors des offices, bureaux, et même ministères de travail avec leur outillage statistique, un Institut international de statistique dont le siège est à Rome a été fondé en 1885. L'œuvre théorique et pratique de Quetelet n'est donc pas morte avec lui, pas plus qu'elle n'était née à partir de lui. C'est la meilleure preuve de la fonction organique de la statistique et de l'école mathématique sous ses formes successives. Le lecteur qui voudra se rendre compte des progrès réalisés par la théorie générale de la statistique dans la seconde moitié du xixe siècle lira avec avantage non pas la fastidieuse compilation de M. Block mais *Geschichte, Theorie und Technik der Statistik* de Meitzen[1] et *Statistik und Gesellschaftslehre* de G. Von

---

1. Berlin, Hertz, 1882.

Mayr[1] et en ce qui concerne la statistique mathématique, l'ouvrage de H. Westergaard, *Grundzüge der Theorie der Statistik*[2]. La méthodologie de la statistique avec ses applications est fort bien exposée aussi dans la deuxième édition de *Statistica* par Philippe Virgilii[3]. Les plus récents progrès de la statistique nous la montrent de plus en plus comme une des branches fondamentales de la sociologie positive ; le point de vue mathématique et le point de vue historique d'abord antagonistes s'y concilient de plus en plus ; il s'opère dans les méthodes un syncrétisme parallèle à celui qui se réalise entre les doctrines elles-mêmes.

VIII. — LA PHYSIQUE SOCIALE.

La *Physique sociale* est l'œuvre capitale d'Ad. Quetelet ; la deuxième édition publiée en 1869, plus de trente années après la première est dédiée « *aux délégués des divers États, chargés de la formation d'une statistique internationale* ». Dans la préface, l'auteur félicite le congrès d'avoir « consacré unanimement le dessein de ne pas perdre de vue la *partie philosophique* de la statistique ». En fait, sa Physique sociale était une philosophie, disons le mot, une sociologie.

Une importante évolution s'était accomplie ; les appels vainement adressés par R. Owen et Saint-Simon aux monarques de l'Europe avaient enfin attiré l'attention des gouvernements où le régime constitutionnel et parlementaire s'était généralisé ; même l'empereur Nicolas Ier de Russie avait reçu à sa cour l'illustre savant belge avec les marques de la plus haute estime, comme un prince, ainsi que Quetelet me le racontait dans les dernières années de sa vie.

Les trois volumes consacrés par A. Comte à la sociologie

1. 2 volumes. Fribourg, Mohr, 1895 et 1897.
2. Iéna, Fischer, 1890.
3 Dans la collection des *Manuali Hœpli*. Milano, 1898.

dans son *Cours de philosophie positive* et publiés successivement à partir de 1838 portent comme titre *Physique sociale*. La première édition du grand ouvrage de Quetelet datait de 1835, mais déjà Comte s'était servi de ce terme en 1822 dans son *Plan des travaux scientifiques nécessaires pour réorganiser la société*, opuscule réimprimé en 1824 sous son titre définitif et plus général de *Système de politique positive*. Dans une note de la page 15 du quatrième volume du cours de philosophie positive, A. Comte qui attachait une importance excessive aux questions de priorité s'attribue la découverte de l'expression *Physique sociale* de même que de celle de *Philosophie positive* et en profite pour renouveler sa condamnation de la statistique en tant que philosophie : « Cette expression (Physique sociale) et celle non moins indispensable de philosophie positive, ont été construites il y a dix-sept ans, dans mes premiers travaux de philosophie politique. Quoique aussi récents, ces deux termes essentiels ont déjà été en quelque sorte gâtés par les vicieuses *tentatives d'appropriation* de divers écrivains, qui n'en avaient nullement compris la vraie distinction, malgré que j'en eusse, dès l'origine, par un usage scrupuleusement invariable, soigneusement caractérisé l'acception fondamentale. Je dois signaler cet abus, à l'égard de la première dénomination, chez un savant belge qui l'a adoptée, dans ces dernières années, comme titre d'un ouvrage où il s'agit tout au plus de statistique. »

En 1835, Quetelet n'avait aucune connaissance des publications de Comte de 1822-1824 ; il n'y a donc pas eu de sa part *tentative d'appropriation* ; il y a une remarquable coïncidence que Comte aurait mieux fait de relever pour en faire ressortir le caractère naturel de l'avènement de la nouvelle science sociale ; tel eût été le vrai point de vue social et surtout altruiste. En ce qui concerne l'expression de *Philosophie positive*, Saint-Simon s'en était servi dès 1808 et il est peu probable que son ancien disciple l'ignorât.

Au surplus l'expression *Physique sociale* correspond mieux à la conception mathématico-physique de Quetelet qu'à celle de Comte laquelle est bien plus organique que mécanique.

L'œuvre de Quetelet est bien une philosophie sociale ou sociologie ; mais d'après lui, c'est moins la société que l'homme abstrait, l'homme moyen qui en fait l'objet.

L'homme naît, se développe et meurt d'après certaines lois ; cela n'est guère contesté au point de vue physique mais, se demande-t-il, les actions de l'homme moral et intellectuel sont-elles également soumises à des lois ? Cette question lui paraît insoluble à priori ; c'est dans l'expérience qu'il faut en chercher la solution. Pour cela, « nous devons avant tout perdre de vue l'homme pris isolément, et ne le considérer que comme une fonction de l'espèce ». Ainsi on élimine tout ce qui n'est qu'accidentel. En même temps, plus les observations sont étendues, plus ces causes accidentelles sont écartées et dès lors plus nous observons des lois constantes dans les phénomènes même moraux. Par exemple, « il est un budget qu'on paye avec une régularité effrayante, c'est celui des prisons, des bagnes et des échafauds, c'est celui-là surtout qu'il faudrait s'attacher à réduire. Nous pouvons énumérer d'avance combien d'individus souilleront leurs mains du sang de leurs semblables, combien seront faussaires, combien seront empoisonneurs, à peu près comme on peut énumérer d'avance les naissances et les décès qui doivent se succéder ». Rien de plus juste que l'observation relative à cette constance en sous-entendant toujours cependant : toutes autres conditions sociales restant les mêmes et égales. Quetelet, n'observant que de trop courtes périodes, a été surtout frappé par la répétition uniforme des phénomènes ; son homme moyen ou abstrait, est l'homme d'une période historique ; sa statique est concrète, sa dynamique reléguée au second plan ; il n'embrasse qu'un moment du temps dans une partie de l'espace. Or c'est surtout la dynamique abstraite de l'histoire des civilisations particulières depuis leurs stades préhistoriques jusqu'à leurs développements les plus élevés qui seule nous permet de dégager de ces stades successifs les lois constantes et universelles de l'ordre aussi bien que du mouvement abstraits.

Quetelet envisage surtout l'ordre des phénomènes sociaux ; il montre par exemple que la criminalité est un phénomène social ; il l'est même en tenant compte de ses facteurs physiques et anthropologiques, puisque ces facteurs eux-mêmes sont des éléments constitutifs du phénomène dit social suivant la théorie que j'ai exposée ailleurs. Quetelet proclamait dès lors avec raison sous une forme qui parut hardie à son époque, mais qui est en somme de vérité élémentaire que « la société renferme en elle le germe de tous les crimes qui vont se commettre. C'est elle en quelque sorte qui les prépare et le coupable n'est que l'instrument qui les exécute. Tout état social suppose donc un certain nombre et un *certain ordre* de crimes qui résultent, comme conséquence nécessaire de son organisation ». Cette observation même est consolante, « car elle montre la possibilité d'améliorer les hommes en modifiant leurs institutions, leurs habitudes, l'état de leurs lumières et, en général, tout ce qui influe sur leur manière d'être ».

Le point de vue de Quetelet est essentiellement social et en même temps relatif et positif ; c'est le milieu qui forme, déforme et réforme l'individu ; il faut donc agir surtout sur le milieu ; en somme la société est son propre réformateur ; par là elle réforme chacun de ses membres ; ceci n'exclut aucune initiative individuelle, mais celle-ci à elle seule est insuffisante. Quetelet n'appartient donc pas à cette école, qui, sous le prétexte que la société ne peut être ni meilleure ni pire que ses membres conclut à ce que ceux-ci doivent d'abord individuellement se réformer, ils ne le peuvent en effet que dans les limites très étroites de la variabilité individuelle toujours enserrée et dominée par l'ensemble de la structure sociale. Quetelet insiste sur le principe qui suivant nous le rattache au socialisme scientifique; ce principe incontestable est « l'extension d'une loi déjà bien connue de tous les philosophes qui se sont occupés de la société sous le rapport physique : c'est que tant que les mêmes causes subsistent on doit s'attendre au retour des mêmes effets ».

Cependant l'homme, s'il est surtout un effet de la société, est à son tour une cause, il peut réagir sur son milieu dans certaines limites : « comme membre du corps social, il subit à chaque instant la nécessité des causes et leur paie un tribut régulier, mais, comme homme, usant de toute l'énergie de ses facultés intellectuelles, il maîtrise en quelque sorte ces causes, modifie leurs effets et peut chercher à se rapprocher d'un état meilleur. » De même donc que l'empire de la société sur l'individu, la liberté de celui-ci est relative ; il entrevoit que la société et l'individu sont des organismes en réalité corrélatifs et à mon avis inséparables ; leur sensibilité s'accroit parallèlement, leur influence réciproque est continue et devient de plus en plus consciente et méthodique ; jamais l'individu et la société ne se sentent plus libres que lorsqu'ils sont l'un et l'autre pénétrés de leur soumission commune à des lois d'autant plus conservatrices qu'elles font du progrès de l'individu et de l'espèce une condition même de l'ordre social.

Après ces considérations générales, Quetelet résume les vues antérieurement exposées par lui dans ses *Lettres sur la théorie des probabilités* et aborde l'étude des lois relatives à *l'homme*. Par l'homme, il prévient lui-même qu'il entend le corps social représenté par son type moyen abstrait.

Il enlève, du reste, au mot *lois* le sens absolu et immuable qu'y attachaient les premiers théoriciens des lois et des droits naturels ; les lois sociales ne sont pas invariables ; « elles peuvent changer, *dans certaines limites*, avec la nature des causes qui leur donnent naissance » ; quand on parle de lois constantes, il faut en somme toujours sous-entendre *toutes conditions égales* et on suppose que, parmi ces conditions, il en est de constantes bien que celles-ci ne le soient aussi que relativement, mais elles peuvent être considérées ainsi par rapport aux conditions les plus variables et surtout accidentelles.

Je reconnais que les lois sociologiques même les plus abstraites ne sont pas absolues, je crois cependant qu'elles dépassent les lois simplement historiques. En dehors des caractères qui les distinguent, les diverses périodes de civilisation ont des caractères communs qui peuvent servir de base à une sociologie abstraite. Il en est ainsi notamment des caractères essentiels de l'espèce humaine et de son milieu physique. L'école qui n'admet que des lois historiques me semble pécher par excès de prudence sans doute par réaction contre l'ancienne école de l'absolu.

D'après Quetelet, l'objet des recherches de la science sociale est triple :

1° Quelles sont les lois d'après lesquelles l'homme se reproduit, d'après lesquelles il croît, soit pour la taille, soit pour la force intellectuelle, soit pour son penchant plus ou moins grand au bien comme au mal; quelles sont celles d'après lesquelles se développent ses passions et ses goûts, se succèdent les choses qu'il produit ou qu'il consomme, d'après lesquelles il meurt, etc.

2° Quelle est l'action que la nature exerce sur l'homme ; quelle est la mesure de son influence; quelles sont les forces perturbatrices et quels ont été leurs effets pendant telle ou telle période ; quels sont les éléments sociaux qui en ont été principalement affectés.

3° Enfin, les forces de l'homme peuvent-elles compromettre la stabilité du système social ?

Tel était le vaste champ d'investigations que Quetelet entendait soumettre au labeur de la science sociale. C'est donc *l'homme* que l'auteur de la Physique sociale a toujours en vue; c'est à l'homme qu'il ramène toutes ses observations anthropologiques, psychologiques, morales, économiques. En réalité il n'étudie pas les sociétés en tant que sociétés; il s'en tient aux éléments constitutifs de ces dernières : l'homme et son milieu physique dans leurs actions réciproques.

Dès lors son instrument d'investigation sera la statistique et spécialement la statistique mathématique; sa statique sociale reposera sur la considération des moyennes physiques et de l'homme moyen, de cet homme abstrait qui cependant dans son œuvre ne correspond à aucun type universel mais seulement à celui de périodes déterminées dans des États également déterminés.

Ainsi le troisième problème soumis par lui à la science sociale et d'un si grand intérêt au point de vue de l'ordre statique des sociétés est mal posé, il est tout au moins incomplet; il ne s'agit, en effet, pas seulement de savoir si les forces de l'homme peuvent compromettre la stabilité du système social, mais si une société c'est-à-dire un agrégat organisé, embrassant à la fois la population et son territoire, peut elle-même *par sa propre force sociale* modifier son équilibre?

Pour Quetelet, la statique et la dynamique sociales sont constituées d'une façon mécanique par l'activité des individus d'un côté et par les influences du milieu de l'autre. Ce n'est pour ainsi dire que çà et là, par hasard, que nous voyons dans son œuvre intervenir les formes collectives en tant que collectives et distinctes de l'individu et du milieu physique. Sa *physique sociale* est donc essentiellement une application du calcul des probabilités et de la théorie des moyennes aux *phénomènes élémentaires* de la sociologie considérés au point de vue quantitatif.

C'est à ce point de vue qu'il considère tout d'abord le développement des qualités physiques de l'homme, puis la natalité, la matrimonialité, la mortalité, il montre l'influence exercée sur elles par les climats, par le séjour dans les villes ou dans les campagnes, par les professions exercées et par la nourriture.

Malheureusement Quetelet dont le point de vue est mathématique et mécanique, tend naturellement dans son interprétation des faits sociaux à faire abstraction de l'influence exercée par les institutions sociales. Peut-être un jour tous les faits sociaux pourront, comme les lois biologiques et physiques, être ramenés à des lois chimiques, physiques, mécaniques et finalement mathématiques, mais encore leur interprétation ne sera-t-elle complète et parfaite que lorsque cette généralisation philosophique embrassera les institutions et les structures sociales globales dont les matériaux recueillis par la statistique sont seulement les éléments moléculaires et constitutifs. Ainsi le mariage est bien une institution sociale qui s'est greffée sur la simple union sexuelle, or, la statistique, à elle seule, est impuissante à interpréter les formes successives et l'évolution des unions sexuelles qui en outre sont elles-mêmes en corrélation avec toutes les autres institutions sociales et avec la structure d'ensemble de chaque société. Avec sa prétention de tout ramener au fait physique, la statistique devrait arriver à dénombrer non seulement les unions sexuelles constatées par des mariages officiels, mais encore les unions libres, même secrètes ; elle y est évidemment impuissante.

On ne peut donc en sociologie pousser l'abstraction jusqu'à considérer avec Quetelet les institutions sociales comme des facteurs d'ordre inférieur exerçant une influence sur de courtes périodes mais négligeables si l'on considère des périodes plus étendues où les *circonstances physiques* suivant Quetelet prennent le dessus sur les institutions. En faisant abstraction des institutions et en les envisageant avec Quetelet presque comme des éléments perturbateurs ce qui était aussi l'idée de Rousseau et de presque tout le xviiie siècle, on arrive malheureusement à ne plus faire de sociologie ni abstraite ni concrète pour la bonne raison que dans l'ensemble de l'évolution sociale les traits caractéristiques et constants échappen¹ à la statistique et ne peuvent être fournis que par la morphologie et la physiologie générales des sociétés. Pour les périodes étendues, il arrive tout le contraire de ce que pensait Quetelet : les faits cessent d'être comparables au point de vue quantitatif ; ils sont dominés par les institutions et celles-ci ne sont pas homogènes. Par exemple, la polyandrie, la polygamie, le matriarcat, le patriarcat, la monogamie avec ou sans le divorce, ne sont pas réductibles à des moyennes pas plus que la promiscuité primitive encore latente au sein des formes modernes.

La statistique ne suffit donc pas à constituer la sociologie mais elle en est la base élémentaire ; elle procède du particulier en général, mais ses généralisations et ses lois ont des applications limitées ; elle est à la sociologie ce que la chimie inorganique est à la chimie organique ; ce n'est que dans celle-ci que la science surprend la vie à l'œuvre, de même en sociologie ce n'est que dans les institutions. La science économique, branche particulière et la plus importante des sciences sociales, constitue déjà elle-même un ensemble plus étendu et plus complexe que la statistique ; celle-ci reste cependant à la base de l'économie. A son tour la sociologie intégrale englobe et absorbe pour ainsi dire et la statistique et l'économique.

En restituant à la méthode statistique et mathématique sa place légitime et sa fonction naturelle à l'entrée même des études sociologiques, nous prouvons à la fois que son importance et sa nécessité ont été d'un côté exagérées par l'école purement mathématique et de l'autre dépréciées à tort par l'école historique. Les deux méthodes ne sont pas antagoniques mais complémentaires l'une de l'autre. C'est pourquoi sans avoir les hautes visées du génie d'A. Comte, l'œuvre de Quetelet et de ses précurseurs a peut-être des bases plus solides ; dans tous les cas son point de départ et

sès procédés sont plus sûrs. Il faut après Quetelet continuer à recommander, comme absolument indispensable,
l'étude de la statistique : « c'est avec un regret bien vif,
écrivait-il, qu'on voit encore aujourd'hui cette riche et
féconde branche des sciences humaines ne pas même trouver place dans l'enseignement supérieur de quelques
pays. » Depuis, des progrès ont été réalisés, des écoles de
science sociale ont été créées, l'enseignement de la sociologie générale a été introduit dans les Universités ou dans
des Instituts spéciaux. Toutefois, on ne saurait assez le
répéter, cet enseignement doit avoir pour base une forte
discipline économique et statistique. C'est ce que la *littérature sociologique* de ces dernières années a peut-être trop
perdu de vue, cette littérature qui tend à nous inonder de
généralisations plus ou moins ingénieuses et brillantes en
oubliant trop souvent les exigences rigoureuses mais légitimes de l'observation et de l'expérience. Cette brillante
mais fragile efflorescence tout en manifestant l'avènement
triomphal de la sociologie constitue un danger pour ses
progrès ultérieurs. Il n'y a pas, comme disait Marx, de
route royale pour la science, et l'imagination la plus vive
et la plus brillante ne peut remplacer la marche lente mais
sûre de la méthode inductive.

C'est pourquoi les travaux statistiques de Quetelet, tout
incomplets qu'ils soient, et malgré l'exagération de leur
principe philosophique, resteront toujours comme des
exemples instructifs des procédés d'investigation à suivre
dans les études qui forment le premier échelon de la sociologie concrète et abstraite. Le premier échelon est la
connaissance des phénomènes sociaux élémentaires, de leurs
rapports et de leurs lois.

Ce dont il faut louer Quetelet, c'est d'avoir accordé aux
facteurs économiques l'influence incontestable qu'ils exercent sur la vie génésique et sur tous les autres phénomènes sociaux sans exception. En cela il était d'accord,

notamment en ce qui concerne la population, avec Malthus et la plupart des économistes de son époque y compris les socialistes. Cependant ses conclusions étaient loin de revêtir le même pessimisme, car il reconnaissait et préconisait la légitimité de l'intervention collective dans l'organisation sociale. Par là il se rattache directement au socialisme. Depuis, les théories de Darwin et de H. Spencer ont introduit dans la solution du problème de la population des facteurs biologiques et psychiques qui avaient échappé à Quetelet dont les connaissances biologiques étaient du reste très peu étendues. Son étude de la mortalité n'en reste pas moins un modèle de méthode au point de vue de la recherche et de l'évaluation des causes influentes. D'une façon générale, il concluait avec raison que la misère est, parmi les causes sociales, la plus influente de toutes sur la mortalité, à ce point de vue, il étudie aussi l'influence des professions. Et ici Quetelet observe, à la suite des plus grands penseurs, que dans les sociétés les plus riches se rencontre aussi l'extrême misère, que par conséquent, les sociétés les plus riches sont en réalité celles où il y a, non pas le plus de richesses et de riches, mais celles où se rencontrent le moins de pauvres : « Il est à remarquer, dit-il, comme l'observe très judicieusement M. de Tracy, que le peuple est presque toujours plus riche dans les nations que l'on appelle *pauvres* que dans celles que l'on appelle *riches*. Ainsi il n'existe pas de nation qui renferme plus de richesse que l'Angleterre, et cependant une grande partie de sa population doit subsister de secours publics. Les riches provinces de la Flandre comptent certainement plus de pauvres que le Luxembourg, pays où les grandes fortunes sont rares, mais dont la population vit dans un état général d'aisance et trouve le moyen de se procurer des bénéfices médiocres et qui ne varient jamais d'un jour à l'autre, comme dans les pays de manufactures. On pourrait en dire autant de la Suisse et généralement de tous les pays agricoles. »

Ainsi dans la pensée de Quetelet, et cela était conforme à sa théorie des moyennes, la répartition équitable des richesses était plus importante que l'extrême richesse non équilibrée. Déjà au xviiie siècle, le profond économiste vénitien G. Ortès avait également observé que, si, en Angleterre il y a plus de riches qu'en Toscane, cela ne veut pas dire que celle-ci soit plus pauvre que celle-là, mais que l'industrie et le commerce intérieurs ont créé dans la première une plus grande inégalité des conditions. Par là Ortès et Quetelet se rattachaient également au socialisme; comme J. S. Mill ils considéraient le problème de la répartition des richesses comme plus important que celui de leur production. Ils n'avaient pu observer encore l'industrialisation croissante de l'agriculture; ils tenaient également insuffisamment compte que la meilleure répartition des richesses est elle-même liée au développement de la productivité, mais il n'en reste pas moins évident que le problème tel qu'il devait être développé dans la suite était dès lors soulevé.

Quetelet pense que la théorie de la population peut se réduire à deux principes fondamentaux : 1° la population tend à croître selon une progression géométrique ; 2° la résistance, ou la somme des obstacles constants à cette croissance est, toutes autres choses égales, comme le carré de la vitesse avec laquelle la population tend à croître.

Ainsi, il applique à la population et à la société les lois physiques relatives au mouvement des corps dans les milieux plus ou moins résistants qu'ils traversent. De là, pour lui, la conséquence que « si le développement a lieu, non pas librement et sans obstacle, ce qui est l'hypothèse de Malthus, mais au milieu d'obstacles constants et de toute espèce qui tendent à l'arrêter et qui agissent d'une manière uniforme, c'est-à-dire, *si l'état social ne change point,* la population n'augmente pas d'une manière indéfinie, mais tend de plus en plus à devenir stationnaire ». Mais les conditions sociales changent en réalité, quelle sera dès lors, d'après lui, la loi dynamique ? Quand le système social subit des changements, les obstacles conserveront toujours le même mode d'action, mais leur intensité variera et le développement de la population pourra se modifier à l'infini ; en un mot « *le développement est toujours en rapport avec les obstacles.* »

Cette conception bien que purement mécanique est en somme beaucoup plus scientifique que celle de Malthus. Il signale aussi que le chiffre absolu de la population n'est pas le point essentiel ; ce qui est le plus important, c'est la *population utile* c'est-à-dire de 15 à 60 ans et dans celle-ci la population réellement productrice.

« En résumé, c'est la production qui règle la *limite possible* des habitants que peut avoir un pays. La civilisation resserre cette limite et tend à augmenter la part des produits qui revient à chaque individu, de manière à augmenter son bien-être en assurant ses moyens d'existence... La vie moyenne, si l'on pouvait toujours l'obtenir avec exactitude, donnerait une mesure de la prévoyance et de l'état hygiénique d'un pays ; la consommation de l'habitant donnerait celle de la civilisation et des exigences du climat ; et le nombre proportionnel des habitants, en tenant compte de cette dernière influence, donnerait celle qui représente la production. »

La conception sociale de Quetelet constitue ainsi une véritable interprétation économique de l'histoire.

Mon intention n'est pas de suivre l'auteur de la *Physique sociale* dans les développements et dans les applications de sa théorie et de sa méthode à l'homme physique. Rappelons seulement que d'après lui, c'est l'homme moyen qu'il faut surtout considérer, cet homme abstrait qui représente le *centre de gravité* de la masse sociale.

Ce qui mérite de fixer davantage l'attention, c'est l'effort considérable tenté par lui pour étendre les mêmes vues aux propriétés intellectuelles et morales de l'homme et de soumettre ainsi à des lois son prétendu libre arbitre absolu. Il voulait appliquer à ces propriétés la même mesure qu'aux qualités physiques proprement dites. Les progrès ultérieurs de la physio-psychologie, de la psychiatrie et de la criminologie ne laissent plus au puissant effort de Quetelet qu'un intérêt historique. L'important c'est qu'il écarte tout d'abord l'ancienne méthode d'observation purement interne ; on ne peut, suivant lui, apprécier les facultés intellectuelles et morales de l'homme que par leurs effets, c'est-à-dire « par les actions ou les ouvrages qu'elles produisent ». Il tenait également compte non seulement de l'action des milieux mais de celle de l'hérédité. On peut dire que les études de Quetelet sur la folie, le suicide, l'infanticide et la criminalité en général ont été le point de départ de toute l'évolution scientifique postérieure. Il énonce même en passant l'idée que l'imitation est un facteur du crime en général aussi bien que de la vie normale, mais il n'y attribue pas, comme on l'a tenté depuis, une influence exagérée.

Quelles sont d'après lui, par exemple, les causes de la criminalité ? Il observe tout d'abord que l'absence d'éducation morale est plus désastreuse que l'absence d'instruction proprement dite ; bien souvent l'instruction qu'on reçoit aux écoles n'offre qu'un moyen de plus pour commettre le crime. La misère est une des causes les plus influentes ; cependant la pauvreté est une notion relative ; un peuple sobre et actif n'est pas pauvre, s'il est à même de pourvoir à ses besoins ; l'inégalité des fortunes y est moindre et l'expose à moins de tentations. « La pauvreté se fait ressentir dans les provinces où sont amassées de grandes richesses, comme dans les Flandres, la Hollande, le département de la Seine, etc., et surtout dans les pays manufacturiers, où par la moindre commotion politique, la moindre obstruction dans les débouchés pour les marchandises, des milliers d'indivi???

passent de l'état de bien-être à celui de misère. Ce sont ces brusques alternatives d'un état à l'autre qui donnent naissance au crime, surtout si ceux qui en souffrent sont entourés de sujets de tentation et se trouvent irrités par l'aspect continu du luxe et d'une inégalité de fortune qui les désespère. »

Ceci confirme ma thèse que la folie, le suicide, le crime, correspondent surtout à des états d'inéquilibre économique qui eux-mêmes troublent l'équilibre moral et mental, d'abord chez les individus physiologiquement atteints de tares, ensuite chez les individus mêmes que l'on peut considérer comme normaux. En réalité le développement du crime n'est pas parallèle à celui de la civilisation mais à l'intensité et à la multiplicité des éléments instables de chaque civilisation. J'ajoute aussi qu'il faut tenir compte dans l'évaluation de la criminalité non seulement du chiffre de la population, mais du nombre et de la complexité relatifs des actes exécutés par les individus dans les diverses civilisations; plus en effet leur activité est complexe et intense, plus ils sont exposés à faillir, bien qu'en réalité leurs chutes soient moins nombreuses par rapport à la masse de leurs actes que dans les sociétés moins actives. Que dirait-on d'une statistique des accidents de chemin de fer qui ne tiendrait compte ni du nombre des individus transportés, ni de celui des parcours kilométriques sur les diverses lignes? Cette observation présentée par moi dès 1889 dans le tome II de mon *Introduction à la sociologie*, n'a pas été rencontrée jusqu'ici par les nombreux publicistes qui continuent à répéter que l'accroissement de la criminalité est parallèle à celui de la civilisation.

Dans le cinquième et le dernier livre de la *Physique sociale*, Quetelet synthétise l'ensemble des lois particulières qu'il a exposées. Cette synthèse se ramène à l'homme moyen et au système social dont l'homme moyen lui apparaît comme le centre de gravité : « L'homme moyen est, dans

une nation, ce que le centre de gravité est dans un corps ;
c'est à sa considération que se ramène l'appréciation de
tous les phénomènes de l'équilibre et du mouvement. »
Voilà le principe qu'il y applique à toutes les catégories de
propriétés humaines et sur lequel il fonde les progrès ultérieurs que nos connaissances pourront réaliser relativement
aux lois du développement de l'homme. Il manque à cela
une définition de la nation. En outre il en résulte que ses
lois sociales ne pourront jamais être que des lois historiques,
car il ne peut s'élever jusqu'à l'homme moyen abstrait et
universel qui ne correspond à aucune réalité et dont il
abandonne du reste la recherche puisqu'il se confine dans
la nation qui est elle-même une formation purement historique. Il reconnaît lui-même que « l'homme moyen n'est
aux yeux du naturaliste que le type d'un peuple » et que
« des observations nombreuses ont fait reconnaître que ce
type n'est point unique ». Je crois avoir démontré au contraire que l'espèce humaine constitue une espèce unique
parce que ses variations sont limitées et n'en détruisent pas
les caractères fondamentaux.

Le point de départ de Quetelet, l'*homme moyen national*, est défectueux, mais la théorie, malgré toutes ses im-
perfections, a été un pas en avant dans la science sociale.
Cette théorie, Quetelet essaie de l'appliquer aux plus hautes
manifestations de l'activité humaine, à l'art, à la science,
etc. Il s'y rencontre avec A. Comte quand il énonce la loi
que « l'histoire des sciences assigne au développement de
l'esprit humain, considéré de la manière la plus générale,
les mêmes phases qu'au développement de l'intelligence de
l'individu ». Il pense que si l'homme moyen était bien déterminé, on pourrait le considérer comme le type de la
beauté, mais comment concilier cette hypothèse avec son
principe que l'homme moyen n'est que le type d'un peuple,
d'une nation ? D'un autre côté le type idéal de l'artiste
n'est-il pas au contraire composé à l'aide des éléments

les plus parfaits qui se rencontrent rarement réunis? N'en est-il pas de même du type idéal des sociétés? Socrate, le Christ étaient-ils les types moyens de leur époque?

Il émet, mais seulement comme une hypothèse, qu'il est assez disposé à accepter au moins pour le progrès de l'esprit humain, que « l'humanité se développe, sous certains rapports comme un individu ».

Après cela, il est intéressant de voir Quetelet conclure avec V. Cousin qu'il n'y a en réalité de progressif que la science et que l'histoire des peuples peut être représentée par la série de ses héros. Là encore, il se rencontrait avec A. Comte à qui il était réservé de dresser le calendrier des grands types de l'humanité. « Donnez-moi, dit Cousin, la série des grands hommes, tous les grands hommes connus et je vous ferai l'histoire connue du genre humain. »

Étrange contradiction et conclusion ! Ainsi Quetelet, renonçant à sa propre théorie, croyait pouvoir figurer l'histoire humaine non plus par ses *types moyens* mais en réalité par ses types extrêmes, supérieurs. Lui-même cependant nous avait prévenus qu'il est impossible de dégager des lois de phénomènes dont les maxima seuls seraient connus à l'exclusion des minima et surtout des moyennes. Ceci semble donc une déviation de son œuvre, tout à fait comme la grande aberration subjective et finale de A. Comte. Cela prouverait seulement que si les fondations de l'édifice de Quetelet étaient solides, les étages supérieurs étaient plus légèrement construits à raison de l'insuffisance et de la faiblesse des matériaux.

Malgré cela, le plan de l'édifice est bien conçu ; il a pour bases les données physiques et anthropologiques, de là il s'élève aux phénomènes économiques, intellectuels et moraux ; tout au-dessus se dresse la politique comme couronnement. Ici heureusement et bien qu'en politique il essaie de ramener tous les phénomènes qui y sont relatifs à la considération de l'homme moyen, il n'a pas cru devoir ni sans doute pouvoir ériger un système. Mais que de vues profondes, par exemple quand il énonce cette pensée que « la mesure de l'état de civilisation où une nation est parvenue, se trouve dans la manière dont elle fait ses révolutions ». Je préférerais dire toutefois que cette mesure se trouve dans sa *méthode* politique. « Le principe, ajoute-t-il, en suppose un autre qui est vrai partout où l'état d'équilibre et celui du mouvement sont possibles, dans les phénomènes physiques, comme dans les faits politiques, c'est que *l'action est égale à la réaction*. Les révolutions ne sont que des réactions exercées par le peuple ou une partie du peuple, pour des abus réels ou supposés. » L'accumulation des abus produit des explosions parce qu'il y a aussi accumulation de force ; dans les gouvernements comme en Angleterre, les réformes s'accomplissent successivement et sans changements brusques, « et cependant, on ne voit pas sans frayeur les réactions qui pourraient naître par suite de l'inégalité des fortunes et l'état des finances de ce royaume ». Ainsi il ramène l'équilibre politique à l'équilibre économique.

De même en ce qui concerne les guerres, « nous commençons, dit-il, à ne plus considérer ces fléaux comme une nécessité à laquelle nous ne pourrions jamais nous soustraire, mais à les prendre comme un mal *inévitable dans l'absence et de lois qui règlent les droits des peuples* et de *forces suffisantes* pour en garantir l'exécution ».

Il en résulte que dans la conception mécanico-mathématique de Quetelet, la politique se transforme en une véritable méthode scientifique d'équilibration progressive des forces sociales et intersociales. Le droit politique lui apparaît en outre comme étroitement lié à l'équilibre et par conséquent au droit économique. D'après lui tous ces droits doivent être garantis au point de vue de leur exécution, par la force collective. Ainsi définitivement et dans un esprit très positif il subordonne la paix sociale tant intérieure qu'internationale, à des conditions d'équilibre réel.

La conclusion ultime dans laquelle il résume la loi à la fois statique et dynamique des sociétés est une formule essentiellement mécanique et mathématique, quantitative mais aussi qualitative : « Un des principaux résultats de la civilisation est de resserrer de plus en plus les limites dans lesquelles oscillent les différents éléments relatifs à l'homme. » Toutefois il ne sépare pas la statique de la dynamique, ni l'ordre du progrès ; il ne conçoit pas l'équilibre comme un arrêt de mouvement ; la perfectibilité humaine est continue ; malgré la fusion constante des types originaux et excessifs dans le type moyen, la nature sera toujours d'une fécondité et d'une variété prodigieuses ; l'art ne perdra rien au progrès!

IX. — Appréciation de l'École physico-mathématique.

En résumé, la conception sociale de Quetelet est surtout statique, ce qui le frappa principalement c'est la constance et la régularité des phénomènes sociaux. Il les conçoit certainement aussi comme modifiables soit spontanément soit par l'intervention du législateur et de la volonté collective, mais il dégage insuffisamment l'ordre et la régularité non moins essentiels et remarquables qui s'observent dans le transformisme des sociétés quand on observe le cours de leur existence pendant de longues périodes. Quetelet dut pour ainsi dire à la fois créer la statistique et l'appliquer dans la science sociale ; cet effort nécessaire et si considérable il l'a réalisé dans la mesure de sa puissance cérébrale qui fut grande. Il fut un laborieux et un penseur de tout premier ordre, ni inférieur ni supérieur à Comte mais différent, même plus positif peut-être au sens scientifique du mot. Sa conception statique et accessoirement dynamique est surtout à la fois mathématique, mécanique et physique. Ce point de vue devait naturellement apparaître le premier à l'origine de la constitution de la sociologie positive ; peut-être réapparaîtra-t-il encore alors que la science sociale perfectionnée rattachera philosophiquement ses lois spéciales à celles plus générales des sciences antécédentes.

Sa conception n'est pas fausse, mais incomplète et en un certain sens, prématurée. A. Comte développera l'aspect organique et biologique de la sociologie tout en se servant de l'ancien formulaire mécanique. H. Spencer en accentuera l'aspect psychologique que ses disciples tendront à exagérer. Ce qu'il y a de remarquable dans cette évolution c'est son parallélisme constant avec celle des sciences depuis les premières constituées jusqu'aux dernières, celles de la vie organique et mentale, sur lesquelles repose directement la sociologie mais qui elles-mêmes ont pour fondement les sciences physico-chimiques, la mécanique et les mathématiques.

Le calcul des probabilités et la théorie des moyennes sont étendus par Quetelet aux phénomènes sociaux ; en cela il ne fit que développer en les perfectionnant les tendances de ses prédécesseurs ; malheureusement, ses tableaux statistiques n'embrassent pas des périodes suffisamment étendues pour être absolument concluants. Ce défaut tient à l'état imparfait de la statistique à son époque ; il n'en peut être rendu responsable car il fit tout, au contraire, pour en perfectionner les méthodes et en élargir les bases. Si ses observations avaient pu porter sur des périodes plus longues, son attention aurait été davantage attirée par les phénomènes de variabilité sociale et l'aspect dynamique de l'existence des sociétés aurait certainement obtenu dans sa conception une place au moins égale à celle de leur statique dont la dynamique est en réalité inséparable. En tout état de cause, il serait arrivé à reconnaître que ses lois relatives à l'homme moyen ne sont pas des lois abstraites ; elles ne s'appliquent qu'à des civilisations locales et historiques et sont dès lors seulement des lois concrètes ; la preuve en est que toutes les fois qu'il essaie de s'élever à des lois générales et universelles, il le fait sans appliquer ses théories mathématiques des moyennes et des probabilités.

Les lois sociologiques abstraites ne peuvent être dégagées que de l'ensemble des structures et des évolutions particulières des sociétés en y comprenant l'étude intermédiaire de la structure et de l'évolution de leurs diverses institutions. L'ordre naturel et logique des études sociologiques peut dès lors être fixé comme suit : 1° éléments sociaux ; 2° institutions sociales ; 3° structure générale des sociétés, le tout d'abord au point de vue historique et concret puis constant, universel et abstrait sous le double aspect statique et dynamique.

Le grand mérite de Quetelet a été d'avoir procédé par où il fallait commencer et par où la plupart de nos sociologistes modernes, ou d'autres à leur défaut, auront à recommencer, c'est-à-dire par l'observation, le dénombrement, la classification des éléments sociaux, cette étude, surtout dans l'économie sociale, mais aussi dans les autres branches du savoir sociologique a pour base la statistique du territoire et de la population considérés dans leur composition élémentaire et moléculaire.

Ensuite viendra régulièrement l'étude des diverses combinaisons organiques formées par ces éléments primordiaux envisagés dans les institutions dont ils sont les matériaux ; ce sera là la transition naturelle à la sociologie non plus moléculaire mais molaire ; en dernier lieu seulement, il sera possible de s'élever à la connaissance positive de l'ensemble des systèmes sociaux. A l'inverse de Quetelet, A. Comte a commencé par la fin, H. Spencer par le milieu et ce fut un progrès relativement à Comte. Ad. Quetelet a eu la sagesse de commencer par le commencement. Sa sociologie, car c'en est une et puissante, est physique,

mathématique, mécanique ; elle n'est ni organique ni superorganique. En réalité c'est une forte et souvent heureuse
tentative de sociologie élémentaire, c'est-à-dire de coordination statistique. Il se trompe au surplus en opposant la
statistique à l'histoire et en réservant cette dernière à la dynamique sociale.

Les faits statistiques sont eux aussi historiques et par
conséquent dynamiques ; eux aussi sont à la base de l'histoire comme de la sociologie ; la statistique n'est pas exclusivement statique comme il semble résulter de la conformité
de ces deux expressions. Appliquée surtout à une longue
période et à des civilisations successives et même simultanées, la statistique relève parfaitement les mouvements, les
variations, en un mot les tendances progressives ou régres-
sives des sociétés, elle est pour ainsi dire la chimie de ces
dernières ; Lavoisier, le fondateur de la chimie, fut aussi
l'un des créateurs de la statistique.

La statistique est donc un procédé de la méthode historique et non pas le contraire de l'histoire ; c'est pourquoi
la méthode mathématique si étroitement liée à la statistique
et à la science économique n'est pas en contradiction avec
la méthode historique ; les deux écoles se fusionneront de
plus en plus en perdant, à l'usage, leurs caractères tran-
chants et absolus.

Le point de vue biologique aussi apparaît cependant,
mais à l'état encore vague, chez Quetelet. Nous le voyons
en effet imbu de cette idée que les États et les sociétés
naissent, croissent et meurent comme les individus, bien que
dans des limites moins étroites de durée. Il arrive ainsi,
par analogie, à concevoir une vie moyenne et probable de
l'homme et des sociétés. Son homme moyen, sa société
moyenne ne sont cependant que des types moyens emprun-
tés à des États et à des stades historiques de civilisations
déterminées ; ce sont des types mathématiques abstraits,
dans ces limites par conséquent et en réalité concrets. Dans

tous les cas, ces types reçoivent continuellement l'empreinte des institutions sociales et des structures d'ensemble dont ils ne sont que les éléments. Dans la conception de Quetelet, l'homme moyen devrait être le miroir de l'univers entier, l'expression moyenne du monde moyen.

Quetelet, comme tous les grands théoriciens politiques et sociaux depuis l'antiquité jusqu'à nos jours se rattache au socialisme contemporain et par celui-ci à la sociologie positive en ce qu'il insista fortement sur l'influence fondamentale exercée par les conditions économiques sur tous les autres phénomènes sociaux. Seulement sa science économique est insuffisante; il est remarquable que cette lacune lui est commune avec A. Comte et H. Spencer; elle est toutefois de beaucoup moins considérable chez notre illustre statisticien d'autant plus que ses travaux de statistique servirent à la rénovation de la science économique. Ainsi, à tous les points de vue, les bases de sa construction sont plus solides que celles des deux grands représentants de la sociologie au xix⁰ siècle.

Toute l'œuvre essentielle de Quetelet a en somme pour objet l'étude des facteurs constitutifs des sociétés, le territoire et la population et des phénomènes spéciaux, économiques, génésiques, artistiques, intellectuels, moraux, juridiques et politiques auxquels la combinaison de ces deux facteurs donne naissance conformément à ce que nous avons exposé dans le premier volume de notre *Introduction à la sociologie*.

Je crois avoir montré par la présente étude que l'apparition de l'école mathématico-mécanique n'était pas un accident, une aberration momentanée dans l'histoire du développement naturel des sciences sociales; il résulte en effet de toutes nos observations que les origines de cette école, ses variations, son évolution avaient suivi une marche régulière, un cours normal. L'école s'est constamment perfectionnée et se perfectionnera encore; son rôle essentiel me semble devoir consister à compléter dans la mesure du possible au point de vue quantitatif les formules et les appréciations purement qualitatives des lois sociologiques. Son rôle très positif et très légitime est de rendre l'énoncé de ces lois de plus en plus exact par la mensuration des causes et des effets sociaux. Toutefois sa fonction constante me semble devoir se borner surtout aux phénomènes élémentaires et constitutifs des sociétés abstraction faite des formes où ces phénomènes se réalisent, formes qui cependant, elles aussi, dégagent des lois abstraites que ni la statistique ni les divers procédés et méthodes mathématiques ne semblent être capables d'embrasser dans leurs opérations, sauf en ce qui concerne l'évaluation et l'appréciation tout à fait secondaires de la quantité numérique des institutions sociales particulières et de groupements sociaux.

Néanmoins, le point de vue quantitatif restera toujours fondamental ne fût-ce qu'en vertu de cette considération essentielle, dans les sciences organiques et superorganiques, que les développements et, en général, les changements quantitatifs sont eux-mêmes les facteurs les plus simples des premières différenciations qualitatives. En effet, ce sont les masses les plus considérables qui sont sujettes au plus grand nombre de variations et l'accroissement en masse est la première et la plus simple de ces variations.

Mon intention n'est pas d'aborder ici l'évolution nouvelle subie par l'école mathématique postérieurement à Quetelet. Elle s'est produite directement dans le domaine de la science économique. H. G. Gossen, L. Walras, Launhardt, Stanley-Jevons, R. Auspitz, V. Pareto, Pantaléoni, etc., etc., ont tenté de constituer une théorie mathématique intégrale de l'économie politique ; à un point de vue spécial, M. Aupetit dans un *Essai sur une théorie générale de la monnaie* a appliqué l'analyse mathématique à l'étude de ce problème capital ; Bertillon père et fils et M. March ont appliqué les mathématiques à la statistique, M. Émile Bouvier, professeur à la faculté de droit de Lyon, dans une brochure remarquable, a préconisé tout récemment l'usage de la méthode. Même celle-ci, avec M. Winiarsky, dans ces derniers temps, prétend à nouveau s'appliquer à l'ensemble de la sociologie. Ce publiciste aussi original que savant a tenté en effet de formuler algébriquement les équations fondamentales de la *Mécanique sociale*, spécialement en essayant d'établir qu'il était possible de ramener la théorie abstraite et élémentaire de la famille et de la propriété, en sociologie pure, aux équations générales du mouvement de Lagrange. Je persiste toutefois à penser que les institutions sociales et les sociétés considérées dans leur structure d'ensemble, loin d'être, comme le croit M. Winiarsky, les matériaux de ces formules algébriques ne sont pas susceptibles d'y être assujetties ; les matériaux de l'école mathématique et de sa branche statistique ne peuvent être que les molécules ou éléments sociaux.

En somme, les méthodes mathématiques sont une forme de raisonnement déductif applicable aux sciences constituées dont les principes sont établis et certains. Et c'est pourquoi il est intéressant de signaler que l'évolution contemporaine de l'école mathématique en économie sociale correspond à l'évolution de la logique. Celle-ci aussi tend à devenir mathématique. Stanley Jevons en Angleterre représenta précisément, comme logicien et économiste, le lien étroit existant entre le développement de la logique et celui de la science économique. Reste à savoir si les lois de cette dernière sont suffisamment établies pour permettre l'application de la méthode déductive.

Un des représentants les plus éminents de la méthode historique en économie sociale, Schmoller, émet l'appréciation suivante : « Les tentatives pour fonder une théorie économique mathématique, sont analogues aux essais faits pour déduire les lois des prix d'axiomes ou d'éléments derniers, il s'y agit toujours, à l'aide de représentations graphiques, de formules algébriques et de déductions, d'exposer d'une façon précise les rapports de grandeur de l'offre et de la demande et de tirer des prémisses les plus simples les conclusions sous une forme mathématique. On ne peut pas nier que l'on puisse ainsi donner une forme nette et précise à la théorie abstraite, que ce procédé de déduction ne soit ainsi plus sûr que dans les exposés courants, qu'on rende plus manifeste la marche de certains processus, tout au moins pour des esprits mathématiques. Mais toute cette méthode n'a pas jusqu'ici donné des vérités nouvelles. Elle repose, si elle veut être plus qu'un mode particulier d'exposition *de ce que l'on connaît déjà*, sur une méconnaissance de la nature des phénomènes économiques et de leurs causes. Ses constructions et ses formules se servent d'éléments qui, en fait, ne peuvent être précisés, qui ne sont pas susceptibles de mesure, et elles donnent par la substitution de grandeurs fictives aux causes psychiques et aux circonstances du marché, qui échappent à la mesure, l'apparence d'une mesure qu'on n'atteint pas en réalité. »

Cette critique s'applique à l'école mathématique pure en tant qu'elle a la prétention d'englober toute la sociologie et même simplement la sociologie économique ; elle s'applique en partie aussi à K. Marx qui se plaisait à formuler algébriquement ce qu'il *connaissait déjà* par la méthode historique, mais la critique de Schmoller est injuste vis-à-vis de la statistique mathématique. Autre est le point de vue sociologique intégral, autre le point de vue analytique de ses éléments constitutifs. Ces derniers sont susceptibles de mensuration. L'école historique et l'école mathématique peuvent donc et doivent se concilier, mais elles ne le peuvent qu'en délimitant soigneusement leurs fonctions et leurs domaines respectifs. Quetelet et ses précurseurs ont introduit les méthodes mathématiques dans l'histoire des sociétés, mais Quetelet a fait aussi une *histoire des sciences mathématiques*. N'est-ce pas la meilleure preuve de l'utilisation possible de toutes les méthodes dans toutes les sciences, et une nouvelle conquête sur l'absolu ?

CHAPITRE VII

CONCLUSIONS

Dans les quatre essais précédents, j'ai condensé quelques-unes des vues les plus générales qui se sont pour ainsi dire d'elles-mêmes dégagées de mes travaux à la fois historiques et théoriques d'économie sociale. Ces essais ont été publiés en 1903-1904 dans l'excellente et vaillante revue *La Richesse russe* dirigée par l'éminent sociologiste Nicolas Michaïlovsky dont la mort récente a mis en deuil toute la Russie pensante et souffrante. Ce volume que je voulais lui dédier je ne puis plus le consacrer qu'à sa mémoire. La publication successive de ses diverses parties, sans la moindre intervention de la censure, avait été pour lui un suprême encouragement et la confirmation de son indomptable confiance dans le progrès dont il avait lui-même avec tant de profondeur exposé les lois dans une de ses œuvres les plus importantes[1].

Cet optimisme est une force analogue à celle qui tend au maintien et à l'accroissement de la vie chez les individus même au cours de crises perturbatrices et morbides passagères. Se croire malade ou décadent, pour un individu ou une société, c'est déjà l'être.

Le pessimisme de J.-J. Rousseau, à la veille de la Révolution française, fut plus apparent que réel. Il plaçait

---

1. Trois de ces Essais ont été aussi publiés postérieurement dans la *Revue internationale de sociologie* de M. René Worms. Ils ont été ici complétés et remaniés en quelques points essentiels.

encore il est vrai son idéal, notamment économique, dans
le passé; en fait ce n'était, comme il le dit lui-même qu'une
hypothèse; il se servait de celle-ci pour battre en brèche
les institutions vétustes et néfastes de son temps. Ad. Smith
qui se relie en partie à lui est optimiste mais déjà comme
peut l'être le théoricien d'un stade économique réalisé au
moins partiellement. Il formule toute la théorie de la valeur basée sur la durée normale du travail dans les mêmes
termes que le feront plus tard Hodgskin, W. Thompson,
Rodbertus et avec plus d'ampleur et de précision K. Marx,
mais cette loi de la valeur n'est pour lui qu'une loi historique applicable seulement à la période antérieure à l'appropriation individuelle de la terre et des capitaux. Déjà malgré l'optimisme apparent résultant de sa confiance dans les
effets harmoniques du plein développement de la *liberté
naturelle*, A. Smith aboutit à considérer la période nouvelle comme définitive. Heureusement, W. Godwin dont
les théories se rattachent également à celles de Rousseau
transpose définitivement l'idéal socialiste dans l'avenir.

Après eux l'économie politique proprement dite avec
Ricardo et Malthus devient essentiellement pessimiste tant
au point de vue de la productivité du sol que sous le rapport de la population et des salaires. Les grands espoirs
suscités par le machinisme et par la Révolution française
ont été provisoirement déçus. Le milieu agit inévitablement
et toujours sur les théories. Le réveil ne devait s'opérer
qu'avec R. Owen, W. Thompson, Saint-Simon, Fourier,
de Sismondi et J.-S. Mill, c'est-à-dire à la fois par un développement du socialisme et une régénération de l'économie classique.

Jusque-là cependant et longtemps encore après, l'économie politique devait se momifier dans des formules de plus
en plus vides de toute observation scientifique.

Aussi les critiques dirigées par A. Comte contre l'économie politique lors de la publication en 1838 du tome IV

de son cours de philosophie positive étaient-elles en partie justifiées. Elles étaient cependant exagérées et même fausses en ce qu'elles ne tenaient aucun compte de l'œuvre réellement puissante et organique des écoles hétérodoxes et spécialement socialistes. Dans tous les cas, la condamnation rigoureuse dont le fondateur de la sociologie positive accablait à ce moment l'économie dite politique en y englobant solidairement tous ses représentants ne se justifie plus. Même, d'après lui, ses anathèmes ne frappaient pas A. Smith, « l'illustre et judicieux philosophe qui sans avoir aucunement la vaine prétention de fonder, à ce sujet, une nouvelle science spéciale, s'est seulement proposé pour but, si bien réalisé dans son immortel ouvrage, d'éclaircir différents points essentiels de la philosophie sociale, par ses lumineuses analyses relatives à la division du travail, à l'office fondamental des monnaies, à l'action générale des banques, etc., et à tant d'autres parties principales du développement industriel de l'humanité ;... l'ensemble de ses études préalables avait dû lui faire mieux sentir en quoi consiste surtout la vraie méthode scientifique, comme le témoignent clairement de précieux aperçus, trop peu appréciés, sur l'histoire philosophique des sciences et notamment de l'astronomie... »

L'économie de notre époque, à la différence du système de la liberté naturelle, tend, comme toutes les autres sciences sociales et plus même que celles-ci, à devenir pleinement positive ; elle se dégage de plus en plus des vaines controverses formelles et quasi-scolastiques ; elle a perfectionné, complété et modifié la doctrine de son principal fondateur ainsi que ses méthodes ; conformément à son origine mais expurgée de tout alliage métaphysique, elle a cessé de s'isoler non seulement des sciences antécédentes mais des divers embranchements de la sociologie générale ; elle s'est progressivement rattachée à l'ensemble de l'échelle encyclopédique des connaissances et soumise à la nécessité de la considération constante et prépondérante de ce point de vue fondamental qui cependant n'avait pu s'imposer que par la constitution même des sciences particulières en sciences positives ; cette évolution du reste est encore loin d'être réalisée pour les sciences sociales plus spéciales et plus complexes que l'économie dont celle-ci heureusement facilitera et hâtera l'inévitable structure corrélative.

L'économie contemporaine, n'érige plus, comme le lui reprochait Comte, « en dogme universel l'absence nécessaire de toute intervention régulatrice quelconque comme constituant le moyen le plus convenable de seconder l'effort spontané de la société... ce qui équivaut évidemment, dans la pratique sociale, à une sorte de démission solennelle donnée par cette prétendue science à l'égard de chaque difficulté un peu grave que le développement industriel vient à faire surgir. » Enfin, l'économie sociale suivant l'exemple de Smith et le vœu de Comte s'est soumise en général à l'emploi de la méthode historique combinée avec les méthodes propres à toutes les sciences antécédentes. La méthode mathématique même n'a pas été exclue tout en cessant d'être exclusive elle-même.

Les tardigrades de l'économie dite classique ou orthodoxe ne sont plus que de curieux et attristants spécimens indicateurs de stades d'une évolution depuis longtemps dépassée aussi bien par l'économie proprement dite que par le socialisme. En fait ces deux écoles se rattachent à Smith et à Ricardo, aussi bien que par Godwin elles se relient à Rousseau ; leurs divergences n'ont jamais, même dans les moments les plus excessifs, détruit l'unité de plan, la déclivité commune de leurs cours évolutif. Actuellement, malgré leurs antagonismes superficiels, les écoles contemporaines se rattachent toutes à une philosophie générale des sciences et spécialement à une philosophie générale des sciences sociales ou socialisme. L'ancien débat entre socialisme et individualisme, malgré la grande autorité de

H. Spencer, apparaît comme le dernier reflet d'un incendie allumé et entretenu par ceux-là mêmes qui avaient pour fonction de l'éteindre. Si le matérialisme historique et les théories dites idéologiques semblent encore irréductiblement antagoniques, en réalité, et c'est l'essentiel, elles relèvent des mêmes méthodes, des mêmes vues d'ensemble, généralement on peut affirmer que par la diversité même de leurs conceptions et interprétations elles concourent à renforcer la valeur de leurs conclusions pratiques communes. Ce phénomène social de plus en plus fréquent de la conformité réelle des buts poursuivis malgré la non-conformité des moyens est un des plus considérables peut-être de ceux qui méritent d'attirer l'attention des observateurs et des philosophes sociaux. Il se manifeste dans toutes les écoles réformatrices du XIXe siècle et ne fera que s'accentuer conformément aux nécessités mêmes de l'adaptation de la théorie aux conditions réelles du milieu social. Même les divergences doctrinales et pratiques doivent surtout être considérées comme des modes avantageux d'adaptation des idées et des formes futures au milieu actuel dont elles sont du reste à la fois les produits modifiés et les agents modificateurs.

L'étude des divers courants de la science et ainsi que du développement historique des théories et des institutions économiques me semble manifester clairement la tendance de l'économie orthodoxe de jadis et du socialisme devenu scientifique à se fusionner dans une économie sociologique, c'est-à-dire conçue comme une branche particulière, elle-même ramifiée de l'arbre aux racines profondes qu'est la science sociale. Celle-ci de son côté nous apparaît comme une végétation arborescente, large et superbe, basée à la fois sur la science de l'homme et sur celle du milieu physique et organique en général. La sociologie doit dès lors s'astreindre à la sévère et rigoureuse discipline de l'étude préliminaire et indispensable des sciences sociales

particulières et de leurs fondements physiques, organiques
et psychiques ; ainsi la sociologie ou philosophie générale
des sciences sociales distinctes se rattachera à la philosophie générale de la nature dont elle n'est que l'aspect le
plus complexe et le couronnement.

A la base des sciences sociales particulières, à raison de
sa généralité et de sa simplicité relatives figure l'économie ;
les phénomènes les plus fondamentaux de cette dernière
sont ceux de la vie pratique courante d'où se dégagent
spontanément toutes les institutions et toutes les doctrines
et croyances plus hautes qui en sont la fleur et le fruit.

La sociologie économique en se rattachant à l'ensemble
de la philosophie des sciences a naturellement soulevé les
grands problèmes de celle-ci. La conception dualistique de
la structure et de la vie des sociétés notamment y est entrée en opposition avec le monisme. A cet égard, et c'est un
des points capitaux de ma conception doctrinale, je considère qu'il est aussi impossible de séparer la force de la
matière, que l'âme du corps, l'idée du fait, l'agent prétendument actif de l'objet passif, l'individu de la société ou,
comme le veut A. Comte, l'auteur du théâtre où il joue
son rôle, l'humanité de son milieu extérieur.

La conception matérialiste de l'histoire ainsi que sa conception idéologique, en tant que conceptions unilatérales
et antithétiques, sont également inadmissibles ; on ne peut
considérer le phénomène économique comme exclusivement
matériel, il est social et tout phénomène social est à la fois
et indissolublement physique, organique et physique ; sa
production résulte de la combinaison indispensable de ces
trois facteurs, combinaison dont le résultat est mixte et en
grande partie différent. Tout phénomène économique est
non seulement matériel mais organique et psychique, tout
phénomène social prétendument idéologique est matériel
et organique ; l'économie sociale aussi bien que la psychologie collective sont une création du milieu physique et de

la population amalgamés et combinés dans des proportions diverses et des arrangements et réarrangements divers. La science sociale, à un degré encore plus élevé que les autres sciences, est une science de relations qui exclut l'absolu.

Il nous est donc impossible de considérer, comme le fait M. Tarde, le représentant le plus éminent de l'école psychologique, le phénomène social comme un phénomène exclusivement intermental. Nous le pouvons encore moins en économie sociale. Cette école aura cependant rendu un service inappréciable à l'économie en la débarassant sans doute à jamais de la considération grossière de la simple richesse objective, considération d'après laquelle l'homme n'était envisagé que comme une simple marchandise, une force de travail susceptible des simples lois du marché économique comme l'étaient l'esclave antique, sa femme et ses enfants. Toute œuvre économique contient du sang humain, de la force musculaire humaine, de la pensée humaine. Ce sera la gloire de M. Tarde et des autres représentants de cette école, d'avoir restitué au phénomène économique la part légitime de la cérébralité tant individuelle que collective dans l'interprétation de faits que l'on était arrivé à considérer comme simplement matériels. En cela du reste, il est juste de rappeler qu'ils ont pour précurseurs Condillac, Hume, Berkeley, Locke et toute l'école écossaise antérieure à Ad. Smith y compris celui-ci même dont le point de départ de la conception économique avait pour base une *théorie des sentiments moraux,* c'est-à-dire une psychologie collective malgré son fondement étroit de l'utilité et du bonheur individuels conçus comme harmoniques avec ceux de l'espèce.

Notre conception de la structure et de la vie des sociétés deviendra de plus en plus large à mesure qu'elle sera plus profonde; la vie, en général, est très complexe, très variable; ses formes sont certes limitées, mais indéfinies bien que non infinies; une forme-limite absolue serait le contraire même

de la vie ; sa limitation n'est jamais que relative ; la vie est
un équilibre instable mais toujours coordonné jusque dans
ses variations les plus extrêmes. Aussi ne pouvons-nous
admettre l'avènement d'un ordre économique définitivement
parfait et immuable, mais seulement la constitution et le
développement d'un ordre progressif continu suscitant des
idéals de plus en plus lointains et cependant de moins en
moins vagues et de mieux en mieux déterminés scientifiquement.

Les formes sociales et économiques sont actuellement et
seront sans doute dans l'avenir davantage encore considérablement variées bien que peut-être et par cela même
moins tranchées et divergentes. Aussi l'histoire de la vie
sociale ne se laisse-t-elle pas découper en tranches aussi
systématiques et aussi simples qu'on aime trop à l'imaginer. Le stade capitaliste, par exemple, se rencontre au
moins en germe dans des sociétés même rudimentaires et
il s'est développé bien avant le xve siècle dans les grandes
civilisations antiques de l'Égypte, de la Chine, de l'Inde
de la Grèce et de Rome, lesquelles connurent non seulement l'esclavage, le servage et le salariat, mais la transformation des producteurs autonomes à l'état d'esclaves ainsi
que la constitution de grandes sociétés capitalistes avec leur
contrepoids d'associations ouvrières, de grèves, etc...

Des civilisations particulières petites ou vastes ont évolué
avant toute civilisation mondiale plus ou moins générale
telle que celle dont nous observons le développement
actuel.

L'aboutissement socialiste ne peut être considéré comme
le résultat *fatal* de notre développement économique et intégral présent ; comme toute évolution, le futur sera déterminé par l'ensemble souvent contradictoire des conditions
existantes en y comprenant aussi bien celles qui nous dé-
plaisent que celles auxquelles se lient nos préférences et
nos espérances. Le résultat sera sans doute comme toujours

et partout une transaction et une transition où les forces sociales les plus énergiques recevront une satisfaction provisoire plus large que celle accordée aux plus faibles. Le droit économique actuellement en élaboration dans la plupart des pays les plus avancés, bien que très modeste, peut nous en donner une idée. L'idéal scientifique du socialisme et de la sociologie sera loin d'y trouver satisfaction mais sa poursuite en sera facilitée ; comme tous les traités de paix, ce ne sera qu'une trêve. Cette solution, momentanée comme toutes les solutions, et d'autant plus momentanée que la vie sociale par son progrès même accélère sans cesse la rapidité de sa marche, sera très probablement un résultat syncrétique où toutes les activités pratiques et toutes les doctrines recevront une satisfaction relative. Le communisme, le collectivisme, le mutualisme, l'individualisme, l'anarchisme même ne sont exclusifs que dans les livres. Déjà, dans un grand nombre de sociétés, certaines institutions circulatoires sont devenues communistes, les routes par exemple, chacun en use suivant ses besoins, dans des limites parfaitement rationnelles ; c'est même une application de la *prise au tas* du communisme anarchiste ; les chemins de fer appartiennent souvent à l'État, d'autres services sont communaux, intercommunaux, provinciaux, comme certains tramways, le gaz, l'électricité, l'eau. Des f rmes syndicales, des coopératives, des mutualités peuvent s'étendre de plus en plus à la production et à la consommation. En Allemagne surtout et ailleurs le domaine non seulement public mais privé de l'État en forêts, terres, usines, chemins de fer, mines tend à se développer.

Il y a cependant un ordre constant dans l'évolution des sociétés progressives malgré toutes les modalités et variations possibles de cet ordre ; il est dans la tendance constante qui se dégage nettement de l'étude de ces formes diversifiées, de soumettre au contrôle et même au domaine collectif tous les services d'intérêt général ou constituant des monopoles naturels ou artificiels de nature à compromettre l'intérêt général de telle sorte que la société actuelle malgré sa complication inévitable et nécessaire assure à tous ses membres non seulement l'équivalent des droits dont leurs ancêtres jouissaient dans les communautés égalitaires et simples primitives mais encore tous les bienfaits résultant précisément de l'accroissement de richesse et de bonheur actuellement disponible à raison même de l'évolution collective parcourue, grâce au concours de tous les êtres humains et même grâce au sacrifice continu du plus grand nombre au profit d'une minorité.

Ce sera le rôle de l'État démocratique de réaliser progressivement ce but, cette équitable et nécessaire coordination sociale que les États créés par et pour des castes ou des classes n'ont jamais réalisé que par la violence, la contrainte et le maintien de l'ignorance. La conception de l'État démocratique nécessitera une réforme de la science économique aussi bien que des rapports économiques. On a trop perdu de vue, même dans le socialisme et à la suite des économistes, que le travail individuel n'est pas l'unique source de la valeur, en y comprenant même le capital individuel. On est arrivé à mettre à l'arrière-plan et même à négliger complètement l'intervention des forces naturelles et celle de la collectivité. En réalité les facteurs de toute production sont le travail, le capital et le talent individuels, puis le travail, le capital et le talent collectifs présents et hérités et les forces naturelles. Tout produit économique, et ceci confirme notre théorie relative à la nature du phénomène social et économique, est le résultat de la combinaison de ces divers facteurs à la fois inorganiques, organiques et psychiques, ces deux derniers non seulement individuels mais collectifs. Il en résulte que le travailleur individuel n'a pas droit au produit intégral mais simplement à la part qui est le résultat de sa collaboration individuelle en capital et en travail ; le surplus est œuvre collective et revient à divers degrés aux divers groupes sociaux en commençant par le groupe professionnel jusqu'à l'État ; une dernière part revient encore à ce dernier, également suivant les divisions mêmes de l'État, du chef des agents naturels dont l'appropriation en principe est inadmissible individuellement, sauf si leur abondance est quasi-illimitée comme l'air, la lumière, l'eau de la mer, etc.

C'est l'oubli de ces principes fondamentaux non seulement de l'économie sociale mais de la sociologie qui a fait qu'actuellement la science économique est encore en grande partie empirique de même qu'une de ses branches essentielles, celle à laquelle on donne complaisamment le titre de *science des finances publiques* bien qu'il n'y soit question que d'expédients purement empiriques où l'impôt nous est presque toujours représenté comme un prélèvement malheureux bien qu'indispensable sur la richesse actuelle, alors au contraire qu'il est loin de représenter la part revenant de droit à la collectivité du chef de son domaine propre et naturel dont la gestion seule varie suivant les circonstances. Une des applications les plus importantes de la conception sociologique d'après laquelle nous considérons que tout fait social est le produit d'une *combinaison* de facteurs à la fois inorganiques, organiques et psychiques sera donc également d'envisager toute utilité économique comme le résultat des mêmes facteurs représentés dans l'espèce par les agents naturels, le travail et le capital individuels, le travail et le capital collectifs y compris leurs éléments psychiques également *combinés* de telle sorte qu'aucun produit ni même en général aucun phénomène économique ne peut se réaliser par l'un quelconque de ces facteurs considérés isolément mais seulement par leur combinaison proportionnée et que non seulement l'individu mais la collectivité entière et chaque groupe professionnel organisé de celle-ci ont une part dans le produit total.

Dès lors la valeur d'un produit ne peut être déterminée

exclusivement par aucun de ces facteurs isolés pas plus que
la valeur d'un phénomène économique et social quelconque.
En outre cette valeur est également déterminée par tous les
facteurs génésiques, esthétiques, psycho-collectifs, moraux, juridiques et politiques ainsi que par les institutions
corrélatives qui dans tous les cas interviennent et concourent à la formation du marché économique. On le voit, la
théorie positive de la valeur ne peut être que sociologique.
La théorie de la valeur fondée sur la durée normale du travail, théorie empruntée, du reste très avantageusement au
point de vue combatif par le socialisme à A. Smith doit
être abandonnée; cette arme redoutable forgée par l'ancienne économie classique et utilisée par le socialisme doit
être remplacée par une arme encore plus efficace, la vérité!

Si la collectivité a son domaine propre, ici cependant
encore le transformisme social ne cesse pas d'agir d'une façon continue et il appartient toujours à la collectivité de
régler l'administration et la disposition de ce domaine au
mieux de ses intérêts et surtout de l'intérêt général lequel
ne comprend pas seulement celui des contemporains mais
également des générations futures. A ce point de vue les
règles tracées par Tarbouriech, dans *La cité future* et par
A. Menger dans l'*État socialiste* me semblent trop rigides
en même temps que trop autoritaires en ce sens qu'ils ne
font presque pas ressortir le grand développement des
formes représentatives et contractuelles qui depuis les plus
bas degrés de l'échelle des groupements sociaux jusqu'à
leurs degrés les plus élevés, c'est-à-dire jusqu'aux grandes
représentations internationales, atténueront de plus en plus
l'archaïque caractère autoritaire du droit et de la législation. Ces tentatives en partie prématurées de codification
sociale constituent cependant un phénomène intéressant en
ce qu'elles semblent confirmer au moins en apparence le
retour à l'idéologie, c'est-à-dire le stade du *saut dans la
liberté* de la volonté collective prédit par Engels; seulement

il y a cette différence que même la nouvelle idéologie est basée sur la modification préliminaire des faits et des rapports économiques, modification qui à son tour entraîne directement la transformation des rapports moraux et juridiques sous peine de dissolution sociale. Indirectement ensuite la révolution du droit agit par répercussion sur l'ordre économique déjà préparé à subir cette adaptation nécessaire. L'idéologie dès lors perd son caractère absolu et sa conception se rapproche déjà sensiblement de la nôtre d'après laquelle aucun facteur social n'est ni purement idéologique ni purement matériel.

Les lois sociales sont également relatives ; ce qui était à un moment du ressort de l'activité individuelle peut rentrer dans celui du domaine collectif ; ce qui appartenait à celui-ci peut en sortir. En dehors des monopoles naturels qui eux-mêmes ne revêtent le caractère de monopoles que dans certaines conditions historiques, c'est le cas par exemple des articles primitivement de luxe qui deviennent d'usage général et courant ; de même des articles d'abord usuels peuvent, détrônés par d'autres, devenir des spécialités d'amateurs. Le gaz qui tend à être très justement exploité sous forme de régies communales ou intercommunales pourra passer dans le domaine de l'industrie privée si l'usage de l'électricité devient le plus général. D'une façon absolue on peut dire que l'extension des services internationaux, nationaux, provinciaux, communaux et même des coopératives n'est pas un obstacle à l'extension des services privés. La progression des spécialités loin d'être opposée à celle de l'intégration des généralités semble au contraire le rythme naturel de l'œuvre continue d'intégration et de désintégration sociale.

Il faut donc concevoir la vie économique et toute la vie collective comme soumises à un transformisme continuel bien qu'assujetti à des lois constantes notamment à celles qui, en économie sociale, déterminent le domaine naturel de la collectivité quoique le contenu de ce domaine puisse et doive changer considérablement. N'est-ce pas ainsi, qu'en psychologie, le conscient devient sans cesse inconscient et vice-versa? N'est-ce pas ainsi que la vie sociale, comme la vie en général va de l'automatisme à l'action délibérée et de celle-ci de nouveau à l'automatisme? Aucune structure sociale n'est ni fixe ni homogène; aucune ne le sera. Aux activités anciennes déjà transformées par tradition, répétition, habitude en coutumes et en institutions viennent toujours se joindre des variations, des acquisitions nouvelles qui déforment et désagrègent au moins partiellement les premières et finalement s'organisent à leur tour au fur et à mesure que d'individuelles ou particulières elles tendent à devenir sociales et générales.

Cependant si les formes, c'est-à-dire les institutions ou organes sociaux se modifient sans cesse, c'est toujours conformément aux lois de l'évolution et dans un ordre relativement constant; en outre, ce qui ne change pas c'est la fonction, j'entends par là les fonctions fondamentales de toute vie sociale. Il en est ainsi de la circulation, de la consommation et de la production des utilités en économie, elles peuvent se développer et se différencier en fonctions plus spéciales, elles peuvent surtout revêtir des formes très diversifiées, mais toujours ces fonctions sont réductibles aux fonctions essentielles lesquelles elles-mêmes, comme nous avons essayé de le montrer peuvent être ramenées à la plus simple et à la plus générale, la circulation ou plus simplement encore le mouvement combiné des utilités et des hommes.

C'est pourquoi, à mon sens, les définitions économiques abstraites et générales sont possibles, mais ne peuvent être dégagées que de la fonction constante des institutions économiques historiques. C'est ainsi qu'il est possible de formuler des lois économiques abstraites et non seulement historiques et de même des lois sociologiques. Par exemple,

quelle que soit la structure sociale, le capital peut être défini,
d'après sa fonction constante, cette partie de la richesse
collective qui est réservée et utilisée en vue de la reproduction. De même, le commerce a pour fonction constante,
que le régime soit communiste, collectiviste, mutualiste,
étatiste, individualiste ou même anarchiste, de recueillir,
d'emmagasiner, de transporter et de distribuer les utilités
et les hommes de leurs lieux d'origine aux endroits nécessaires, dans le temps nécessaire et dans la quantité
également nécessaire.

On pourrait ajouter maintenant encore que, même
lorsque l'organe qui remplit la fonction paraît être individuel, en réalité il ne l'est pas en ce sens qu'il remplit bien
ou mal une fonction sociale; la fonction n'est jamais individuelle, l'organe peut l'être, comme on le voit en politique en ce qui concerne la direction de la société dans les
monarchies absolues. Même dans un système d'appropriation privée de la terre et des capitaux, le propriétaire et le
capitaliste ne cessent pas d'être des fonctionnaires sociaux ;
ils sont de fait des agents institués à son usage bien ou
mal entendu. La propriété privée est une institution en vue
d'un service qui n'est pas simplement individuel. Il faut y
insister avec d'autant plus de force qu'en tant qu'institution elle peut et doit se transformer comme elle l'a fait déjà
antérieurement et qu'elle le peut tout en maintenant sa
fonction essentielle et constante et surtout en en développant et en améliorant l'exercice. C'est pourquoi j'ai toujours
estimé que même la conception libérale de l'économie politique était non pas exclusivement négative, mais une
conception réellement organique de la société économique
et par surcroît morale, juridique et politique ; elle correspond à une certaine organisation des fonctions économiques ; le propriétaire et le capitaliste du stade libéral et individualiste, n'ont jamais cessé d'être des fonctionnaires
sociaux et dès lors dépendants du sort de l'institution

dont ils ne sont que les organes toujours réformables et ré-
vocables.

Le problème de l'accommodation progressive de l'organe
à la fonction est un problème purement historique quant
aux formes diverses de cette organisation, et à ce point de
vue, il y a des lois économiques et sociologiques purement
historiques, mais en tant que la transformation des organes
ou institutions se lie étroitement à celle des fonctions et
surtout si l'on n'envisage séparément que ces dernières, nous
pouvons en économie sociale aussi bien qu'en sociologie
nous élever jusqu'à la conception de lois abstraites et universelles.

Quant au développement social intégral, ce développement n'est pas seulement économique ni surtout exclusivement déterminé par les facteurs matériels qui entrent
dans la composition non seulement de tout fait économique,
mais de tout fait social considéré abusivement et par opposition comme purement idéologique. La structure et le
fonctionnement du système économique sont en rapport et
en corrélation avec toutes les parties de l'organisation et de
la vie sociale ; dès lors l'interprétation de l'histoire en général et particulièrement l'interprétation des faits et des
idées, des institutions et des doctrines économiques ne peut
être que sociologique, c'est-à-dire demandée à la considération de l'ensemble de la philosophie de toutes les
sciences. C'est ainsi, par exemple, que la théorie de la valeur est dépendante de la théorie et de la constitution de
l'ordre social tout entier. Le prix du marché est un prix
social du marché dans la fixation duquel interviennent
toutes les institutions et toutes les croyances non seulement économiques, mais génésiques, esthétiques, psychiques, proprement dites (religions, métaphysiques, sciences)
morales, juridiques et politiques y compris leurs formes
les plus violentes et les plus odieuses. Le glaive du bar-
bare, les privilèges des classes dominantes, tout le déséqui-

libre social comme tout son équilibre, à un moment donné, déterminent la valeur des utilités y compris celle des hommes à ce moment.

Si l'économie n'est qu'une branche spéciale de la science sociale et ne trouve pas son interprétation complète en elle-même, elle en est cependant la branche principale ; elle a pour objet la connaissance et l'application des lois relatives à la vie nutritive des sociétés. Les définitions successives dont elle a été l'objet jusqu'à nos jours montrent par elles-mêmes que son évolution a été une évolution naturelle depuis ses origines jusqu'à l'avènement actuel du point de vue sociologique. Celui-ci est destiné à rendre son développement de plus en plus régulier par la subordination progressive des points de vue particuliers et exclusifs à une conception d'ensemble plus large et plus positive de la structure et de la vie sociales. Même la sociologie économique n'a pu en réalité se constituer qu'avec le déclin irrémédiable des castes et des classes privilégiées et le développement de la démocratie.

Les théories individualistes de A. Smith et de Ricardo contenaient en germe les formules essentielles du socialisme de Rodbertus, de Lassalle et de Marx ; le socialisme de Godwin inaugurait les doctrines anarchistes et individualistes de notre temps ; de même le socialisme du siècle actuel est gros d'une indépendance sociale de l'individu supérieure à celle que jamais ont pu concevoir et surtout pratiquer nos pères.

L'homme est un être individuo-social, toute collectivité est socio-individuelle ; l'antithèse individu et société est métaphysique, comme l'antithèse société et monde physique, comme celles de corps et âme, d'esprit ou force et matière, etc. La sociologie doit mettre fin à ce dualisme conçu par des cerveaux trop étroits pour embrasser la réalité, toute la réalité et rien que la réalité. Les sociétés les mieux évoluées de l'avenir seront nécessairement aussi

celles qui produiront la plus luxuriante végétation d'individualités sociales, c'est-à-dire ayant conscience entière de
leurs fonctions particulières dans l'ensemble, dans l'organisation dont elles seront à la fois les moteurs et les rouages ;
la différenciation sociale même professionnelle, sous des
formes multiples, n'ira sans doute comme actuellement
qu'en augmentant ; car cette différenciation progressive est
en somme le procédé naturel qui permet et facilite le développement des organisations supérieures ; c'est celui qui
a permis à l'humanité de s'adapter à la presque totalité de
la planète ; cette différenciation est le mécanisme du développement et bien plus la cause que le résultat de celui-ci.

Dans l'économie sociologique il ne suffit pas de tenir
compte des lois du milieu physique et de celles de la nature humaine et puis d'en déduire simplement les conséquences d'une façon plus ou moins logique, il faut également considérer que tout phénomène économique est le
produit de la combinaison intime de ces deux facteurs et en
outre rattacher constamment l'interprétation de ce phénomène à l'ensemble de ceux qui font l'objet des sciences sociales particulières : la génétique, l'esthétique, la psychologie collective, l'éthique, le droit et la politique. Il est
nécessaire en dernier lieu de subordonner cette interprétation à l'ensemble de la philosophie sociale et de la philosophie générale des sciences.

On ne peut faire abstraction d'aucun de ces facteurs, car
tout phénomène économique implique tous les autres, les
modifie et en est modifié d'une façon constante.

Aucune interprétation ne peut faire abstraction d'un facteur constant ni même variable, si comme c'est le cas
pour la nature entière, les facteurs en réalité ne sont que
relativement variables et constants. Seuls les faits accidentels peuvent être éliminés parce qu'ils se neutralisent et s'éli-
minent pour ainsi dire d'eux-mêmes quand les observa-

tions portent sur des périodes suffisamment étendues. L'oubli de cette nécessité a vicié un grand nombre de théories économiques contemporaines, classiques et socialistes, notamment en ce qui concerne la théorie de la valeur; ces théories ont surtout été des armes formidables de critique et de combat dans la lutte homérique et historique des forces et spécialement des classes sociales ; ces armes peuvent dès à présent être considérées comme surannées et reléguées avec beaucoup d'autres dans les musées d'archéologie[1].

L'étude de la science économique considérée dans ses rapports nécessaires avec toutes les sciences antécédentes et consécutives aura pour résultat salutaire à la fois théorique et pratique de réduire de plus en plus les antagonismes des points de vue unilatéraux en les combinant de manière à faciliter la réalisation plus rapide de leurs efforts jusqu'ici dispersés et enfin rendus convergents. L'usage croissant de la méthode historique spécialement appropriée à toutes les sciences sociales, combinée avec toutes les autres méthodes même mathématiques, exercera la même influence. La statistique aussi revêtira le caractère historique ; elle est à la base de l'économie sociale, elle en représente l'étude moléculaire, tandis que les institutions et les systèmes d'institutions en sont les combinaisons molaires. Un atlas de diagrammes économiques comme ceux élaborés par M. H. Denis est la base la plus sûre de toute histoire de la civilisation. C'est ce qu'ont parfaitement déjà compris certains juristes et notamment M. E. Nys dont les recherches d'histoire économique ne tarderont pas à rénover les anciennes théories du droit des gens, comme celles d'A. Menger, et d'autres rénoveront le droit public interne et le droit

---

1. Je me réserve, dans un volume en préparation sur *La répartition des richesses*, de développer les idées relatives à la théorie de la valeur et aux principes de la répartition que je n'ai fait qu'indiquer brièvement dans les passages ci-dessus.

privé. C'est par l'usage des mêmes méthodes que M. H. Pirenne pour une civilisation particulière a admirablement mis en lumière les fondements économiques de l'histoire de la Belgique.

En outre, ainsi que nous l'avons exposé, à l'économie sociale s'appliquent toutes les méthodes des sciences antécédentes y compris la méthode expérimentale spéciale aux sciences inorganiques et celle de comparaison utilisée surtout en biologie anatomique. Toute l'histoire est en somme une vaste et continue expérience accumulée, expérience dont l'homme peut s'approprier les procédés par le fait qu'il intervient naturellement dans l'organisation et le développement des faits sociaux, à la fois comme agent et comme patient d'un ordre évolutif dont il est partie intégrante.

L'histoire s'applique à la fois à l'étude de la statique et de la dynamique des sociétés, c'est-à-dire de leur structure et de leur vie, du reste toujours corrélatives ; la statistique est à la base de la sociologie économique concrète et, par celle-ci, de l'économie abstraite ou pure par opposition à l'économie pratique ou appliquée. La méthode historique étendue à la statistique est l'instrument le mieux adapté à la puissance, à la grandeur, à la complexité, à la variabilité et à la modificabilité spontanée ou artificielle des faits économiques sociaux ; par elle, l'expérience sociale se transforme en prévoyance individuo-collective.

Cependant l'histoire de l'économie pour être sociologique doit unir celle des faits et des institutions à celle des sentiments, des émotions, des idées et des théories ; en général les faits de la vie pratique et courante précèdent les institutions ; généralement même ils ne se présentent pas à l'état individuel et isolé pas plus que les variations biologiques, précisément parce que l'influence prédominante du milieu tend toujours à exercer son action sur des masses ; de même, les idées d'abord particulières, bien qu'également plus ou moins répandues, précèdent en général les théories ou conceptions d'ensemble ; celles-ci à leur tour réagissent sur les idées, sur les institutions et sur la vie pratique. Les idées économiques s'expliquent par les sentiments sociaux et ceux-ci tout d'abord par les actes et les mouvements individuo-collectifs. Même nous ne connaissons les idées et les conceptions générales des sociétés rudimentaires que par leurs actes et par leurs coutumes.

Quant à la propagation et à la similitude des faits, institutions, idées et théories, l'imitation est insuffisante à les expliquer entièrement ; ici l'action en général uniforme des milieux sociaux doit être considérée comme le facteur essentiel de toutes les ressemblances sociales de même que les variations de ces milieux sont les agents des variations spéciales ; la grande difficulté consiste malheureusement en bien des cas à rattacher les variations spéciales à leurs causes particulières d'autant plus que celles-ci ne peuvent pas absolument être isolées à raison du caractère intégral de tout phénomène sociologique.

Nous croyons aussi avoir démontré qu'il faut unir, comme elles le sont dans la réalité, l'histoire du socialisme à celle de l'économie dite classique et qui par le fait même qu'elle est plus ou moins une théorie de classe est intimement mêlée à toute l'évolution sociale et dès lors à celle du socialisme ; en fait elles sont inséparables non pas seulement parce qu'elles s'opposent l'une à l'autre mais parce qu'elles ont été bien plus unies que distinctes surtout à l'origine et que leur différenciation consécutive est en somme une différenciation organique et coordonnée ; l'une a toujours agi sur l'autre, l'une a toujours été fonction de l'autre ; elles se sont bien plus complétées qu'exclues, se faisant des emprunts continus malgré leurs anathèmes réciproques ; ce point de vue élevé facilitera leur conciliation future déjà visible chez tous les sociologistes qui ont traité le problème économique.

L'histoire économique ainsi entendue comme elle doit l'être, manifeste la grande loi de l'atténuation progressive des divergences sociales extrêmes, atténuation qui elle-même n'est sans doute possible que par un accroissement corrélatif de la multiplicité de ces variations atténuées et leur rapprochement d'une direction moyenne.

Chaque civilisation présente également en abrégé l'évolution de l'espèce individuo-sociale entière ; seulement toutes les sociétés ne sont pas également évoluées ; on ne peut donc appliquer à l'ensemble de l'histoire de la civilisation une division absolue en périodes successives telle que la division en période antique ou de l'esclavage, période du moyen âge ou servage et période moderne capitaliste ou du salariat, puisque ces formes successives de production et de répartition se rencontrent même dans la période antique, sauf en ce qui concerne la grandeur et l'intensité de leur développement. Du reste l'esclavage lui-même ne peut être considéré comme le mode primitif d'organisation du travail. Cette conception quasi-linéaire de l'évolution sociale suppose un développement d'ensemble qui ne sera au contraire que le résultat du développement des sociétés particulières. Seulement nous pouvons théoriquement relier l'histoire des sociétés particulières à celle de la civilisation générale en classant indifféremment les sociétés aussi bien passées qu'actuelles d'après les stades qu'elles ont atteint de telle sorte qu'une société retardataire actuelle pourra figurer sur le même rang que les plus anciennes et, en sens inverse, d'antiques civilisations comme celles de l'Egypte, de la Chine, de la Grèce et de Rome se classer au moins pour certaines périodes les plus avancées de leur histoire dans le voisinage des sociétés actuelles les plus évoluées.

Notre thèse n'est pas en contradiction avec celle du monogénisme ; celui-ci fut régional et particulariste à l'origine ; l'espèce humaine ne devint mondiale que par de lentes adaptations, différenciations et sélections progres-

sives qui à leur tour se sont de mieux en mieux coordonnées de manière à reconstituer son unité initiale. C'est un
retour, mais seulement apparent, à sa constitution primitive ; c'est le monogénisme régional évolué en monogénisme
mondial par des différenciations progressives constamment
atténuées par des fusions plus complètes et encore une fois
par la réduction constante des divergences extrêmes.

Le phénomène économique étant fondamental, c'est de
l'atténuation des conflits économiques que dépend le développement plus régulier de la civilisation. Le monde économique n'est pas de lui-même et naturellement harmo-
nique ni discordant ; ses conflits sont les conséquences de
ses inévitables variations. A raison de ce caractère principal la division de l'histoire des sociétés et spécialement
celle de l'histoire économique ainsi que la classification des
types sociaux et économiques ne peuvent être demandés
qu'à l'économie elle-même. C'est la conclusion à laquelle
ont naturellement abouti la plupart des écoles d'économie
sociale. Même la division d'A. Comte et de H. Spencer en
sociétés prédatrices ou militaires et sociétés industrielles ou
pacifiques a un caractère économique ; seulement la guerre
n'est qu'une forme violente des conflits sociaux et ces conflits persistent dans les sociétés industrielles ; le caractère
militaire ou non est donc trop superficiel pour servir de
base à une classification. Les conflits sociaux sont et resteront sans doute permanents ; ils sont l'expression des équi-
librations nécessaires que poursuivent toujours les variations
sociales dont la prolifération n'a pas de limite assignable.
Les conflits comme les variations mêmes ne feront que se
multiplier ; ici encore une fois l'amplitude des oscillations
divergentes se réduira par la spécialisation progressive et
l'accroissement numérique des oscillations et des conflits ;
leur solution continue et régulière suivant de près leur
naissance, du reste de mieux en mieux prévue, deviendra
possible autrement que par la guerre et la contrainte d'une

force exclusivement militaire, au surplus déjà actuellement de plus plus identifiée avec la collectivité. Ces conflits de groupe à groupe, comme déjà ceux entre individus d'un même groupe, arriveront à se résoudre par des arrangements, par des formes de représentation, de délibération et d'exécution contractuelles étendues des petits groupes locaux et professionnels jusqu'aux grandes collectivités et même à l'ensemble de celles-ci. L'organisation de la justice à tous les degrés suivra en somme l'organisation du travail et de la répartition des richesses. Les conflits sans être supprimés, même probablement multipliés, seront atténués et pacifiés sinon même prévus et prévenus. La paix à l'intérieur du groupe comme la paix vis-à-vis de l'extérieur n'est possible que par l'organisation de la justice ; celle-ci elle-même ne l'est que par celle du travail et de la science ; rien n'est plus difficile et compliqué que d'être juste. Un tribunal international d'arbitrage suppose une organisation internationale du travail en rapport avec une conscience internationale de l'opinion publique ; il suppose une grande activité et organisation scientifiques ; peut-être même suppose-t-il la subordination de l'idée de nationalité à des formes de groupement moins grossières que celles auxquelles les nationalités actuelles doivent leur formation violente et dont tout le poids séculaire comprime ou fait dévier nos plus nobles aspirations.

Par là on voit que toutes les forces sociales sont corrélatives et interdépendantes ; cependant le phénomène économique étant, parmi tous les phénomènes sociaux, le plus simple et le plus général, peut et doit être considéré, non pas comme une cause première, mais comme conditionnant ou déterminant principalement le surplus de la structure sociale.

Alors cependant on peut encore essayer d'approfondir le problème. Est-ce que, dans le domaine économique lui-même, il n'y a pas un facteur plus simple, plus général et dès

lors relativement plus influent que tous les autres appartenant au même système? Certes en sociologie pas plus
qu'ailleurs, il n'y a ni causes premières ni causes finales
absolues mais seulement des causes concourantes ; mais
parmi celles-ci, et en économie même n'y a-t-il pas des conditions moins spéciales et moins complexes auxquelles les
autres sont subordonnées par différenciation non seulement
logique, mais organique et historique?

Marx et Engels considèrent comme facteurs initiaux les
forces productives et spécialement la technique de la production ; c'est aussi la théorie de l'école de Le Play et celle
de plusieurs autres théoriciens même antérieurs. Je considère
au contraire la production comme la combinaison la plus
complexe de toutes en économie sociale, plus complexe que
la consommation et surtout que la circulation au sens le
plus simple de cette expression. La circulation me semble,
à tous les points de vue le phénomène économique le plus
général ; sur elle, contrairement à ce que pense Bücher, repose tout le système de l'économie dite naturelle, de la
chasse, de la pêche, de la cueillette des fruits, de l'extraction des racines, système où toute l'activité économique se
résume dans la moins compliquée et la plus homogène de
toutes les combinaisons posssibles, un simple déplacement
des utilités et des hommes. C'est la grande différence qui
existe entre la simple *récolte* et la *culture*, la première ne
réclame qu'une combinaison, la seconde une série de combinaisons, c'est la simple circulation antérieure à la période
de l'échange et à la formation du capital comme instrument
de reproduction. Ma conclusion est en réalité impliquée
dans la théorie de Bücher et lui-même y aboutit malgré tout
lorsqu'il écrit : « Pour embrasser toute l'évolution, il faut de
toute nécessité nous placer à un point de vue qui nous fasse
saisir non seulement les caractères essentiels de l'économie
nationale, mais aussi pénétrer l'organisation intime des
stades économiques qui ont précédé. Ce point de vue ne

peut être que le rapport qui existe entre la production et la consommation des biens, *ou, pour le dire d'une façon plus précise, la longueur du chemin que les biens parcourent, pour passer du producteur au consommateur.* » Qu'est cela si ce n'est la circulation et l'étendue ainsi que la complexité de la circulation considérées comme l'expression fondamentale du phénomène économique[1]?

Le seul déplacement des utilités et des hommes implique en lui, au stade primitif, la consommation et la production, mais celles-ci n'en sont pas encore organiquement différenciées ; elles y restent confondues ; il n'y a pas encore cette combinaison complexe de la circulation même dont le résultat sera un produit nouveau, transformé, différent des matériaux naturels utilisés pour sa création. La production artificielle ne commence à apparaître que dans les sociétés industrielles, pastorales et agricoles ; elle atteint son point le plus élevé dans l'agriculture industrialisée mais, dans tous les cas, cette évolution est déterminée ou caractérisée de la façon la plus générale par un processus de la circulation, c'est-à-dire par une extension et une complication des degrés intermédiaires, c'est-à-dire, comme dit fort bien Bücher, de la distance qui sépare la consommation de la production.

Ainsi un mouvement très simple est à la base de l'économie, et comme celle-ci est elle-même le fondement de la science sociale, par l'économie du mouvement la sociologie entière à son tour peut se rattacher à la philosophie générale des sciences qui repose en dernier lieu sur la mécanique et les mathématiques. Cette conclusion ultime est cependant encore une hypothèse qui, bien que la plus probable et expliquant de la façon la plus satisfaisante l'ensemble de la socialité en tant que celle-ci se rattache évi-

---

1. K. Bücher. Études d'histoire et d'économie politique. Traduction française, p. 49 (Paris, F. Alcan).

demment à toute la phénoménalité naturelle, reste soumise à toutes les légitimes exigences de la plus rigoureuse vérification scientifique.

Au point de vue pratique, il en résulte que partout et toujours les formes et la fonction de la consommation et de la production sont dominées par celles de la circulation. Le maître de la circulation sera toujours le maître du monde ; la classe ouvrière elle-même ne sera pleinement émancipée que lorsqu'elle jouira d'une organisation circulatoire qui ne sera pas subordonnée à la circulation capitaliste actuelle dont en réalité ses coopératives de production et de consommation sont restées dépendantes. Voilà aussi pourquoi, à raison de leur généralité et de leur simplicité, les institutions relatives à la circulation sont naturellement les plus évoluées en socialisation ; les routes représentent des formes communistes, de plus en plus les chemins de fer, les postes, les télégraphes, les canaux appartiennent à la collectivité ; là où elles ne sont pas des institutions d'État les banques sont au moins des concessions de celui-ci.

Le territoire et la population sont certainement des facteurs plus généraux, mais, considérés isolément, avant leur combinaison qui seule peut donner naissance au phénomène social, ils sont du domaine de la mésologie et de l'anthropologie, c'est-à-dire du ressort de toutes les sciences antécédentes à la sociologie. L'accroissement de la population ne produit de variation sociale que *relativement* à l'insuffisance du territoire. Dès lors le point de vue de l'école mésologique est aussi insuffisant, dans son unilatéralité, que celui de l'école anthropologique pour autant que chacune de ces deux écoles considère exclusivement soit le territoire, soit la population comme le facteur le plus général et même initial.

Si, comme je l'ai exposé, le simple déplacement des utilités et des hommes où se confondent primitivement la production et la consommation, constitue logiquement et historiquement le phénomène économique le plus simple et le plus général, il est légitime d'emprunter la division fondamentale de l'histoire économique des sociétés à la succession naturelle des formes graduelles de leur développement circulatoire en y rattachant régulièrement les formes corrélatives et progressivement différenciées de la consommation et de la production.

Dans ce volume, je me suis borné à tracer un tableau du développement de la circulation considérée sous ses divers aspects en y ajoutant cependant, comme simple indication et sous réserve d'explications ultérieures, celui du développement économique dans ses autres embranchements.

Généralisant encore le phénomène circulatoire, je l'ai conçu comme susceptible d'être ramené, eu égard au simple déplacement des utilités et des hommes qui est à sa base comme la plus simple des combinaisons économiques, à des conditions encore plus générales d'étendue dans l'espace et d'intensité dans le temps et dans l'espace. C'est en effet dans le temps et dans l'espace que le phénomène circulatoire comme tous les autres phénomènes se réalise. Ces conceptions d'espace et de temps étant elles-mêmes convertibles en mouvement, notre interprétation sociologique et philosophique relativement à la nature du phénomène économique le plus général se trouve confirmée. En dernière analyse, les divisions historiques du développement économique et par surcroît de tout le processus social, pourraient être considérées comme successivement locales, régionales, nationales, internationales, intercontinentales et mondiales. La civilisation mondiale reproduirait, mais par un retour purement apparent, l'unité particulariste et fermée de l'humanité primitive, évoluée ensuite par différenciation, adaptation et fusion continues jusqu'au stade déjà actuellement reconnaissable, le stade de l'économie mondiale.

Toutefois, si nous ne voulons pas nous contenter d'observer l'apparence extérieure de ce développement nous devons arriver à reconnaître que toute économie même mondiale est une économie limitée et fermée. Il n'y a de différence qu'entre la grandeur du cercle et la complication de son contenu ; la famille est un monde, le monde est une famille. Le développement à venir de l'organisation du travail ne sera en réalité que le développement de l'économie domestique fermée mais indéfiniment étendue et facilitée dans cette extension par la différenciation croissante des ateliers multiples dont la coordination progressive et parallèle constituera la grande industrie mondiale où, grâce à la réduction continue du temps et de la distance, se réalisera encore comme toujours le stade primitif où suivant Bücher « les biens sont consommés là où ils ont été produits ».

Sans essayer de préciser la structure de cet idéal lointain, et tenant compte des réalités présentes et du fait que partout et toujours la circulation économique est le phénomène fondamental, ainsi que de notre observation que les institutions circulatoires sont les plus évoluées en socialisation, il est légitime de supposer que, comme dans le passé, cette évolution de la circulation continuera à exercer sa répercussion et son influence prédominantes sur les formes plus spéciales de la consommation et de la production. Ici toutefois, il convient d'insister sur la multiple variété des combinaisons possibles et sur le transformisme continu des institutions sociales. La vie collective exclut toute combinaison absolue et définitive d'un caractère général.

C'est en se plaçant ainsi au point de vue relatif et sociologique que nous arrivons à définir de la façon la plus générale et la plus abstraite l'économie comme la science de la structure et de la vie nutritive de la société et de leur amélioration par la réduction progressive de l'espace, du temps, du poids mort et de l'effort relativement à l'effet utile. Cette définition générale et abstraite, à la fois statique et dynamique de l'économie sociale est empruntée précisément à la loi la plus générale de la circulation dont j'ai exposé la théorie et les applications dans d'autres publications et notamment dans mes *Lois sociologiques* et dans mes *Essais sur la monnaie, le crédit et la banque* ainsi que dans le *Crédit commercial*. Par là, encore une fois, la philosophie économique se relie à la philosophie mathématico-mécanique qui est à la base de la philosophie générale des sciences.

L'étude précédente relative à Ad. Quetelet et à ses précurseurs m'a précisément permis de restituer à l'école mathématico-mécanique et physique la place légitime qui lui revient dans l'histoire du développement de la sociologie et spécialement de la science économique. La vogue, d'un côté du matérialisme historique et de l'autre de la psychologie économique et collective, semble l'avoir reléguée à l'arrière-plan alors cependant qu'elle n'a pas été sans influence sur ces écoles mêmes. L'école mathématico-physique n'est certes qu'un des affluents du grand fleuve sociologique, mais un affluent précieux et considérable dont les apports ont été féconds mais dont le cours a été peu observé et a même été négligé à raison sans doute des régions souvent arides et peu accessibles où il se plaît. Marx lui-même n'a pas dédaigné de faire usage des procédés mathématiques et ceux-ci ont été largement utilisés non seulement par Stanley Jevons et M. L. Walras et leurs disciples, mais encore par une notable partie des représentants du néo-utilitarisme dans tous les pays. Marx cependant n'a appliqué franchement ni la méthode historique ni la méthode mathématique. Ses formules mathématiques ne sont en règle générale que la rédaction abrégée des observations et des raisonnements logiques qui les précèdent et auxquelles elles n'ajoutent rien.

J'ai essayé de montrer par l'évolution de l'école mathématico-physique, depuis ses précurseurs jusqu'à Quetelet, que l'application de la méthode mathématique en économie sociale n'est pas une simple aberration ni un accident dans l'histoire de la science ; son avènement et ses développements n'ont pas été isolés ; ils se sont étendus aux civilisations les plus avancées ; son évolution se continue et se parfait encore aujourd'hui ; elle n'est pas achevée ; seulement comme toutes les doctrines et comme toutes les méthodes, l'école mathématique deviendra de moins en moins exclusive. L'antagonisme en apparence irréductible existant entre elle et l'école historique est destiné à se fondre et à se concilier par la reconnaissance du fait que la statistique est à la base des deux écoles, mais que la statistique est aussi de l'histoire. La combinaison des deux méthodes, en complétant la fusion de toutes les méthodes scientifiques dans la science sociale, renforcera la coopération des écoles diverses dans une œuvre scientifique rendue consciente et commune. L'unité de méthode aboutira à l'unité de la philosophie sociale.

Quel beau livre serait à faire sur les tendances et les croyances communes à tous les représentants les plus illustres de l'économie sociale, entre A. Smith et Godwin, entre Bastiat et Proudhon, entre celui-ci et K. Marx, etc., etc. ! Combien déjà l'antithèse entre l'individu et l'État nous paraît démodée et les controverses auxquelles elle a donné lieu véritablement scolastiques ! En réalité toutes les théories naissent du milieu social qui leur imprime une empreinte générale uniforme avec certaines variations résultant des milieux spéciaux et des intelligences individuelles qui en subissent l'influence directe malgré toutes les déviations particulières ; et toutes ces théories issues du milieu social y retournent dans leur application, elles s'y fondent et s'y épurent de tous leurs résidus non assimilables non pas parce qu'ils sont erronés au point de vue absolu mais parce qu'ils le sont relativement, c'est-à-dire socialement.

En m'efforçant de restituer à l'économie son caractère sociologique il m'a dès lors été facile de reconnaître les grands services rendus à cette science par toutes les écoles y compris celles qui, tout en relevant de la sociologie, enserraient cette dernière dans des points de vue unilatéraux dont la successsion remarquable prouve du reste que ces écoles en apparence divergentes ont évolué suivant un ordre naturel, depuis celles qui s'attachaient surtout à l'aspect mathémathique et physique des phénomènes jusqu'à celles qui, en passant par le point de vue biologique et psycho-physiologique arrivèrent finalement à faire de l'économie sociale et même de toute la sociologie une psychologie collective. Il ne reste plus qu'à dégager la conclusion de ce processus logique et historique en montrant que le phénomène économique, comme tout phénomène social, est un ensemble combiné de tous les éléments inorganiques, organiques et psychiques de la nature; cette conclusion même est l'aboutissement naturel de l'évolution antérieure; si elle est une amélioration de la conception scientifique de l'économie sociale, tout le mérite en revient aux écoles antérieures dont cette conclusion loin d'être la critique est le testament.

D'abord impliquée dans les grandes synthèses religieuses ou théologiques, la science sociale s'en détache peu à peu par l'observation des phénomènes superficiels de la politique ; par celle-ci elle découvre les couches déjà plus profondes du droit et de la morale dont pendant la période métaphysique elle considère les principes comme immuables et naturels ; alors elle finit par atteindre le fond économique de la phénoménalité sociale et elle le rattache d'abord à sa conception de l'ordre naturel des sociétés jusqu'à ce qu'à la fin du xviiie siècle, avec A. Smith, l'Économie arrive à se constituer comme science malgré quelques attaches dernières avec le principe de la liberté naturelle tout en découvrant déjà ses rapports avec l'ensemble de l'ordre social. Tout le xixe siècle consacra son effort à la constitution positive non seulement de l'économique mais de toutes les autres sciences sociales particulières dont avec A. Quetelet, A. Comte et H. Spencer il entreprit de reconstituer la synthèse sociologique.

Cette entreprise grandiose est représentée par trois grandes écoles qui embrassent aussi bien celles dont le point de vue fut surtout individualiste que celles dites socialistes et reliées du reste les unes aux autres par un grand nombre de théories mixtes et intermédiaires. La plus ancienne de ces écoles fut certainement, comme nous croyons l'avoir établi, l'école mathématico-physique à laquelle succédèrent l'école biologique et en dernier lieu l'école psychologique avec son dernier embranchement psycho-collectif. La formation successive de ces théories n'a pas été arbitraire ; elle correspond aux nécessités naturelles de l'évolution de la science sociale. Celle-ci est basée sur toutes les sciences antécédentes de la nature et c'est, conformément aux procédés logiques de l'esprit humain, qu'elle a tout d'abord demandé aux sciences les premières et les mieux constituées, l'interprétation de l'énigme sociale, avant de la demander à la biologie et à la psychologie ; en même temps la science sociale empruntait à ses aînées leurs méthodes dans le même ordre de succession. Ces emprunts étaient légitimes car l'avenir n'a fait qu'en consacrer la nécessité avec cette seule différence qu'au lieu d'adopter l'une quelconque de ces méthodes à l'exclusion des autres il a été reconnu qu'il était indispensable de les utiliser toutes en y ajoutant le procédé propre aux sciences sociales qui est la méthode historique.

L'école dont Quetelet fut l'aboutissement ne représente donc pas une aberration, elle a été naturellement la plus ancienne ; entre cette école et celle de H. Spencer, A. Comte tient le milieu conformément à la place occupée par la biologie entre les sciences antécédentes et la psychologie. Toutes ces écoles ainsi que leurs dérivées spéciales, malgré leurs prétentions à la vérité exclusive, en réalité se conti-

nuent, se complètent et se succèdent dans un ordre régulier
dont aucune n'a eu conscience à raison de leur ardeur même
et de la force de leurs croyances dans la lutte pour l'existence,
pas plus que nous n'avons une conscience claire et permanente du mouvement général dans lequel est emportée notre
planète.

L'interprétation psycho-collective du phénomène social,
la dernière en date, doit elle-même être appréciée à ce large
point de vue. L'évolution progressive future de la sociologie
contemporaine ne peut plus, à mon sens, consister que dans
le développement d'une conception de plus en plus syncrétique et en même temps monistique où tout phénomène
social sera considéré comme le produit global et indissoluble de la combinaison de tous les facteurs inorganiques,
organiques et psychiques dont l'étude et la connaissance
aussi seront le résultat et le prix d'une constante combinaison appropriée de toutes les méthodes scientifiques
depuis la méthode mathématique jusques et y compris la
méthode historique.

C'est en vain que l'on a tenté et qu'on essaierait de continuer à vouloir tenter de fonder la sociologie sur l'un quelconque des éléments constitutifs de la phénoménalité sociale,
soit sur le matérialisme économique, soit sur la biologie,
soit sur la psychologie même collective ; ces tentatives malgré leur utilité et même leur nécessité provisoires et historiques feront de plus en plus ressortir le véritable caractère
de la philosophie sociale qui est d'être intégral. C'est de la
fusion indissoluble de la terre et de l'homme, également et
à la fois agents et patients du fait social, que se forment et
se développent les sociétés avec toutes les propriétés origi-
nales dérivées de cette combinaison supérieure à toutes les
autres combinaisons de la nature.

TABLE DES MATIÈRES

CHAPITRE V

Le Matérialisme historique.

CHAPITRE VI

Ad. Quetelet et les précurseurs de l'École mathématico-physique dans la Science sociale.

CHAPITRE VII

Conclusions générales.

CHARTRES. — IMPRIMERIE DURAND, RUE FULBERT.

Documents manquants (pages, cahiers...)
NF Z 43-120-13

9 782013 560023